U0582810

普通高等教育"十三五"规划教材

中国科学院规划教材·经济管理类核心课系列

管 理 学

（第三版）

主　编　徐小平　宋国宇

副主编　孙庆莉

科学出版社

北　京

内 容 简 介

本书以过程管理理论体系为主，汲取中外管理学理论重要流派的理论精华，并结合现代管理实践编写而成。管理学是研究人类管理活动的普遍规律、基本原理和一般方法的科学，适用于各类组织，是各门具体管理学科的共同基础。本书分为总论、决策与计划、组织、领导和控制五篇。本书本着理论性、指导性、实践性的原则，紧密结合现代组织（企业）管理的特点与要求，深入浅出地阐述了管理理论与管理实践问题，准确明了地介绍了管理的一般方法，突出了管理学理论的一般性、内容的综合性和实用性，同时体现一定的时代性。本书章后附有与各章教学内容相对应的管理案例和复习思考题，有助于学习者对所学内容进行复习与巩固。

本书可作为高等院校经济管理类专业的教材，也可供喜欢研究管理学的读者自学使用。

图书在版编目 (CIP) 数据

管理学/徐小平，宋国宇主编 . —3 版 . —北京：科学出版社，2018.2
普通高等教育"十三五"规划教材
中国科学院规划教材·经济管理类核心课系列
ISBN 978-7-03-056246-3

I.①管⋯ II.①徐⋯ ②宋⋯ III.①管理学-高等学校-教材 IV.①C93

中国版本图书馆 CIP 数据核字（2018）第 007094 号

责任编辑：王京苏/责任校对：张凤琴
责任印制：霍 兵/封面设计：蓝正设计

科 学 出 版 社 出版
北京东黄城根北街 16 号
邮政编码：100717
http://www.sciencep.com
石家庄继文印刷有限公司 印刷
科学出版社发行 各地新华书店经销
*
2010 年 2 月第 一 版   开本：787×1092 1/16
2014 年 1 月第 二 版   印张：16
2018 年 2 月第 三 版   字数：379 000
2019 年 1 月第十七个次印刷
定价：39.00 元
（如有印装质量问题，我社负责调换）

前　言

　　作为"中国科学院规划教材·经济管理类核心课系列"之一的《管理学》教材2010年1月出版，经修订2014年1月第二版出版。《管理学》教材自出版以来受到了全国许多高等学校经济管理类专业师生以及许多管理人士的好评。出版六年多的时间已印刷十五次，发行量将近四万册。

　　第三版的修订工作主要由徐小平、宋国宇、孙庆莉完成。在与广大读者和出版社广泛沟通的过程中，我们收集了大量反馈信息，在肯定教材的体系结构、内容、形式、质量的基础上，汇集反馈意见，对一些需要补充、修改、明晰和完善的部分进行了调整及修改，使本教材能够再次得到完善。这次修订原则上保持教材的体系结构不变，侧重对第三章、第四章、第十三章的部分内容进行了修改和补充。对第四至八章、第十、十三章的章后案例进行了替换调整，以提高案例与教学内容的契合性。

　　《管理学》是专业基础课教材，是为后续其他专业课程打基础服务的，其理论性比较强，涉及的内容与领域相当宽泛，学习掌握的难度也比较大。因而作者编写《管理学》秉承的指导思想是：

　　（1）准确定位教材使用对象，即普通高校本科管理学教材，同时还要满足其他不同层次读者的需要。

　　（2）力求融会中西并符合中国国情，突出本教材的理论性、实践性和指导性。

　　（3）努力使教材的体系结构严谨，内容详略得当，理论阐述准确，表达深入浅出。本教材力求用通俗的语言去解释高深的管理理论，以取得更好的教学效果，达到学习目的。

　　（4）强调管理实际操作能力的培养，在教材中设置章后复习思考题及案例分析题，并向学生提供解决问题的方法和工具，启发学生的分析思考能力和培养学生解决问题的能力。

　　依据上述的指导思想，本教材力求做到基本理论、原理、方法、技术形成有机系统，循序渐进，易于学习、理解和吸收。在教材的编写过程中，整个内容体系突出了四个结合，即管理理论与管理实践相结合，基础理论与前沿理论相结合，管理理论的相对稳定与理论动态发展相结合，理论知识的严谨性与阐述上的深入浅出相结合。突出应用性和实践性，每章后都附有适当的配套案例，有助于学习者巩固所学理论知识，提升分析问题与解决问题的能力。本教材一方面能够为学生进一步学习有关各专门的管理学知识打下必要的、坚实的理论基础，另一方面为实际工作者提供一定的参考和指导。

本教材适用于普通地方高等院校经济管理学科专业的管理学教学使用，适合在岗人员的在职培训和继续教育之用，还可作为各行各业的管理者以及广大青年学生学习管理学知识的专业读物。

本教材由徐小平、宋国宇担任主编，孙庆莉担任副主编。参加编写的人员具体分工如下：徐小平（第一、四、七、八章）；陈彦丽、徐小平（第二、十二章）；徐小平、李健（第三、五章）；宋国宇（第六、十四、十五章）；王艳红（第九章、第十章）；孙庆莉（第十一章、第十三章）。

本教材在编写过程中参考了国内外出版的大量有关著作，我们这部教材其实是站在对管理学卓有贡献的管理学者的肩膀之上完成的。所有参考的书目和文章在篇后参考文献中一一列出，在此对书的作者表示真挚的谢意。本教材疏漏与不当之处，恳切地希望专家学者和广大读者不吝赐教，批评指正。

编写组

2017 年 12 月

目 录

第二篇　决策与计划

第四章

第五章

第六章

第三篇　组　织

第四篇 领 导

第十一章

领 导 ·· 170

第十二章

管理沟通 ·· 186

第十三章

激 励 ·· 198

第五篇　控　　制

第一篇　总　　论

管理活动古已有之，其实管理实践同人类一样古老，人类历史充满了体现丰富管理思想的有组织活动的痕迹。无论是埃及的金字塔，还是万里长城的修建、兴修水利、开凿运河，无一不渗透着组织与管理。在治理国家、带兵打仗等方面，也都体现着古代丰富的管理思想与管理实践。而管理实践与管理思想被概括总结、提炼、抽象，进而形成系统的理论则是近100年的事情。管理是一切有组织的活动必不可少的组成部分。当今社会，人们越来越清楚地认识到管理的重要作用，因此也更加重视管理。从社会普遍存在的管理活动中概括出来的基本规律构成了一般管理学的内容，管理学作为一门系统研究人类管理活动的普遍规律、基本原理和一般方法的科学，适用于各类组织，是各门具体的管理学科的共同基础。

第一章

管理与管理学

本章学习目标

1. 重点了解管理的定义与特征，有助于对管理的对象、本质、任务等问题进行深入认识。

2. 概括认识管理职能和管理者的类型及管理者的技能。

3. 通过对管理二重性的认识，学会运用唯物辩证的方法来对待管理问题。

4. 了解管理学的框架和研究内容，有助于我们以历史的、动态的、辩证的态度学习与研究管理学。

管理是人类社会生活中十分广泛的活动，也是最重要的活动之一。因此，对于管理和管理学相关问题的认识与了解，是开篇学习管理学课程首先要重视的问题。本章主要介绍管理的概念和特征，管理职能和管理者，管理的性质，管理学的框架与研究内容。

第一节　管理的概念和特征

一、管理的概念

"管理"一词越来越广泛地被使用，其含义也极其广泛。在当今社会，上自国家领导人、政府的高级官员，下至企业的普通管理人员，都在不同的部门工作，从事着管理事务。如果从广义的角度看待管理，社会中每一个领域、部门、行业、企业甚至家庭，都离不开管理。由于管理的含义很广泛，因此，它的内容可以被看成包罗万象的。但是管理学所要学习和研究的管理是带有限定的管理，即对组织活动的管理。

自从泰罗和法约尔以他们的研究开创管理学以来，学术界对"管理"一词的定义一直众说纷纭。人们从不同的角度，对"管理"进行了解释。英文中表示管理的词最常用的有 management、administration，前者多与经营相联系，后者多与行政管理相联系；此外还有 execution，也带有"管理"的意思，但偏重于执行、实施之意。在中文中，管理有"管辖""处理""理事"等含义，即对一定范围的人员及事物进行安排和处理，这种字面的解释不可能表达出管理本身所具有的完整含义。

关于管理的定义，至今仍未得到公认和统一。在国外管理学界当中比较有代表性的观点主要有以下几种。

美国管理学家切斯特·巴纳德（Chester Barnard）认为，"管理是组织中维持集体协作行为延续发展的有意识的协调行为"。当代管理过程学派的主要代表人物，美国管理学家哈罗德·孔茨（Harold Koontz）认为，"管理就是设计和保持一种良好的环境，使人在群体里高效率地完成既定目标"。美国管理学家赫伯特·A. 西蒙（Herbert A. Simon）认为，"管理的本质是决策，或者说是围绕着决策的制定和组织实施而展开的一系列活动"。罗宾斯（Robbins）和库尔塔（Coulter）认为，"管理这一术语是指和其他人一起并且通过其他人来有效地完成工作的过程"。此外还有小詹姆斯·H. 唐纳利（J. H. Donnelley）、弗里蒙特·E. 卡斯特（Fremont E. Custer）等学者普遍认为管理是通过协调他人（组织成员）的活动来实现组织目标的活动过程，重点强调的是对人的协调，以及管理是一个活动过程。

《管理思想的演变》的作者丹尼尔·A. 雷恩（1936）则对管理有了进一步的解释："给管理下一个广义而又切实可行的定义，可把它看成是这样的一种活动，即它发挥某些职能，以便有效地获取、分配和利用人的努力和物质资源，来实现某个目标。"雷恩的定义在强调管理是对人的协调及管理是一个活动过程的基础上，关注到管理活动主要是针对组织对资源（包括物质资源和人力资源）的获取、分配和利用来进行的，以及管理活动与实现组织目标之间的关系。

20 世纪 90 年代以来，国内外学者在管理的定义中关注到了"对资源的分配和协调"。比较有代表性的管理的定义主要有以下几种。

刘易斯等（Lewis et al.，1998）认为，"管理是指有效支配和协调资源，并努力实现组织目标的过程"。

徐国华等（1998）指出，管理是"通过计划、组织、控制、激励和领导等环节来协调人力、物力和财力资源，以期更好地达成组织目标的过程"。芮明杰（1999）认为，"管理是对组织的资源进行有效整合以达成组织既定目标与责任的动态创造性活动"。周三多（2005）认为，"管理是指组织为了达到个人无法实现的目标，通过各项职能活动，合理分配、协调相关资源的过程"。

本书综合以上学者对管理的认识，对管理做如下定义：管理是指一定组织中的管理者，依据一定的管理规律、原则、程序和方法，通过履行计划、组织、领导、控制等职能来获取、合理配置和协调组织资源，有效地实现组织目标的活动。

二、管理的特征

为了更全面地理解管理的概念和管理学的学科特征，我们有必要进一步探讨管理的一些基本特征。

（一）管理是一种社会现象和文化现象

只要有人类社会存在，就会有管理存在。自人类意识到集体活动可以实现人们分别孤立地工作无法取得的成果时，就采取了集体活动的形式，也就有了对集体活动所必需的管理，管理作为集体活动方式的一个重要组成部分，当然也是文化的一个组成部分。

发展到现代社会，现代组织管理同古老的管理活动相比有了质的变化，但是管理作为组织文化的重要组成部分的特征则更为突出。首先，管理是建立在对各种实体要素的管理之上的；其次，不同组织的管理必定体现出各自的价值观和人性观；再次，管理需要通过运作过程制度系统的建立来实现管理；最后，管理具有传承性。当今社会，通过各类组织及单个组织的管理体现出来的文化差异日益凸显，因而中国的组织管理更需要重视管理的文化差异，不能完全照搬外国的管理经验。

（二）管理的对象是能为组织所调用的一切资源

管理的对象是指管理者所作用的对象，包括组织中的人力资源、财力资源、物质资源、信息资源、关系资源等能为组织所调用的一切资源。这些资源既是管理的要素，也是管理的对象。

1. 人力资源

人力资源是最主要的管理对象，也是管理中最重要的要素，没有人员也就不存在管理。因为一切组织资源中，只有人是"活"的资源，具有主观能动性；人力资源又是最难把握的管理对象，他们是能够自我主宰的"组织人"和"自然人"。人无论作为管理主体还是管理客体，都是对管理活动影响最大的可变因素。管理者的任务一方面是合理配备人力资源，使其与物质技术设备有机结合，产生高效率；另一方面就是要充分调动组织成员的主观能动性，发挥员工的智慧和潜力，以达到提高劳动生产率的目的。

2. 财力资源

财力资源也称为金融资源，是指货币资本和现金。资金的筹集、分配，资金的使用与使用效率等既是管理活动的一项重要内容，也是管理计划和管理控制的重要对象。

3. 物质资源

物质资源是指组织为保证正常运转所需要的各种物质性的资源，在生产经营性组织中主要是指原材料和土地、厂房、生产设备、办公室；在非生产组织中则是指各种物资装备，如学校和医院的各种教学、医疗设施和设备、办公室、土地等。物资在管理中不是能动的因素，是受其他各种要素如人员、信息、技术等作用的被动因素，但是如果缺乏物资，其他一些管理要素将无从发挥作用。对物质资源的管理重点应放在优化各种物质资源的配置上，一方面通过员工与生产资料的合理结合来推动物质要素发挥作用，另一方面提高各种物质资源的利用率，提高使用效果和效率。

4. 信息资源

管理信息是指能够反映管理内容的、可以传递和加工处理的文字、数据和信号。信息是组织相关资源中一项极为重要的资源，是管理组织不可或缺的沟通媒介，是联结其他管理要素必不可少的"软纽带"，因此，作为管理要素的信息就格外重要。管理信息是决策和计划的基础，是组织和控制管理过程的依据，它能够使管理层次、部门机构、各工作环节之间互相沟通，使组织形成一个有机整体；同时通过信息联系使组织这个开放的系统能够与外部环境之间达到动态平衡。

5. 关系资源

关系资源是指组织与其所处环境中的政府和其他组织的合作及亲善的程度与广度。开放的组织一般都会与政府、金融机构、企业、学校、社会团体等各方面有着不同程度的交往。从管理的角度看，与这些组织之间建立的关系也是一种资源，如果利用得好，将会有助于组织目标的实现。现代组织管理已逐渐由仅仅管理一个单体组织转向还要同时管理组织间关系，因而关系资源的作用也就显得尤为重要。

（三）管理的本质是协调

管理的对象是组织的各种相关资源，没有管理，这些资源是不会自动地、按比例地结合在一起发挥各种资源应有的作用的。要想使管理的对象能够按比例地、有序地结合起来，协调地、高效率地运转，有效实现组织目标，就必须通过管理及管理协调来实现，而管理的核心就是协调。管理协调主要通过协调使组织活动一体化，应该包括两个含义：一是对所有组织资源的合理配置与协调，二是对组织内成员关系的协调。

1. 对所有组织资源的合理配置与协调

管理者主要通过计划对组织的人力、物力、财力按比例进行配置，通过控制和反馈进一步掌握和分析比例关系的协调性。这些比例关系主要包括人与人之间的分工协作、人与物、人与资金、物与物、物与资金等各种比例关系，往往通过分配各类计划指标和财务指标来实现对资源的协调。

2. 对组织内成员关系的协调

对成员关系的协调是管理的核心。组织成员关系主要包括以下三种：①主管人员与下属之间的关系。这是各种人际关系的主导与核心。②一般成员之间的关系。这种关系在组织中大量存在，对组织的社会气氛有直接影响。一般成员之间不存在等级关系，主要包括两方面关系，即人与人之间在工作上的分工协作关系和人与人之间的利益关系，后者是管理的难点与重点。③群体之间的关系。群体是组织内部的团体，有正式群体与非正式群体之分。正式团体是通过组织章程确立的部门和机构；非正式团体是指组织中的一些人为了满足某种共同的感情或需要而出现的一种自发的群体形式。群体之间的关系包括组织内正式团体与正式团体、正式团体与非正式团体、正式团体与组织、非正式团体与非正式团体、非正式团体与组织等多种关系。协调群体之间的关系是一项"系统工程"，远比一般成员之间关系的协调复杂得多，处理不好，会直接影响到组织目标的实现。

（四）管理的任务是有效地实现组织预定的目标

管理本身不是目的，管理是为有效实现组织目标服务的。"有效"的要求至少表现在两个方面：一是要通过管理来保证组织活动顺利进行；二是要通过管理使组织的目标活动在不断提高经济效益的前提下进行，即主管人员一定要创造一种环境，使组织成员在这个环境中，以最少的资源投入完成组织的既定目标，或者说，在相同的环境中，使用现有的资源，完成比预期目标更高的绩效。

第二节　管理职能和管理者

一、管理职能

管理职能是指管理过程中各项活动的基本功能。管理本来是一种综合的、动态的系统性活动，划分管理的职能，只是为了从理论研究上更清楚地描述管理活动的整个过程，同时也便于使管理人员更容易接受这些概念。将管理活动的整个过程分解为各种活动，即划分管理的职能，并不意味着这些被独立出来的管理活动是互不相关、截然不同的。每一职能尽管侧重于管理活动的某一方面，但它们之间在内容上是相互交叉、密切相关的。同样，讨论这些职能的顺序也并不意味着就是执行这些职能的先后顺序，它们实际构成了一个连续往复的过程。一般而言，管理人员并不是顺次执行这些职能，而是同时执行这些职能。因此，我们在使用管理职能的概念去把握管理活动的过程时应做具体分析。

（一）对管理职能的不同理解

最早系统提出管理职能的是法国工业家亨利·法约尔（Henri Fayol）。法约尔认为，管理的职能包括计划、组织、指挥、协调和控制，这就是所谓的"五职能说"。他认为，计划意味着研究未来和制订行动计划；组织意味着组织建立双重结构——物质的和人员的；指挥意味着使全体人员进行活动；协调意味着联合、统一和调节所有的活动和努力；控制意味着设法使一切工作都要符合成文的规定和明确的命令。自法约尔提出管理的五项职能之后，许多西方管理学者都对管理职能进行了研究，并提出了相同或不同的看法。到了 20 世纪 50 年代中期，加利福尼亚大学洛杉矶分校的两位教授哈罗德·孔茨和西里尔·奥唐奈（Cyril O'donnell）采用计划、组织、人事、领导和控制五种职能作为管理教科书的框架，在此后的 20 年中，他们合著的《管理学原理》一书成为销量最大的管理教科书。时至今日，最普及的管理教科书仍按照管理职能来组织内容。由此不难看出，在管理理论的发展过程中，管理过程理论所占据的地位。

在此我们不能对每一位学者对职能划分的相关论述一一介绍，仅以表 1-1 列出西方管理理论中诸位学者对管理职能的划分情况。

表 1-1　西方管理理论中关于管理职能划分的主要观点

年份	代表人物	计划	组织	指挥	协调	控制	激励	人事	调集资源	通信联系	决策	创新	领导人们的努力
1916	法约尔	✓	✓	✓	✓	✓							
1934	戴维斯	✓	✓			✓							
1937	古利克	✓	✓	✓	✓	✓		✓		✓			
1947	布朗	✓							✓				
1949	厄威克	✓	✓			✓							
1951	纽曼	✓	✓			✓					✓		
1953	特里	✓	✓	✓		✓							✓
1955	孔茨和奥唐奈	✓	✓	✓		✓		✓					
1956	特里	✓	✓			✓							
1958	麦克法兰	✓	✓	✓									
1964	梅西	✓	✓			✓		✓			✓		
1964	米（J. F. Mee）	✓	✓			✓					✓	✓	

续表

年份	代表人物	计划	组织	指挥	协调	控制	激励	人事	调集资源	通信联系	决策	创新	领导人们的努力
1964	孔茨和奥唐奈	✓	✓	✓									
1966	希克斯	✓	✓			✓	✓			✓		✓	
1970	海曼和斯科特	✓	✓			✓	✓	✓					
1972	特里	✓	✓			✓	✓						
1979	梅西	✓	✓	✓		✓							
1982	唐纳利、吉布森、伊凡塞维奇	✓	✓			✓							

资料来源：丹尼尔·雷恩.1987. 管理思想的演变. 孙耀君，等译　北京：中国社会科学出版社：447

从表 1-1 中可见，计划、组织和控制是被普遍公认的三种基本管理职能。

（二）管理的基本职能

本书对管理职能的划分，是以法约尔的五项管理职能为基础，综合国内外管理学者的理论观点，将管理的职能划分为计划、组织、领导和控制四种基本职能。

（1）计划职能。计划就是对组织未来所要达到的目标及实现目标的活动进行的周密筹划，包括对未来环境的分析，确定组织的目标和战略，制订具体的实施计划和计划实施保证。计划职能是管理的首要职能，它指明了组织活动的方向并保证各项活动有序进行。

（2）组织职能。组织就是根据组织目标的要求对组织系统的整体设计和进行相应的人员配备，其内容主要包括组织设计、人员配备、组织运行和组织变革。

（3）领导职能。领导就是指管理者通过正式权力和非正式权力去指挥、指导、影响和激励他人为实现组织目标而努力工作的管理活动过程，其内容包括对下属的激励与指导，通过有效沟通解决冲突。

（4）控制职能。控制就是指按计划标准来衡量所取得的成果并纠正所发生的偏差，以保证计划目标实现的管理活动，其内容包括制定控制标准、衡量工作成果的绩效、发现偏差并查明偏差产生的原因，采取措施对已产生的偏差给予纠正。

二、管理者的技能与经理角色

组织的管理活动是由四项基本管理职能构成的，而履行管理职能的人就可以被称为管理者。管理者是指拥有组织合法权力并以这些权力为基础指挥他人活动的人。这些人在日常工作中从事管理事务的实践，通过履行自己的相应管理职能来完成管理任务。

（一）管理者的类型

管理者从事的活动一般与该管理者所处的职位和承担的职务相关，对管理者分类的目的主要是便于研究处在某一职位上的管理者的活动重点，而不是某个管理者的自身特点。

1. 按管理者所处的管理层次分为高层、中层和基层管理者

（1）高层管理者。高层管理者往往与高层领导者相联系，高层管理的职务主要是一

些公司总裁、总经理、学校校长、医院院长，以及他们的副职。高度概括高层管理者的主要职能就是领导、决策和协调，其具体职能主要是对组织的重大问题做出决策，制订组织的总目标和战略规划，掌握组织的大政方针，对组织的整体活动统一指挥和综合管理，对内对外协调各方面重要的关系，建立重要的规章制度。

（2）中层管理者。一般来说，组织中的高层管理层和基层管理层分别只有一个，其他都是中层管理层。中层管理的职务主要是高层与基层之间各层次的部门经理或部门主管、机构负责人等，其职能主要是依据组织的总体目标、方针和战略计划，制订本部门的管理目标和计划，有效地组织该层次（部门）的生产经营或其他业务活动，并对例行管理问题进行决策，协调本部门的内部活动及与其他部门的关系，保证组织目标的实现。

（3）基层管理者。基层管理者是指处在组织基层的一线管理人员。其主要职责是按照规定的计划和程序，直接委派和监督作业人员完成本职工作，并协调小范围内的人际关系。

2. 按管理者承担管理工作的性质分为专业管理者和综合管理者

（1）专业管理者。与组织中主要专业职能相匹配的管理者被称为专业管理者，他们一般只负责组织中某一类专业活动（职能）。比如，生产管理、营销管理、人力资源管理、财务管理、技术管理、研发管理等部门都需要配备一定的专业管理者。一般对专业管理者的专业技能要求要比综合管理者高。

（2）综合管理者。综合管理者是指对组织的某些活动进行综合管理的管理人员。与专业管理者相比，其管理范围更加宽泛。例如，组织的高层管理者、分公司（子公司）经理、事业部经理（主管）、公司的大区经理、赋予综合协调职能管理权限的管理者等都属于综合管理者。

（二）管理者的技能

管理劳动是社会生产过程中分离出来的一种专门劳动，是一种职业，并非任何人都可以成为管理者，只有具备一定素质和技能的组织成员，才有可能从事管理工作。管理技能就是指对于一个管理职位的成功起着至关重要的作用的那些能力和行为。那么管理者应该具备怎样的技能才能更有效地进行管理？国外的一些管理研究专家提出了他们的看法。罗伯特·卡茨和其他研究人员发现，管理者们必须拥有四项关键的管理技能。这些技能可分为两大类：一类是管理者所必须拥有的一般技能，另一类是与管理成功密切相关的特殊技能。

在此，我们援引国外专家学者对管理者技能的研究成果来说明成功的管理者应该具备怎样的技能。

1. 一般技能

罗伯特·卡茨等学者提出管理者应具备四种技能，即概念技能、人际关系技能、技术技能和政治技能。

（1）概念技能。它是指纵观全局，洞察、分析和判断组织所面对的复杂环境，引导组织发展方向的能力。它包括感知和发现环境中的机会与威胁的能力、理解事物的相互关联性并寻找关键因素的能力、权衡不同方案的优劣和内在风险的能力等。概念技能实际上是一种思维、判断和决策的能力。管理者的概念技能的高低取决于管理者个人的知识、经验和胆识等。

（2）人际关系技能。它是指与处理各种人际关系有关的技能，即理解、激励他人、与他人共事及协调的能力。

（3）技术技能。它是指使用某一专业领域内有关的程序、技术、知识和方法完成组织任务的能力。管理者可以通过正规教育、培训、自学等途径掌握相关的技术技能。

（4）政治技能。它是指提高个体在组织中的职位、建立权力基础并维系社会关系方面的能力。拥有较高政治技能的管理者可以为其所在的团队争取获得更多的资源，反之，情况则会相反。政治技能可以使管理者得到更快和更高的提升。

卡茨认为成功的管理者应具备较高的技术、人际关系、概念和政治技能，但由于各个层次的管理者所承担的主要职能不同，因而这四种技能对处在不同层次上的管理人员的具体要求是不同的。管理层次与管理者的技能要求的对应关系如图 1-1 所示。需要说明的是，一般而言不同管理

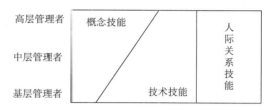

图 1-1　管理层次与管理者的技能要求的对应关系

者实际掌握的技能之间显示较大差异的应该是政治技能，它与管理者所处的管理层次没有绝对必然的联系，而是与管理者的个体差异有关。因而图 1-1 所示的管理层次与管理者的技能要求的对应关系没有列示政治技能。

一般情况下，概念技能对于高层管理者的重要程度最高，对于中层管理者次之，对于基层管理者则不太重要。技术技能则相反，它对于基层管理者尤为重要，因为他们经常直接与下属操作人员接触，具备一定的技术技能有利于指导业务，提高管理效率。而管理者所处的层次高，则不一定要求他们精通专业技术或是专业水平十分精深。人际关系技能对于三个管理层次的管理者来说都十分重要，因为不管处于哪个层次，都要与组织内外的人打交道，只不过具体交往的对象不同而已。

2. 特殊技能

管理者除了应具备一般技能以外，还必须具备一些与管理成功密切相关的特殊技能。国外一些学者认为，管理者有一半以上的绩效贡献应该归于以下六种行为能力：①规划组织战略的能力；②对组织环境及其资源的控制能力；③组织和协调工作的能力；④信息处理能力；⑤为员工提供成长和发展机会的能力；⑥激励员工和解决冲突的能力。

（三）经理的角色

对经理角色的研究来自 20 世纪 70 年代西方出现的经理角色管理学派的学者。他们所讲的"经理"与一般管理者有所区别，是指一个正式组织或组织单位的主要负责人，拥有正式的权力和职位。下面我们借鉴经理角色学派的主要代表人物亨利·明茨伯格的理论观点，简要介绍经理所担当的十种角色。

明茨伯格等认为，各种类型的经理的职务是极为相似的，都可以用十种基本角色来

加以描述。他把经理的角色概括为人际关系、信息、决策三大类及十种角色，见表1-2。

表1-2　明茨伯格的经理角色划分

人际关系方面的角色	信息方面的角色	决策方面的角色
（1）代表人（挂名首脑）	（4）信息接收者（监听者）	（7）企业家
（2）领导者	（5）信息传播者	（8）故障排除者
（3）联络者	（6）发言人	（9）资源分配者
		（10）谈判者

1．人际关系方面的角色

明茨伯格将经理所从事的礼仪性活动、领导或指导下属工作、对内对外的人际沟通等归为人际关系范畴的活动，统称为人际关系角色，并进而将这些活动划分为代表人、领导者、联络者三种角色。代表人是指经理是一个组织的法定代表人，由正式权力所决定，经理具有作为企业代表的职责，必须履行许多法律性的或社会性的例行义务，如签署法律文件或迎接来访者等；领导者角色是指管理者要负责激励和引导下属，包括人员配备、培训、报酬、提升、表扬等；联络者是指管理者要维护自行发展起来的外部接触和联系网络，如发感谢信、从事其他有外部人员参加的活动等。

2．信息方面的角色

由于经理在组织中的独特地位，其在对内对外的信息获取方面具有更为优先、便捷、全面的条件。因此，经理就成为内部信息的神经中枢和内外网络信息的交汇点，承担着信息联系方面的各种角色，具体包括信息接收者、信息传播者、发言人三种角色。

信息接收者角色是指管理者作为组织内部和外部信息的神经中枢，要寻求和获取各种特定的信息，透彻地了解组织与环境，以利于做出正确决策；信息传播者角色是指管理者将从外部人员和下级那里获得的信息通过各种沟通方式传递给组织的其他成员；发言人角色是指管理者需要向外界发布有关组织的计划、政策、行动、结果等信息，如通过召开董事会或向媒体发布信息。

3．决策方面的角色

在组织中，正式的权力地位和经理掌握信息的独特地位，使他在组织中处于做出重大决策或战略性决策的中心地位。经理通常承担着企业家、故障排除者、资源分配者、谈判者的角色。

企业家角色是指管理者要寻求组织和环境中的机会，制订某些方案并监督方案的执行，如制定组织发展战略、开发新项目等；故障排除者角色是指当组织面临重大的、意外的动乱时，管理者负责采取补救行动；资源分配者角色是指管理者负责分配组织的各种资源，如从事调度、授权及其他涉及预算的各种活动和安排下级的工作等；谈判者角色是指管理者在组织的主要谈判中作为组织的代表，如与工会或者原材料供应商进行谈判等。

■ 第三节　管理的性质

一、管理的产生及其二重性

（一）管理的产生及其属性

1. 管理是社会劳动分工协作共同劳动的产物

管理的产生是与协作性劳动分不开的。从社会的角度看，生产力的发展必然导致社会的分工协作，社会分工的结果就是产生了不同的组织，这些组织分别从事生产、交换、分配、消费等社会再生产各个环节的活动，国家（政府）需要对各项活动进行统筹安排，使社会活动在分工协作下有序地进行，并加以协调与控制，因此必然要有统一的管理。从企业角度看，企业在从事生产经营过程中，要划分劳动环节，配备劳动者，协调其关系，统一指挥劳动，保持生产过程的均衡性和连续性，此外，企业内部还存在一些关系，客观上要求调整其比例关系，从而保证劳动过程正常进行。这些关系主要有劳动者与劳动资料（物质技术设备）之间的关系、劳动者与劳动对象（商品、原材料、燃料、辅助材料）之间的关系、劳动资料与劳动资料之间的关系、劳动资料与劳动对象之间的关系。因此，对于企业来说，客观上要求对劳动者进行分工协作，统一指挥，同时也要求对物的比例关系进行协调管理。

从上述分析可以看出管理产生这样一种逻辑关系：生产力的发展—引起分工协作共同劳动—要求对生产过程的统一指挥与组织—产生管理。这是与生产力相联系而产生的管理，是管理的自然属性。

2. 管理是应生产关系的需要而产生的

生产力越发展，由生产力所决定的生产关系就越复杂，客观上对管理的要求就越强烈。在分工协作共同劳动过程中，不仅存在劳动者与劳动者之间的自然技术的关系，同时还存在其他人与人之间的利益关系，因而管理也是应调节人与人之间的利益关系的需要而产生的。这种与生产关系相联系而产生的管理就是管理的社会属性。

正因为管理是适应生产力进步和生产关系的调节的需要而产生和发展起来的，所以企业管理具有二重性质。

（二）管理二重性

管理二重性是指管理的自然属性和管理的社会属性。管理的二重性吸收了马克思关于管理问题的基本观点。马克思在分析了资本主义生产过程本身具有二重性的基础上，进而提出资本主义生产过程的二重性决定了资本主义企业管理的二重性的理论观点。

19世纪20年代，马克思分析资本主义企业管理性质和职能时指出："凡是直接生产过程具有社会结合形态，而不是表现为独立生产者的孤立劳动的地方，都必然会产生监督劳动和指挥劳动。不过它具有二重性。"马克思认为，资本主义企业管理二重性，是由它所管理的生产过程本身具有二重性决定的。资本主义生产过程，"一方面是制造产品的社会劳动过程，另一方面是资本的价值增值过程"。"资本主义的管理就其内容来说是二重的，因为它所管理的生产过程本身具有二重性。"

1. 管理的自然属性

管理是由许多个人进行协作劳动而产生的，是有效地组织共同劳动所必需的。因此，它具有同生产力、社会化大生产相联系的自然属性。这种管理与生产关系性质无关，因此又称管理的共性。

2. 管理的社会属性

管理又是在一定生产关系条件下进行的，必然体现生产资料占有者指挥劳动、监督劳动的意志，因此，它具有同生产关系、社会制度相联系的社会属性。与生产关系性质相联系的管理是占有生产资料的阶级用来调整阶级关系、维护本阶级利益的手段，因而又称管理的个性。

马克思阐述共同劳动需要管理的同时又指出："一旦从属于资本的劳动成为协作劳动，这种管理监督和调节的职能，就成为资本的职能。这种管理职能作为资本的特殊职能取得了特殊的性质。"

二、对管理二重性的认识

对管理二重性的研究是对管理的一般属性和特殊属性所做的理论的抽象，在现实中，其实很难区分哪些管理活动具有自然属性，哪些活动具有社会属性。但是管理二重性的研究对于我们认识管理问题、探讨管理活动的规律，以及运用管理的一般原理来指导管理实践都具有重要的现实意义。

我们把管理仅仅看作生产力或生产关系，不利于我国管理理论和实践的发展。因此在管理中既要坚持管理的一般职能，又要坚持管理的特殊职能。坚持管理的一般职能，就是强调按照社会化大生产和流通的客观规律的要求，根据生产力发展水平的要求，科学地组织生产过程，采用科学先进的管理方式与方法实现管理科学化。比如，积极采用科学先进的计算机集成制造系统（也称柔性制造系统）、准时生产方式（just in time，JIT）、精益生产等生产制造系统和生产管理方式，同时采用新型组织结构，以适应生产力发展的需要。重视管理的社会属性，就是强调企业管理中不能忽视生产关系的重要性，必须完善领导制度和分配制度，协调组织成员之间的利益关系，更好地体现以人为本的管理理念和体现劳动者根本经济利益的要求。

■ 第四节　管理学的框架与研究内容

一、管理学的框架

亨利·法约尔1916年所著的《工业管理与一般管理》被公认为是最早的一部阐述一般管理理论的著作。时隔40年，当代管理过程理论的代表学者——美国的哈罗德·孔茨的《管理原理》于1955年出版问世，为管理学界展现了一部全新的完整的管理学教科书，这部书对管理的一般理论与方法进行了深入、系统的阐述。孔茨的《管理原理》自1976年出版的第六版至第八版改名为《管理学》。后来中外学者所著的《管理学》基本沿袭了孔茨所著《管理学》的体系结构，并在此基础上不断地加以完善。

管理学是一门系统研究管理活动的普遍规律、基本原理和一般方法的科学。从社会普遍存在的管理活动中概括总结出来的基本规律（原理、理论、方法、技术、程序）构成了一般管理学的内容。所以，管理学是各门具体的管理学科的共同基础。

管理与社会生产力的发展、科技进步、信息化社会的到来密不可分。近百年来，诸多管理学者和企业的管理者从不同的角度对管理的理论与实践进行了大量的研究。直到进入21世纪，由于管理环境变得日益复杂，组织所面临的环境的不确定性及问题也越来越难以应对，因此对管理学的研究仍在不断地继续和深入，研究范围也在不断扩大。从这个角度讲，管理学的研究也是一项动态性的研究。近20年来，管理学的体系结构发生了较大的变化，吸收了管理研究领域一些新的理论与研究成果，试图进一步完善管理学理论。

国内外学者沿袭孔茨所著《管理学》的基本体系结构，吸收了系统理论、权变管理理论、决策理论与方法、组织理论、行为科学理论、领导理论、控制理论与方法的新成果，丰富和完善了管理学的理论与方法。概括起来，目前管理学研究的基本主线依然是管理过程（管理的基本职能），即按照计划、组织（人员配备）、领导、控制等管理职能的安排贯穿始终，在当今科学技术发展和市场需求快速变化的环境中，创新也是值得重视的一项管理职能。

围绕这条研究主线，许多研究者将下列内容吸收到管理学中，力图使管理学变得越来越完善，主要有管理环境、企业的社会道德与社会责任、战略管理、人力资源管理、组织间关系管理、组织变革、组织文化、冲突管理、信息管理、知识管理、学习型组织、运筹学中大量的技术与方法等内容。尽管管理学是一门交叉学科和边缘学科，但是也不可能将管理的所有内容都吸收进来，并且有一些理论与方法现在已经形成独立的一门课程，如管理运筹学、组织行为学、战略管理、组织理论与设计、人力资源管理等都已形成独立的课程。面对管理学如此庞杂的研究内容，必须把握好研究的角度才能使管理学的研究范围与内容的主线及脉络清晰。

通过管理学几十年的发展与完善，大致可以梳理出一条较为清晰的研究脉络，即以管理过程为研究主线，同时吸收了管理学发展过程中一些重要流派的理论与方法，最突出的是吸收了系统理论与权变理论的观点，并贯穿于管理的各个职能当中，如在计划、组织、领导等管理职能的研究中都体现了系统的、权变的理论与方法；将行为科学的相关理论吸收到管理学中，加强了对领导行为和个体行为的研究；吸收了数量学派的思想与方法，将运筹学方法运用于决策、计划和管理控制上，以增强管理的科学性。

二、管理学的研究角度与研究内容

对组织的管理是一项系统的、复杂的活动，因此不能也不可能从单一的角度来研究组织的管理活动如何进行及其有效性。本书的研究范围及内容主要以从管理过程的角度研究管理学为主，兼顾历史的角度和管理二重性的角度对管理学的理论与实践进行研究。

从历史的角度研究管理实践、管理思想及管理理论的形成、演变、发展过程，知古鉴今，合理继承、吸收、扬弃和发展管理理论，才能使管理学理论与时俱进，与生产力和科技发展的要求相适应，使管理学体系更加完善。

从管理二重性的角度研究管理学是马克思主义唯物辩证的方法。组织管理的对象及其在组织活动中所形成的管理关系，既有生产力方面的，也有生产关系和上层建筑方面的。从管理二重性角度研究管理学主要是从生产力、生产关系的角度研究管理的一般职能和管理的特殊职能。对管理一般职能的研究侧重于对合理组织生产力的问题进行研究，研究生产力诸要素之间关系（劳动者、劳动资料、劳动对象）的协调问题。对管理特殊职能的研究则侧重于对组织的生产关系如何适应生产力发展要求等问题进行研究。

从管理过程的角度研究管理学，主要是沿袭管理过程学派的研究思路与方法进行研究，具体的研究范围及内容主要包括以下几个方面：①管理活动中的职能（计划、组织、领导、控制）。②管理过程中涉及组织中的要素（人、财、物、信息、关系）和对组织要素的组织与管理，以及如何提高管理效率与企业效益。③履行管理职能中应遵循的原理、原则，应当采用的程序、方法、技术。④执行职能过程中会遇到的问题与阻力等，以及如何克服。⑤管理创新与组织创新。

本 章 小 结

管理活动古已有之，而现代意义上的管理的出现则是近100年的事情。管理是指一定组织中的管理者，通过履行管理职能来获取、合理配置和协调组织资源，有效地实现组织目标的活动。管理的特征强调管理是一种文化现象，管理对象是一切可以为组织所调用的资源，管理的本质就是协调。管理协调主要通过协调使组织活动一体化，包括对资源和对各种人际关系的协调。

将管理活动的整个过程分解为各种活动，即管理的基本职能划分，主要有计划、组织、领导、控制职能，这些职能在时间上继起，在空间上并存，形成良性管理循环。管理者通过履行管理职能来完成管理活动。在管理中需要对管理者进行分类，以实现不同的管理目的。处于不同管理层次上的管理者所对应的技术技能、人际关系技能和概念技能应各有侧重。

对管理二重性的研究是对管理的一般属性和特殊属性所做的理论抽象。管理学理论是在管理实践和管理思想发展的基础上形成的。管理学是一门系统研究管理活动的普遍规律、基本原理和一般方法的科学。对组织的管理是一项复杂的、系统的活动，因而管理学的研究范围比较广泛，需要以管理过程的角度为主线，并辅以历史的和管理二重性等多个角度对管理学展开研究。

复 习 思 考 题

1. 简述管理的概念与特征。

2. 为什么说管理的本质是协调？管理本质与管理对象之间有什么内在联系？

3. 管理有哪些基本职能？这些职能之间的关系如何？

4. 根据罗伯特·卡茨的理论，管理者应具备哪些基本技能？管理者的类型与不同管理技能之间如何匹配？

5. 简述管理二重性理论及其意义。

6. 从管理过程的角度研究管理学主要包括哪些内容？

第二章

管理理论的发展

本章学习目标

1. 掌握管理思想的产生过程。
2. 掌握科学管理理论及组织管理理论的主要内容。
3. 掌握人际关系学说的主要观点与行为科学的三要研究领域。
4. 认识当代管理理论的主要流派。
5. 了解当代管理理论的最新思潮。

　　管理活动有着悠久的历史，自从有了人类集体劳动的分工与协作，就有了管理活动。人们在长期的管理活动或实践中，对管理活动进行观察、研究和探索，逐渐形成管理思想。随着人类社会从低级到高级的发展，人类的管理实践和管理思想也相应得到了发展，进而形成系统化的管理理论。从管理实践到管理理论经历了漫长的历史过程，这一过程可以分为三个时期：早期的管理活动阶段、早期管理理论的萌芽阶段、管理理论的形成与发展阶段。本章主要介绍管理思想的产生、古典管理理论、行为科学理论、当代管理理论及当代管理理论的新思潮。

■ 第一节　管理思想的产生

一、早期的管理活动

　　这一阶段是从人类有了集体劳动的分工与协作开始一直到 18 世纪，也称为工业化前的管理。这一时期的社会组织主要是家庭、部落、教会、军队和国家，在这些组织中涌现出最早的管理思想。这一时期的管理可分为两个阶段。

（一）古代的管理活动

　　人类进行有效的管理实践大约已有 6000 年的历史，早期的管理实践主要通过埃及、中国、意大利等国的古代建筑体现出来，并散见于一些史籍、宗教文献之中。

　　埃及的金字塔、巴比伦古城和中国的万里长城等宏伟建筑，都体现了早期人类的组织与管理能力。在以后的治理国家方面，希腊的"城邦制"和罗马帝国将集权与分权结合的有效管理国家的方式等都体现了古代丰富的管理思想与管理实践。

在中国古代，管理思想更可谓博大精深。早在公元前 1000 年，中国的官僚机构就发展成为一个分等级层次的体制。《周礼》中有对行政管理制度和责任的具体叙述。春秋战国时期诸子百家的论述多包含治理国家和社会的道理，儒家学派提出"以民为本""仁政""德治"等管理思想；道家提出"无为而治""软性管理""柔弱胜刚强"等管理思想；法家提出"事异备变""乱世重典""治吏不治民"等管理思想；兵家提出"未战庙算、以道为首""知己知彼、百战不殆"等管理思想。

（二）中世纪的管理实践与管理思想

中世纪大致是从公元 5 世纪到 15 世纪，在欧洲大体上是奴隶社会末期到资本主义萌芽时期，经历了漫长的发展阶段，社会生产力与商品生产有了一定的发展，并产生了所谓的重商主义。但由于宗教统治的影响，社会经济发展一直比较缓慢。从管理来看，一些典型的经济组织形式和管理实践、管理思想主要产生于中世纪的后期。这一阶段的一些重要的管理思想集中表现在以下三个方面。

（1）对领导者的品质和领导方式的关注。意大利佛罗伦萨的尼古拉·马基雅维利（Niccolo Machiavelli）于 16 世纪所著的《君主论》一书中，对统治者管理国家及更好地运用权威，提出了四条原则，即群众认可，权威来自群众；组织长期存在依赖于内聚力；掌权必须具备领导能力；对政权的维持需要"居安思危"。

（2）社会经济组织类型已发展到商业行会、手工业行会和厂商组织。厂商组织包括合伙（partnership）和联合经营（joint venture），二者都是后来公司的前身。

（3）较为科学的工厂管理，主要体现在计划和决策、组织、控制、领导、人事等方面。15 世纪和 16 世纪的威尼斯造船厂（兵工厂）提供了许多有用的管理经验，该工厂采用了装配线生产，实行部件标准化和部件储存，建立了早期的成本会计制度，通过会计、成本、存货对工厂生产过程进行控制。在人事管理方面具有严密的人事管理制度，形成了比较规范的管理。这是一个早期管理实践的出色范例。

二、早期管理理论的萌芽阶段

工业革命前后到 19 世纪是西方管理思想发展中的一个重要时期。在这一时期管理思想的许多方面有了较大的发展，对问题的研究趋于系统化，为以后资产阶级古典管理理论的形成奠定了一定的理论基础。

工业革命时期的管理理论研究大致分为两类：一类是主要由一些经济学家进行的理论研究；另一类是由一些学者型的工厂主和企业主进行的管理实践研究，偏重于对技术和方法的研究。

1. 偏重于管理理论的研究

有关管理理论的研究主要集中于当时经济学家的一些著作，其中有：亚当·斯密（Adam Smith）的《国富论》（1776）；塞缪尔·纽曼（Samuel P. Newman）的《政治经济学原理》（1835）；约翰·斯图亚特·穆勒（John Stuart Mill）的《政治经济学原理》（1848）；艾尔弗雷德·马歇尔（Alfred Marshall）的《经济学原理》（1890）。这些经济学家所涉及的管理问题主要有四个方面：①关于工商关系；②关于劳动分工的意义及其必然性；③关于劳动效率与工资的关系；④关于管理的职能。总体上说，这些论述还比较零散、缺乏系统化和理论化。

2. 偏重于技术和方法的研究

一些工厂管理的先驱者率先在他们的工厂对科学管理和人事管理等进行了实验和推广。下面介绍几位颇具代表性的管理实践者的思想与活动。

（1）小瓦特（James Watt Jr）和博尔顿（Mattew R. Boulton）在铸造厂实施的科学管理制度。小瓦特和博尔顿在 1800 年接管一家铸造厂后，重点着手改革该厂的组织和管理，并采取一些有效的管理方法，建立起许多管理制度，如在生产管理和销售方面，根据生产流程的要求配置机器设备，编制生产计划，制定生产作业标准，实行零部件生产标准化，研究市场动态，进行预测；在成本管理方面，建立起详细的记录和先进的监督制度；在人事管理方面，制订工人和管理人员的培训和发展规划；进行工作研究，并按工作研究结果确定工资的支付办法；实行由职工选举的委员会来管理医疗费制度等福利制度。

（2）查尔斯·巴贝奇（Charles Babbag）的作业研究和报酬制度。英国的数学家查尔斯·巴贝奇（1792～1871）在亚当·斯密劳动分工理论的基础上，又进一步对专业化问题进行了深入研究。他在 1832 年出版了《机器与制造业经济学》，该书是管理史上一部重要文献。书中对专业化分工、机器与工具使用、时间研究、批量生产、均衡生产、成本记录等问题都做了充分的论述，并且强调要注重人的作用，分析颜色对效率的影响，鼓励工人提出合理化建议等。他主张按照对生产率贡献的大小来确定工人的报酬，并提出工人的报酬由三部分构成，即按工作性质所确定的固定工资、按对生产率所做的贡献而分得的利润、为增进生产率提出建议而得的奖金。

（3）欧文（Robert Owen）在棉纺织厂实施科学的人事管理。罗伯特·欧文（1771～1858）是 19 世纪初英国著名的空想社会主义者。他首先看到了当时工厂制度条件下工人劳动条件和生活水平的低下，主张"至少要像对待无生命的机器那样对待有生命的人的福利"。欧文曾在英国新拉那克的纺织厂任经理，他在工厂进行的管理试验主要在人事管理方面。试验分两个阶段进行：第一阶段致力于改进工厂条件及职工家庭情况，包括改善工作条件、缩短工作日、提高工资、改善生活条件、发放抚恤金、禁招童工等；第二阶段致力于工厂社区的社会改革，主要针对学校的教育改革。欧文的理论和实践对后来的管理及人事管理具有较大的影响。

（4）哈尔西（Frederick A. Halsey）的奖金方案。弗雷德里克·哈尔西（1856～1935）是美国的机械工程师，在工资和资金制度方面具有比较新的创见。哈尔西针对当时普遍使用的几种报酬制度的不足，提出了一种比较科学的新的报酬制度。他提出的报酬方案是按每个工人来设计的：①给予每个工人每天的"保证工资"；②以工人过去的业绩为基准来确定基准工资，超额者可以得到约为正常工资率 1/3 的奖金。其实哈尔西的做法与现代企业的基薪加超额奖金的办法大体一致。他认为这种报酬制度的优点在于，不管工人业绩如何均可获得一定数额的日工资，可以保证基本生活需要，工人增加生产就可得到奖金，从而消除了因刺激工资而引起的常见的劳资纠纷。同时奖金又是封顶的，即工人奖金仅为超额部分的 1/3，雇主从中获益 2/3，因而也就不会总盘算着削减工资率。

以工人过去的业绩为基准，旨在鼓励工人比过去进步，工人所要超越的是他本人过去的业绩，而不是根据动作和时间研究制定出来的标准。

三、管理理论的形成与发展阶段

管理理论的形成始于 19 世纪末 20 世纪初，之后随着生产力的发展和科学技术的进步，以及管理学者的不断观察、研究、探索与实践，人们对管理的认识进一步深化，并对其进行概括和抽象，逐渐形成管理理论，管理作为一门科学才真正发展起来。在近一个世纪的时间里，管理理论得到了不断的发展与完善。管理理论的形成与发展大致可以分为四个重要阶段：古典管理理论、行为科学理论、当代管理理论与当代管理理论的新思潮。

第二节　古典管理理论

西方的古典管理理论是指 19 世纪末至 20 世纪初，在美国、法国、德国等西方国家形成的，有一定科学依据的资产阶级管理理论。古典管理理论主要包括科学管理理论和组织管理理论。

一、科学管理理论

（一）科学管理理论产生的背景
科学管理理论产生的背景主要有以下三个。

（1）低劳动生产率和低工资导致劳资矛盾比较严重。美国经过南北战争（1861～1865）之后，经济发展较快，但劳动生产率低，大多数产量达不到定额生产能力的 60%。工人每周工作 60 小时，工资较低，劳资矛盾比较严重。

（2）生产的集中和垄断导致对科学管理的需要。南北战争结束后，美国先后发生了三次经济危机。经济危机加速了生产的集中和垄断，生产组织规模不断扩大，复杂程度提高，客观上要求总结管理经验，并加以科学化、系统化，以代替传统的经验管理。

（3）科技和生产力发展较快，但是管理落后，客观上要求有科学的管理。

（二）泰罗的生平
弗雷德里克·温斯洛·泰罗（Frederick Winslow Taylor，1856～1915）出身于美国费城的一个律师家庭，曾就读于哈佛大学法律系，因眼疾而辍学。1875～1878 年在费城一家小机械厂当学徒，1878 年转入米德维尔钢铁公司当技工，一直工作了 12 年，先后任车间管理员、小组长、工长、技师、制图主任直到总工程师。

在米德维尔钢铁公司的实践中，泰罗发现了影响生产率的一些问题：管理当局不懂得用科学方法进行管理，不懂工作秩序、劳动节奏和疲劳因素对生产率的影响；工人缺少训练，缺乏正确的操作方法和适用的工具等。为此，他从 1880 年开始进行试验，系统地研究和分析工人的操作方法和劳动所花费的时间，逐步形成了科学管理制度。

1898 年，泰罗受雇于伯利恒钢铁公司。1901 年退休，余下的 14 年做无偿顾问和讲师，致力于宣传和改进他的科学管理思想和理论。

他的代表作主要有《计件工资制》（1895）、《工厂管理》（1895）、《车间管理》

(1895)、《科学管理原理》(1911)，《美国国会众议院特别委员会对科学管理的听证会上的证词》(1912) 也是一篇重要的文献。

1915 年，泰罗在费城逝世，其墓碑上刻着：科学管理之父——泰罗。

（三）科学管理理论的内容

1. 工作定额原理

泰罗认为科学管理的中心问题是提高效率。他认为当时劳动力的潜力很大，因为多劳不能多得，存在磨洋工现象。要挖掘潜力，必须制定有科学依据的"合理的日工作量"，即定额。于是又涉及制定定额的方法问题，即对工时进行研究，据此确定工作量。工时研究是对完成一件工作应该用的时间进行研究，它包括分析和建设两个阶段。分析阶段即对某一件工作的全过程进行观察、动作研究、记录时间。建设阶段是在分析的基础上制订出标准操作方法（基本动作支出时间），以此对工人训练，并据以制定出较高的定额。

2. 工作与能力相适应

泰罗认为要提高劳动生产率，必须为工作挑选"第一流的工人"。所谓第一流的工人，是指最适合做这种工作而且也愿意去做这种工作的人。他认为，使工人的能力同工作相配合是健全的人事管理的基本原则。管理当局的责任在于为雇员找到最合适的工作，培训他成为一流的工人，激励他尽最大的努力来工作。

3. 标准化原理

要使工人掌握标准化的操作方法，使用标准化的工具、机器和材料，并使作业环境标准化，这就是所谓标准化原理。泰罗认为，必须用科学的方法对工人的操作方法、工具、劳动和休息时间的搭配、机器的安排和作业环境的布置等进行分析，消除各种不合理的因素，把各种最好的因素结合起来，形成一种最好的方法，他认为这是管理当局的首要职责。

4. 差别计件工资制

为了鼓励工人努力工作、完成定额，泰罗提出要实行刺激性的计件工资制度。这种计件工资制度包含以下三点：①通过工时研究和分析，制定出一个有科学依据的定额或标准。②实行差别计件工资制。他把工资率分为高工资率和低工资率。如果工人完成或超过定额，则完成的定额内的部分和超额部分都按照125％的工资率计算工资；如果工人完不成定额，则完成的全部工作量均按照正常工资率的80％来计酬。③工资支付的依据是工人的表现而不是职位。

5. 劳资双方要进行一次"精神革命"

泰罗认为工人和雇主都必须认识到提高效率对双方都有利，要来一次"精神革命"。其核心思想是：劳资双方应该相互协作，变对立为协调，为提高劳动生产率而共同努力；由劳资双方关注盈余分配的此多彼少转为关注增加盈余及分配。

6. 计划职能与执行职能相分离，变经验工作法为科学工作法

泰罗主张明确划分计划职能与执行职能，确定计划部门的职能，一切按计划执行。执行部门按计划部门制定的操作方法和指示执行操作，不得自行改变。

7. 职能工长制

泰罗主张实行"职能管理",即将管理的工作进行细分,使管理者只承担一种职能。他设计出八个职能工长,代替原来的一个工长,其中四个在计划部门,四个在车间。每个职能工长负责某一个方面的工作,在职能范围内,可以直接向工人发布命令。泰罗的这种职能管理思想为以后职能部门的建立和管理的专业化提供了参考。

8. 在组织机构的管理控制上实行例外原则

泰罗等认为,规模较大的企业组织和管理,必须应用例外原则,即企业的高级管理人员把例行的一般事务授权给下级管理人员去处理,自己只保留对例外事项的决定和监督权。这种以例外原则为依据的管理控制原理,后来发展成为管理上的分权化原则和事业部制管理体制。

(四) 对科学管理理论的评价

科学管理曾经在美国形成一种运动,它推动了美国的工业实践活动。除泰罗以外,还有许多人也积极从事管理实践与管理理论的研究,丰富和发展了科学管理理论,主要有美国工程师弗兰克·吉尔布雷斯及其夫人莉莲·吉尔布雷斯在动作研究、疲劳研究和制度管理研究等方面做出的贡献。此外,美国管理学家、机械工程师亨利·甘特发明了计划与控制的有效工具——甘特图,提出更为科学的"日工资加超额计件工资"的报酬方式等,为科学管理做出了重要贡献。同时,这些追随者进一步关注对人的重视与管理。

科学管理理论不仅传播到美国各地,而且传播到法国、德国、日本等国家。泰罗的科学管理理论对后来几十年的管理实践具有重大影响,至今他提出的管理基本原则仍然是西方管理理论的重要方面,为管理理论的发展奠定了坚实的基础。但是当时也有来自反对者的意见,即泰罗的方法彻底修改了传统管理实践的章法,他们把泰罗的方法看成是对管理特权不正当的干涉;泰罗的思想在哲理上受到很多方面的反对,有人认为科学管理把工人看作机器上加满了油的齿轮,在工业活动中破坏了人道主义的做法。

二、组织管理理论

在泰罗等以探讨工厂中如何提高效率为重点进行科学管理研究的同时,其他一些管理先驱也开始了对管理职能和整个组织的研究,这就是组织管理理论。其代表人物主要有:法国的亨利·法约尔(1841~1925)、德国的马克斯·韦伯(Max Webber,1864~1920)和美国的切斯特·巴纳德(1886~1961)。

(一) 法约尔及其管理理论

1. 法约尔的生平

亨利·法约尔,法国人,最早的一般管理理论家之一。他19岁从矿业学院毕业进入一家采矿冶金公司并取得矿业工程师资格。在企业中他从初级管理人员到公司总经理,一直从事管理工作。1888年,在公司业务危机时法约尔出任公司总经理,他采用了一套科学管理方法,使公司取得了成功,扭转了财务状况,这一成功至今仍为法国工业史上的美谈。他退休之后致力于两项工作:创办一个管理学研究中心;试图说服政府关注管理原理。他的代表作《工业管理与一般管理》(1916)是他一生管理思想和管理经验的总结。他在实践中逐渐形成了自己的管理思想和管理理论，对管理学的形成和发展做出了巨大的贡献。

2. 法约尔一般管理理论的主要内容

1）对企业活动进行分类并将管理活动单独加以区分

法约尔认为企业一般有六种活动，而管理则为这六种活动中的一种。管理本身又由五种要素——计划、组织、指挥、控制、协调构成，事实上就是管理的五种职能。

企业的六种基本活动如下。

（1）技术活动，是指生产、制造、加工活动。

（2）商业活动，是指购、销、交换（了解竞争者和市场，长期预测、价格制定）等活动。

（3）财务活动，是指资金的筹集与运用。

（4）安全，是指设备和人员的保护、预防偷盗、火灾和水灾，消除罢工、行凶等活动。

（5）会计，包括存货盘点、资产负债表的制定、成本核算、统计等。

（6）管理，管理活动又分为五种要素，即计划、组织、指挥、控制、协调。法约尔当时用的是"管理要素"一词，后来人们才使用了"管理职能"这个词。

法约尔认为，企业的六种活动是企业内部自上而下每个人或多或少都要从事的，只不过各有侧重。例如，工人更侧重技术。越到高层，管理活动所占比重越大，大企业的高层领导又比小企业的领导有更多的管理活动，而技术活动则较少。

2）14 项管理原则

法约尔认为管理上的成功不完全取决于个人的管理能力，在管理中灵活运用 14 项原则是十分重要的。他系统地阐述了 14 项管理原则。

（1）劳动分工。劳动分工不仅是经济学家研究有效地使用劳动力的问题，而且也是在各种机构、团体、组织中进行管理活动所必不可少的工作。

（2）职权与职责。法约尔认为职权是指挥和要求别人服从的权力和力量。职权与职责是互为因果的，有权力就必定有责任。

（3）纪律。纪律是企业领导人同下属之间在服从、勤勉、积极、举止和尊敬等方面所达成的一种协议。组织内所有成员都要根据各方达成的协议对自己在组织内的行为进行控制。

（4）统一指挥。统一指挥指组织内一个下属只应接受一个领导者的命令。

（5）统一领导。凡目标相同的活动，只能有一个领导、一个计划。

（6）个人利益服从整体利益。个人与小集体的利益不能超越组织的利益。当两者矛盾时，管理者要以身作则，使其一致。

（7）人员报酬。报酬与支付的方式要公平，对工作成绩和工作效率优良者给予奖励，但奖励应有一个限度。法约尔认为，任何优良的报酬制度都无法取代优良的管理。

（8）集中化。集中化主要是指权力的集中或分散的程度问题。提高下属重要性的做法是分权，降低这种重要性的做法是集权。集权与分权在任何一个企业中都应有恰当的比例，要根据企业的条件和环境、人员的素质等因素来决定这一比例。当企业的实际情况变化时，要适时改变集权与分权的程度。

（9）等级链。等级链是指管理机构中最高一级到最低一级应该建立关系明确的职权等级系列，这既是执行权力的线路，也是信息传递的渠道。一般情况下不要轻易违反。但在特殊情况下，为了克服由于统一指挥而产生的信息传递延误，法约尔设计了一种"跳板"，也叫作"法约尔桥"，以便能及时沟通信息，快速解决问题。

（10）秩序。秩序可分解为"物质的"和"社会的"两种秩序，法约尔认为"每一事物（每一个人）各有其位；每一事物（每一个人）各在其位"。这实质上是一项关于安排事物和人的组织原则。

（11）公平。在待人上，管理者要做到"善意与公道相结合"。当管理者对他的下属仁厚和公正时，他的下属必将对他忠诚和尽力。

（12）人员的稳定。法约尔发现人员的不必要流动是管理不良的原因和结果，并指出了不必要流动的危险和浪费。

（13）创新精神。创新精神表现在拟订并执行一项计划上。由于它是"人类活动中最让人兴奋的行为之一"，法约尔劝告主管人员要"牺牲个人的虚荣心"而让下属人员去发挥创新精神。

（14）团结精神。团结精神是指必须注意保持和维护每一集体中团结协作、融洽的关系，特别是人与人之间的相互关系。

其实在早期的工厂制度中已反映出以上许多原则，法约尔的贡献在于把这些原则加以整理或概括成一个概念纲要，这是他首创的。这些原则和术语为以后的管理文献所广泛采用，成为尽人皆知的事物。但是在当时，他提出这些原则是既新鲜又富有启发性的。所以西方的管理学家认为这是管理思想发展史上的一个重要里程碑。

3）对法约尔一般管理理论的评价

早在《工业管理与一般管理》一书中，法约尔对一般管理学原理的论述就已崭露头角，但是这部著作直到 13 年后才被译成英文（但销出英国以外的数量很少），1949 年美国才出版了它的英译本。1937 年之后，法、英、美等国家的管理学者才对他的专题著作进行研究，发现他提出的管理方法清楚实用，管理学原理普遍实用，这都显示了这部著作在管理理论产生的早期对管理学的基本问题的非凡洞察力。后人对法约尔的理论给予了极高的评价。

（二）韦伯的理想的行政组织体系理论

马克斯·韦伯，德国人，现代社会学的奠基人之一。他对管理理论的研究主要集中于组织理论的研究，提出了所谓的理想的行政组织体系理论。韦伯提出的"理想的"行政组织体系，其"理想的"是指现代社会最有效的和合理的组织形式。这一理论的核心是组织活动要通过职务或职位，而不是通过个人或世袭地位来管理。理想的行政组织体系当然以是理性的、合法的（法律的）权力为基础，而不是传统的权力和超凡的权力。韦伯认为等级、权威和行政制是一切社会组织的基础。

理想的行政组织体系具有以下一些特点。

（1）存在明确的分工。在劳动分工基础上，规定每个岗位的权力和责任，把这些权力的责任作为明确规范加以制度化。

（2）自上而下的等级系统。按等级原则对各种公职或职位进行法定安排，形成一个自上而下的指挥链或等级体系，并以制度形式巩固下来。每个下级都处在一个上级的控制和监督下，每个管理者不仅要对自己的决定和行动负责，而且要对下级的决定和行动负责。

（3）人员的任用。根据经过正式考试或教育培训而获得的技术资格来选拔员工，并完全根据职务的要求来任用。

（4）职业管理人员。除个别需要通过选举产生的公职（如选举产生的整个单位负责人）以外，所有担任公职的人都是任命的。行政管理人员有固定的薪金和明文规定的升迁制度，是一种职业管理人员。这些管理人员不是其管辖的企业的所有者，只是其中的工作人员。

（5）遵守规则和纪律。管理人员必须严格遵守组织中规定的规则、纪律及办事程序。组织要明确规定每个成员的职权范围和协作形式，避免感情用事，滥用职权，减少摩擦和冲突。

（6）组织成员之间的关系。组织成员之间的关系以理性准则为指导，不受个人情感的影响。这种公正不倚的态度，不仅适用于组织内部，而且也适用于组织同外界人员的关系。不能任意解雇组织中的人员，应鼓励大家忠于组织。

韦伯认为，这种高度结构化的、正式的、非人格化的理想的行政组织体系是强制控制的合理手段，是达到目标、提高效率的最有效形式。这种组织形式在精确性、稳定性、纪律性和可靠性等方面都优于其他形式，能适用各种行政管理工作及当时日益增多的各种大型组织，如教会、国家机构、军队和各种团体。韦伯的这一理论，对完善古典管理理论做出了重要的贡献，并对以后的管理理论，如社会系统理论有着一定的影响。韦伯被称为"组织理论之父"。

（三）巴纳德的组织理论

切斯特·巴纳德，是美国的高级经理人员和管理学家，社会协作系统学派的创始人，在组织理论方面做出了很大的贡献。其代表作是《经理人员的职能》（1938）和《组织与管理》（1948），一生著有许多论文、报告、著作。

社会协作系统学派从社会学的观点来研究管理，把组织中人们的相互关系看成一种协作的社会系统，这是人们在意见、力量、愿望及思想等方面的一种合作关系。该理论的主要理论观点如下。

1. 组织是一个由物质的、生物的、社会的子系统构成的协作系统

组织是一个协作系统，其组成部分包括物质的（材料与机器）子系统、生物的（人）子系统和社会的（群体的相互作用、态度、信息）子系统，每一个组成部分都以一定的方式同其他组成部分相关联，管理的核心问题就是对这几方面要素的协调。并且这个系统能否存续主要取决于协作的效果、协作的效率、协作目标能否适应协作环境。

2. 正式组织包括共同的目标、协作意愿和信息联系三个基本要素

（1）共同的目标。巴纳德认为，一项目标只有被成员接受后才是有效的。成员对目标有协作性理解和个人理解，但这两种理解有时可能会产生矛盾，经理的任务就是要使成员的个人目标与组织目标相一致，克服成员对共同目标的协作性理解和个人理解的

矛盾。

（2）协作意愿。它是指个人对组织的忠诚、团结、集体精神等。成员参加协作后往往会将为组织所做的贡献和诱因进行比较，其所得的净效果就是个人的协作意愿。诱因是组织为了补偿个人的牺牲而提供的各种物质的和精神的刺激。个人协作意愿的强度高低取决于员工对于牺牲和诱因的比较，而对于诱因的重视程度则会因人而异。因此，组织一般通过为成员提供金钱、威望、权力等客观刺激和通过说服来影响成员的主观态度的方式，以获得组织成员较强的协作意愿。

（3）信息联系。共同的目标和协作意愿两个基本要素只有通过信息联系进行沟通，才能成为动态的过程。基于上述要素的需要，一个组织中经理人员就应该是信息联系的中心，并努力对成员进行协调，调动成员的协作意愿，实现组织目标。

3. 经理人员的职能

经理的任务是在正式组织中维持一个合作力量的系统，巴纳德建议通过一个综合性的社会系统来研究管理。经理人员主要的职能是：①规定组织目标；②建立和维持一个信息联系的系统；③善于使组织成员能够提供为实现组织目标所不可少的贡献。

第三节　人际关系学说与行为科学理论

行为科学理论初步形成于 20 世纪 20 年代，正式形成则是在 20 世纪 50 年代。前期叫作人际关系学说，它以霍桑试验为代表；后期叫作行为科学。"行为科学"一词在 1949 年美国芝加哥大学讨论会上首次提出，在 1953 年福特基金会上正式定名。

一、人际关系学说

（一）梅奥与霍桑试验

乔治·埃尔顿·梅奥（George Elton Mayo，1880～1949），是原籍澳大利亚的美国行为科学家。弗里茨·罗特利斯伯格（Fritz G. Roethlisberger，1898～1974），是美国行为科学家，曾参加梅奥领导的霍桑试验，此后同梅奥合作进行研究长达 20 年之久，是人际关系学说的主要奠基者之一。

霍桑试验是指 20 世纪 20 年代中期至 30 年代初在美国西屋电气公司（West House）的霍桑工厂进行的一系列试验，后来产生的人际关系学说为行为科学理论的产生奠定了一定的基础。

这个试验原来着手研究的是生产效率与工作物质条件之间的关系，但是后来却发现了远比他们原来追求的更为重要的事物，于是产生了人际关系学说理论。

该试验分为以下几个阶段。

（1）工场照明和继电器装配室试验（1924～1928）。1924～1928 年的试验其实是由工场照明和继电器装配室试验两个阶段组成的，其目的是了解企业工作环境变化与劳动生产率之间有无直接的因果关系，但是研究结论却与研究者预期的看法不同，这使他们感到困惑。梅奥等并没有参加前一阶段的试验，但是他们从心理学角度考察工人劳动生产率的提高问题，最后得出这样的结论：工作条件（如作业场所光线的强弱）、休息时间及工资报酬等方面的改变都不是影响劳动生产率的第一位的因素，最重要的是企业管理当局同工人之间，以及工人之间的社会关系。

（2）大规模访谈计划（1928～1931）。它的目的是通过访谈了解和研究职工对公司领导、保险计划、升级、工资报酬等方面的意见和态度。在霍桑工厂，梅奥等用了两年多时间进行了两万多人次的访谈。通过访谈计划，研究者认为，企业管理当局应该重视对管理人员进行训练，使他们能更好地倾听和了解工人的个人实际情绪和实际问题，可以有助于提高生产率。

（3）电话线圈装配工试验（1931～1932）。它是为了研究非正式团体的行为、规范、奖惩对工人生产率的影响而设计出来的一组试验。研究结果发现，非正式团体不顾管理当局关于产量的规定而有意限制团体的产量；在小集团中有一些不成文的规定，使团体成员必须依照"规定"行事。

梅奥等对霍桑试验中的材料加以研究后得出的结论主要有三点：①工人是"社会人"；②企业中存在非正式组织；③新的企业领导能力在于通过提高工人的满意度来提高其士气。这三点结论可以说是人际关系学说的基本要点，这个结论相对于只重视物质条件、忽视社会和心理因素对工人影响的科学管理来说，无疑是一个很大的进步。

（二）人际关系学说的主要内容

在总结霍桑试验的基础上，梅奥于 1933 年出版了《工业文明中人的问题》一书，他的主要助手罗特利斯伯格也于 1939 年和 1942 年分别出版了《管理和工人》与《管理和士气》，在这些书中，他们阐述了人际关系学说，其主要内容如下。

1. 工人是社会人

科学管理把工人当作"经济人"来看待，认为金钱是刺激工人积极性的唯一动力，霍桑试验则表明人是"社会人"，影响人的劳动积极性的因素除了物质利益外，还有社会和心理的因素；每个人都有自己的特点，个体的观点和个性都会影响个人对上级命令的反应和工作中的表现。因此，应该把工人当作不同的个体来看待，而不是无差别的机器或机器的一部分。

2. 企业中存在"非正式组织"

霍桑试验表明，企业中存在非正式组织，并且与正式组织相互依存，非正式组织会通过影响工人的工作态度进而影响企业的生产效率和目标的达成。管理人员应当正视非正式组织的存在并分析其组织特点，使其能为正式组织的活动及目标服务。

3. 生产率的提高主要取决于工人的满足度及与周围人的关系

梅奥等认为，生产效率的高低主要取决于工人的士气，而工人的士气则主要取决于他们感受到的各种需要得到满足的程度。在这些需要中，金钱和物质方面的需要只占很少的比重，更多的是获得友谊、得到尊重或保证安全等方面的社会需要。因此，要提高生产率，就要提高工人的满足度，提高工人的士气。

二、行为科学理论

（一）行为科学的含义

对行为科学的理解可以分为广义的理解和狭义的理解。广义的理解把行为科学解释为包括研究人的行为以及动物行为的多种学科，是一个学科群，英语中多用复数形式（behavioural sciences）。狭义的理解把行为科学解释为运用心理学、社会学等学科的理论与方法来研究工作环境中个人和群体的行为的一门综合性学科，而不是一个学科群，英文多用单数形式（behavioural science）。1980 年英国《国际管理词典》的解释是："行为科学主要是对有关工作环境中个人和群体的行为进行分析和解释的心理学和社会学，其应用包括信息交流、创新、变革、管理风格、培训和评价等领域。它强调的是，试图创造出一种最优环境，以便每一个人既能为实现公司目标做出贡献，又能为实现个人目标有所成就。"这个解释是专指狭义的行为科学。

（二）行为科学理论的主要研究内容

许多行为科学家在早期人际关系学说研究的基础上，进行了更深入细致的研究，其研究内容也更为广泛。从行为科学研究对象所涉及的范围看，基本上分为三个层次，即个体行为、团体行为、组织行为的研究。

1. 关于个体行为的研究

个体行为是行为科学研究的第一个层次，主要是关于人的需要、动机、激励的问题的研究和有关企业中人的特性的研究。一些具有代表性的理论大致可以分为以下四类。

（1）激励内容理论，主要研究激励的内容和因素等，主要有马斯洛的人类需要层次理论，克莱顿·奥德弗的生存、关系、发展理论，赫茨伯格的双因素理论，麦克利兰的需要理论等。

（2）激励过程理论，研究从动机的产生到采取行动的心理过程，主要有弗鲁姆的期望理论、亚当斯的公平理论、归因理论等。

（3）激励强化理论，主要研究行为的结果对以后行为的影响。

（4）有关企业中人的特性的理论。具有代表性的理论和观点有：美国行为科学家道格拉斯·麦格雷戈的 X-Y 理论、克里斯·阿吉里斯的不成熟—成熟理论、埃德加·沙因有关人类特性的四种假设等。

2. 关于团体（群体）行为的研究

团体行为是联系个体行为同组织行为的中间层次。组织的构成是这样的：个体组成团体，再由团体构成组织。个体的行为有其特性和规律，个体组成团体之后，又有团体行为所特有的特征和规律。团体行为并不是个体行为的简单加和。因而团体行为也是行为科学研究十分重要的一部分。

这方面的研究主要包括有关团体动力的理论、信息交流、有关团体及其成员相互关系的理论。

3. 关于组织行为的研究

组织行为是当代行为科学研究的三个层次中的最高层次，包括领导行为、组织变革和发展的理论。

（1）领导行为理论。它包括领导者品质、领导行为方式、领导权变理论的研究。

（2）组织变革和发展的理论。关于组织变革的理论主要有勒温的理论、卡斯特的理论、唐纳利的理论、沙恩的适应循环学说、工作生活质量学说、Z 理论。

■ 第四节　当代管理理论

第二次世界大战之后，科学技术得到了迅速发展，生产社会化程度不断提高，企业规模进一步扩大。同时，随着跨国公司的活跃和西方国家政府对经济干预的加深，外部环境对企业的影响越来越重要。在新形势下，企业进行内部生产经营时不仅要考虑自身条件限制，而且要研究环境的特点和要求，以提高适应环境的能力，但原有的管理理论已经不能适应新形势发展的需要。因此，西方的许多学者从不同的角度、不同的背景出发来研究当代管理问题，形成了一系列理论和学派，主要有管理过程学派、社会系统学派、决策理论学派、系统管理学派、社会技术-系统学派、经验主义学派、权变理论学派、管理科学学派等，美国著名管理学家孔茨（1961；1980）把这种现象称为"管理理论的丛林"。下面介绍四种比较具有代表性的理论：管理过程理论、决策理论、管理科学理论、权变理论。

一、管理过程理论

管理过程学派又叫作管理职能学派，是西方古典管理理论和行为科学理论之后历史最久和影响非常大的一个管理学派。一般认为法约尔是这一学派的开山鼻祖。在法约尔之后的代表人物主要有：詹姆斯·穆尼（James Mooney）、拉尔夫·戴维斯（Ralph Davis）、哈罗德·孔茨、亚利山大·丘奇（Alexander Church）、威廉·纽曼、斯蒂芬·罗宾斯等一批管理学者。其中，哈罗德·孔茨是管理过程学派的主要代表人物之一。

管理过程学派的研究对象就是管理的过程和职能。这些学者认为，管理就是在组织中通过别人或同别人一起完成工作的过程。管理过程与管理职能是分不开的。他们试图对管理过程和管理职能进行分析，从理性上加以概括，把用于管理实践的概念、原则、理论和方法结合起来形成一门管理学科。

有关管理职能的划分和阐述是过程学派研究的重要内容之一。这些学者首先把管理人员的工作划分成一些职能，如法约尔划分成计划、组织、指挥、协调、控制五项职能；孔茨和奥唐奈（1955）则分为计划、组织、指挥、控制、人事五项职能。一些学者分别提出各自不同的观点（关于管理职能划分的观点见第一章第二节）。在对管理职能划分的基础上，进一步对管理职能进行研究，探求管理的基本规律，对管理工作的一切主要方面加以理论概括，进而形成管理理论，用以指导管理实践。

二、决策理论

决策理论学派是当代西方有较大影响的管理学派之一。决策理论是以社会系统理论为基础，吸收行为科学和系统论的观点，运用计算机技术和运筹学的方法而发展起来的一种理论，包括决策过程、决策准则、决策类型、决策方法的完整的理论体系。主要代表人物是美国经济学家赫伯特·西蒙和美国管理学家詹姆士·马奇（James G. March）。决策理论的要点如下。

(一) 决策贯穿于整个管理过程，管理就是决策

对组织活动的管理实质上是由一系列决策活动所组成的，制订计划的过程是决策；在两个以上的可行方案中选择其中之一也是决策；组织设计、机构选择、权力分配属于组织决策；实际同计划标准的比较、检测和评价标准的选择属于控制决策，等等。

(二) 决策过程

决策过程包括四个阶段：①情报活动，其任务是收集和分析反映决策条件的信息；②设计活动，在情报活动的基础上设计、制订和分析可能采用的行动方案；③抉择活动，从可行方案中选择一个适宜的方案；④审查活动，对已做出的抉择进行评估。

(三) 决策准则

决策的核心是选择，而要进行正确的选择，就必须有合理的标准。西蒙认为，人们习惯上用"最优"或"绝对的理性"作为决策的准则，根据这个准则进行决策需要三个前提：①决策者对可供选择的方案及其执行结果"无所不知"；②决策者具有无限的估算能力；③决策者的脑中对各种可能的结果有一个"完全而一贯的优先顺序"。事实上这些前提是不可能的。因此，人们在决策时，不可能坚持最理想的解答，常常只能满足于"足够好的"或"令人满意的"决策。

(四) 程序化决策和非程序化决策

一个组织的决策根据其活动是否反复出现可分为程序化决策和非程序化决策。在西蒙的决策理论中，对非程序化决策的方法进行了细致的研究。他用心理学的观点和运筹学的手段，提出了一系列指导企业管理人员处理非例行活动、非程序化决策的技术，从而在西方企业界产生了重要影响。

三、管理科学理论

管理科学理论是泰罗的科学管理理论的继续和发展，是以现代自然科学和技术科学的最新成果为手段，运用数学模型，对管理领域中的人力、物力、财力进行系统的分析，并做出最优规划和决策的理论。这一理论的特点是利用有关的科学工具，为企业的管理决策寻找一个有效的数量解，它着重于定量研究，因此又叫作数量管理理论。

管理科学理论的内容主要包括以下三个方面。

(一) 运筹学

运筹学（operational research）可直译为"运用研究"或"作业研究"。运筹学涉及的主要领域是管理问题，研究的基本手段是建立数学模型，比较多地运用各种数学工具。从这点出发，它为管理科学理论的构成提供了大量的可运用的技术方法与手段，是该理论的重要组成部分。

运筹学是在第二次世界大战中，以物理学家布莱克特（P. M. S. Blackett）为首的一部分英国科学家为了解决雷达的合理布置问题而发展起来的数学分析和计算技术。这是一种分析的、实验的和定量的科学方法，专门研究在既定的物质条件（人力、物力、财力）下，为达到一定的目的，通过一定的数学方法对问题进行数量分析，统筹兼顾研究对象的整个活动所有各个环节之间的关系，经济有效地使用人力、物力、财力资源，

以达到最优结果。

运筹学在被运用到管理领域之后，由于研究的领域和对象不同，又形成许多新的分支，主要有规划论、库存论、排队论、对策论、搜索论、网络分析等。

（二）系统分析

美国兰德公司 1949 年首先提出系统分析这一概念，并把系统的观点和思想引入管理的方法之中。系统分析的特点是，解决管理问题要从全局出发进行分析和研究，以制定出正确的决策。一般有以下几个步骤。

（1）确定系统的最终目标，并明确每个特定阶段的目标和任务。

（2）把研究对象视为一个整体系统，确定每个局部要解决的任务，研究各子系统之间及子系统与系统及总体目标之间的相互关系和相互影响。

（3）确定达到总体目标的备选方案，以及支持总体目标实现的各个子系统的备选方案。

（4）对可供选择的方案进行分析比较，选出最优方案。

（5）组织方案的落实与实施，并予以跟踪反馈，实时调整。

（三）决策科学化

决策科学化是指在决策时要以充足的事实为依据，采取严密的逻辑思考方法，对大量的资料和数据按照事物的内在联系进行系统分析和计算，遵循科学程序，做出正确决策。现代企业管理决策科学化的实现往往依赖于以下三方面的条件：①运筹学和系统分析为决策科学化提供了分析思路和分析技术；②管理信息系统为决策科学化提供决策支持；③电子计算机则为决策科学化提供了必要的技术工具。

四、权变理论

权变理论是 20 世纪 70 年代在西方形成的一种管理理论。该理论以系统观点为依据，同经验学派也有密切关系。这一理论的核心是研究组织的各子系统内部及各子系统之间的相互联系，组织与其所处的环境之间的联系，并确定各种变量的关系类型和结构类型。它强调在管理中要根据组织所处的内外部环境随机应变，针对不同的具体条件寻求不同的最合适的管理模式、方案或方法。

（一）权变理论的基本思想

权变理论的基本思想是，管理的方式和技术要随企业的内外环境而改变，在管理因变量与环境自变量之间存在一种函数关系，但不一定是因果关系，这种函数关系可以解释为"如果—就要"的关系，"如果"环境发生了某些变化，"就要"采取某种管理思想、管理方式更好地适应环境的变化，与环境变化相匹配。比如，在经济衰退时期，企业在供过于求的市场中经营，采用集权的方式更适于达到组织目标；而在经济繁荣时期，企业在供不应求的市场中经营，采用分权的方式则更好一些。

一般情况下，环境是自变量，管理观念、技术是因变量。环境变量与管理变量的组成见表 2-1。

表 2-1　环境变量与管理变量的组成列表

环境变量			管理变量			
外部环境		内部环境（正式组织系统）	管理过程变量	计量变量	行为变量	系统变量
一般环境	特定环境					
社会	供应商	组织结构	计划	决策	学习	一般系统理论
科技	顾客	决策程序	组织	经济批量	激励	系统设计与分析
经济	竞争者	联系与控制	协调	排除模型	团体动力学	管理信息系统
政治与法律	雇员、股东	技术	控制	模拟模型		组织发展

资料来源：孙耀君.1987.西方管理思想史.太原：山西人民出版社：666

（二）权变理论在计划、组织结构、领导方式方面的观点

1. 计划方面的观点

权变理论在计划方面的观点主要体现在以下三个方面。

（1）计划的制订，首先要分析环境和组织的重要变量。一些学者认为，在制订计划时应该对环境和组织中的各种可变因素予以充分考虑，制订的计划才更为可靠。环境变量主要包括一般环境、产业结构、供应者、竞争者、市场和消费行为、组织的特点和资源等各类变量因素。

（2）在不同情况下，制订不同类型的计划。权变理论学派认为，计划的模型不可能千篇一律，而要根据不同的情况，制订不同类型的计划。比如，"有目标的计划"适用于封闭的、固定性的、机械式的组织；"指导性计划"适用于开放的、适应性的、有机式的组织等。

（3）计划中的模糊性与灵活性。

2. 组织结构方面的观点

一些学者研究了生产技术、环境等方面对结构的影响关系（具体理论观点将在第七章中介绍）。

3. 领导方式方面的观点

权变理论学派认为，并不存在一种普遍适用的"最好的"或"不好的"领导方式。领导方式往往受到企业的任务、个人和团体的行为特点、领导与职工的关系等情境变量的影响。具有代表性的观点主要有：菲德勒的权变领导模型；卡曼的领导生命周期理论；豪斯等的目标—路径领导理论、领导方式连续统一体理论等。

权变理论的出现，丰富和发展了管理理论，它把管理研究的重点转移到了对环境因素的研究，希望据此找到各种管理原则和方法的具体适用场合。与其他管理理论相比，权变理论与管理实践的联系更加紧密，与现实更加接近。但它也存在一定的缺陷，它仅仅限于考察各种具体的条件和情况，而没有用科学研究的一般方法来进行概括；强调了事物的特殊性，却否认了普遍性。

第五节　当代管理理论的新思潮

20世纪90年代，随着个人计算机的普及和互联网的广泛运用，人类进入了信息化的新经济时代，信息化、网络化、知识化和全球化是这一时期的显著特征。与此同时，传统管理理论与实践也进行全面革新，出现了体现时代特征的管理理论的新思潮。

一、业务流程再造

业务流程再造（business process reengineering，BPR），又称业务流程重组、企业流程再造、企业/公司再造等，是美国的迈克尔·哈默博士（Michael Hammer）与詹姆斯·钱皮（James Champy）于20世纪90年代初提出的一种关于企业经营管理方式的新的理论和方法。随后人们对这一理论的追随一度达到高潮，美国的一些大公司，如IBM、通用汽车公司等开始了BPR的实施热潮。

20世纪科技革命使企业的经营环境和运作方式发生了很大的变化，企业所面临的市场竞争也更加激烈，而传统（经典）组织形态的弊端，则是引发流程再造的导火索。传统（经典）组织形态的弊端主要体现在：过细的分工造成了割裂（如职能制）；组织机构臃肿和缺乏灵活性的组织体制；任务导向而非顾客导向的理念；企业内部缺乏资源共享的平台等。传统组织形态已不能很好地适应科技高速发展和快速变化的环境，流程再造的思想与理论就是在这种背景下出现的。

1993年，哈默和钱皮在其合著的《再造企业——管理革命的宣言书》一书中是这样定义业务流程重组的，即"针对企业业务流程的基本问题进行反思，并对其进行彻底的重新设计，以便在成本、质量、服务和速度等衡量企业业绩的这些重要尺度上取得显著的进展"。其目的是使得企业能最大限度地适应以顾客、竞争、变化为特征的现代企业经营环境。流程再造的核心是面向顾客满意度的业务流程，其核心思想是要打破传统的企业按照职能设置部门的管理方式，代之以业务流程为中心，重新设计组织机构和企业管理过程，从整体上确认企业的作业流程，追求全局最优，而不是个别最优。

流程再造在20世纪90年代被首次提出，但流程再造所包含的概念和观点并非全新，它是在许多前人的管理思想和技术方法的基础上发展起来的，这些基础包括流程管理、组织管理、信息技术引发的管理观念变化等。流程再造实际上包含了对各种管理思想和观念的"集成"加工。

哈默和钱皮提出的业务流程再造的基本思想主要有四个关键点，即根本性（fundamental）、彻底性（radical）、显著性（dramatic）和业务流程（process）。

（1）根本性。在企业业务流程再造中，企业人员尤其是高级管理人员需要对BPR进行根本性思考，对传统组织形态及管理模式和体制重新审视，并打破原有思维定式，进行创新性思维。其关键在于提出颠覆性的基本问题，如为什么要做现在这项工作、为什么要采用这种方式来完成这项工作、为什么必须由我们而不是别人来做这份工作等。通过对这些企业运营的根本性问题的思考，企业将会发现自己赖以生存或运营的商业假设可能是过时的，甚至是错误的。

（2）彻底性。彻底性是指彻底的改变，流程再造不是对现有组织体系的调整与补充，而是要进行脱胎换骨式的彻底改造，简单讲就是"推倒重来"，包括组织结构、业务流程、工作方法、相关体制等的重新设计。

（3）显著性。显著性即显著的业绩进展。流程再造所要达到的目的不是一般意义上的微小进步和业绩提升，而是要使业绩突飞猛进。

（4）业务流程。业务流程即重新设计企业的业务流程。业务流程是指一组共同为顾客创造价值而又相互关联的活动。迈克尔·波特将企业的业务流程描绘为一个价值链，竞争不是发生在企业与企业之间，而是发生在企业各自的价值链之间，只有对价值链的各个环节——业务流程进行有效管理的企业，才有可能真正获得市场上的竞争优势。

业务流程重组的过程大致分为以下四个阶段：①诊断原有流程；②选择需要；③了解准备再造的流程；④重新设计企业流程。

整个流程再造过程其实就是一个对传统企业管理方法和理念加以颠覆、重组、更新的过程，是凤凰涅槃之后的新生。

业务流程重组在欧美的企业中受到了高度的重视，因而得到迅速推广，带来了显著的经济效益，涌现出大批成功的范例。在企业再造取得成功的同时，有学者也指出企业再造理论在实施中易出现的问题：①流程再造未考虑企业的总体经营战略思想；②忽略作业流程之间的联结作用；③未考虑经营流程的设计与管理流程的相互关系。因此，有些管理学者通过大量研究流程重组的实例，针对再造工程的理论缺陷，发展出一种以流程为基本控制单元的新方法，称为"流程管理"（manage through process，MTP）。流程管理是再造工程的扩展和深化，它使企业经营活动的所有流程实行统一指挥，综合协调。

二、核心竞争力

核心竞争力（core competence），又称核心能力，是 1990 年由美国学者普拉哈拉德（C. K. Prahalad）和英国学者哈默（G. Hamel）在《哈佛商业评论》上发表的《公司的核心能力》一文中首先提出的。

核心竞争力理论是在 1980 年前后以迈克尔·波特为代表的市场结构论、资源基础论和企业能力论研究的基础上形成的。该理论一经提出就受到理论界和企业界的广泛关注并成为研究的热点，代表了战略管理理论在 20 世纪 90 年代的最新进展。

关于核心竞争力的定义至今尚未统一，多至几十种。这里主要介绍普拉哈拉德和哈默关于核心竞争力的一些主要观点。

普拉哈拉德和哈默提出"核心竞争力是在一个组织内部经过整合了的知识的技能，尤其是关于怎样协调多种生产技能和整合不同技术的知识和技能"。他们认为，企业的核心竞争力是能使企业为顾客带来特别利益的一类独有的技能和技术，是组织的积累性学识，特别是关于如何协调不同的生产技能和有机结合多种技术流派的学识，正是企业的专有知识使核心能力表现得独一无二、与众不同和难以模仿。

核心竞争力具有以下六个特征：①价值性。能创造用户看重的核心价值，同时还包括价值保障、价值提升和价值创新。②独特性。核心竞争力是企业在发展过程中培育和积淀而成的，企业不同，它的形成途径不同，它为本企业所独具，而且不易模仿和难以替代。它必须是独一无二的，并能提供持续的竞争优势。同行业中几乎不存在拥有准确意义上相同或相似的核心竞争力的两个企业。③延展性。核心能力可以给企业衍生出一系列新的产品或服务，使企业得以扩展到相关的新的业务领域。④动态性。企业的核心竞争力一旦形成就会相对稳定，但并不是一成不变的。它与一定时期的产业动态、企业资源、企业的其他能力变量高度相关，随着相关因素的变化，则会导致核心竞争力的动态演变。⑤局部优势。体现在企业经营的一两个环节的优势上，而不一定是全部。⑥综合性。核心能力不是一种单一的能力，而是多种能力和技巧的综合。从知识角度来看，它不是单一学科知识的积累，而是多学科知识在长期交叉作用中累积而成的。

决定企业核心竞争力的因素可分为两大类：企业内部核心资源和核心能力。①核心资源。核心资源是基本构成要素，是掌握和运用核心能力的基础，它包括人力资源、信息资源、品牌和企业文化。②核心能力。核心能力是应对变革与外部竞争，并战胜竞争对手的能力的集合，包括研发能力、管理能力、创新能力、市场开发能力、市场推广能力与应变能力。其中，研发能力是企业的生命线，也是建立企业核心竞争力的基础。核心能力是企业长期竞争优势的来源，企业之间的竞争本现为核心能力的竞争。

在普拉哈拉德和哈默开创性地提出了核心竞争力的相关理论之后，虽然有众多学者在此后进行了大量的研究工作，试图进一步清晰、明确核心竞争力的内涵，但竞争力、资源、能力的定义仍然含混不清，关于核心竞争力还没有完全形成一套完整的理论框架，甚至至今还没有形成一个被普遍接受的概念，因此该理论还有待于进一步深入地研究与完善。

三、精益思想

20世纪50年代日本丰田汽车公司创造了丰田生产方式，经过美国MIT为首的学术界和企业的效仿和发展，到90年代中期，已经成为一种新的管理理念——"精益思想"。"精益思想"一词最早源于James P. Womack和Daniel T. Jones于1996年合著的《精益思想》一书。精益思想要求企业找到最佳的方法确立提供给顾客的价值，明确每一项产品的价值流，使产品在从最初的概念到达顾客的过程中流动顺畅，让顾客成为生产的拉动者，在生产管理中精益求精、尽善尽美。精益思想的核心就是以越来越少的投入——较少的人力、较少的设备、较短的时间和较小的场地创造出尽可能多的价值；同时也越来越接近用户，提供他们确实需要的东西。

精益思想有以下五个基本原则。

（1）正确地确定价值。要以客户的观点来确定企业从设计到生产、交付的全过程，实现客户需求的最大满足；将生产中的多余消耗减至最少；将商家和客户的利益统一起来。正确地确定价值是精益思想的基本观点。

（2）识别价值流。价值流是指从原材料转变为成品，并给它赋予价值的全部活动。精益思想识别价值流的含义是在价值流中找到哪些是真正增值的活动，哪些是可以立即去掉的不增值的活动。所有业务过程中消耗了资源而不增值的活动叫作浪费，识别价值流就是发现浪费和消灭浪费。识别价值流是精益思想的准备和入门。

（3）流动。精益思想要求创造价值的各个活动（步骤）流动起来，强调的是不间断地流动。精益思想将所有的停滞作为企业的浪费，号召"所有的人都必须和部门化的、批量生产的思想作斗争，用持续改进、准时制生产（JIT）、单件流（one-piece flow）等方法在任何批量生产条件下创造价值的连续流动"。

（4）拉动。拉动就是按客户的需求投入和产出，使用户精确地在他们需要的时间得到需要的商品。实行拉动以后用户或制造的下游企业就像在超市的货架上选购商品一样取到他们所需要的商品，而不是把用户不太想要的商品强行推给他们。拉动原则是使生产和需求直接对应，消除了过早、过量的投入，从而减少了大量的库存和现场在制品，大量地压缩了提前期。流动和拉动是精益思想实现价值的中坚。

（5）尽善尽美。尽善尽美奇迹的出现是上述四个原则相互作用的结果。对生产过程的改进必然导致价值流速度显著加快。这样就必须不断地用价值流分析方法找出更隐藏的浪费，做进一步的改进。这样的良性循环成为趋于尽善尽美的过程。

本 章 小 结

管理理论的形成经历了漫长的历史过程，可以划分为早期管理活动阶段、早期管理理论的萌芽阶段、管理理论的形成与发展阶段三大历史时期。管理理论的形成与发展阶段又可分为古典管理理论、行为科学理论、当代管理理论及当代管理理论的新思潮四个历史阶段。

古典管理理论强调生产过程和组织控制方面的科学性、精密性，侧重提高劳动生产率。行为科学理论侧重研究人的行为规律，从生理学、心理学、社会学等方面研究企业中人的问题，调动人的积极性。当代管理理论是第二次世界大战后，在传统管理理论的基础上结合自然科学技术的发展而形成的、适应环境变化的多家流派。当代管理理论的新思潮是20世纪八九十年代为适应信息化、全球化等时代特征而提出的创新性的管理思想与理论观点。

案例　联合邮包服务公司的科学管理

联合邮包服务公司（UPS）雇用了15万名员工，平均每天将900万个包裹发送到美国各地和180个国家。为了实现他们的宗旨——"在邮运业中办理最快捷的运送"，UPS的管理当局系统地培训他们的员工，使他们以尽可能高的效率从事工作。这里以送货司机的工作为例，介绍一下他们的管理风格。

UPS的工业工程师们对每一位司机的行驶路线都进行了时间研究，并对每种送货、暂停和取货活动都设立了标准。这些工程师记录了红灯、通行、按门铃、穿院子、上楼梯、中间休息喝咖啡时间，甚至上厕所的时间，将这些数据输入计算机中，从而给出每一位司机每天工作的详细时间标准。

为了完成每天取送130个包裹的目标，司机们必须严格遵循工程师设定的程序。当他们接近发送站时，他们松开安全带，按喇叭，关发动机，拉起紧急制动，把变速器推到1挡上，为送货车的出发做好准备，这一系列动作严丝合缝。然后，司机从驾驶室滑动到地面上，右臂夹着文件夹，左手拿着包裹，右手拿着车钥匙。他们看一眼包裹上的地址，将其记在脑子里，然后以每秒3英尺的速度快步跑到顾客的门前，先敲一下门以免浪费时间找门铃。送完货后，他们在回到卡车上的路途中完成登记工作。

这种刻板的时间表是不是看起来有点烦琐？也许是。它真能带来高效率吗？毫无疑问！生产率专家公认，UPS 是世界上效率最高的公司之一。举例来说，联邦捷运公司平均每人每天不过取送 80 个包裹，而 UPS 却是 130 个。在提高效率方面的不懈努力，看来对 UPS 的净利润产生了积极的影响。虽然这是一家未上市的公司，但人们普遍认为它是一家获利丰厚的公司。

资料来源：www.doc88.com/P-7106272999757.html.

【思考题】

1. 结合联合邮包服务公司的实际，讨论科学管理的核心内容。
2. 你怎样看待联合邮包服务公司的管理方式，请说明理由。
3. 调研现实的一家快递公司对快递员目前采取的管理方式，并与联合邮包服务公司的管理方式进行比较。

复习思考题

1. 古典管理理论主要包括哪几个理论？简要说明这些理论对管理学的贡献。
2. 你怎样认识管理科学理论在管理学理论中的地位与作用？
3. 泰罗和法约尔给我们一些明确的管理原则，而权变管理思想和方法却说"一切取决于当时的情境，我们从一套明确的原则退回到一套不明确的和模糊的指导方针上去了"。如何看待这种说法？在管理实践中如何处理好这两种管理思想的关系？
4. 有人说，"当代管理的趋势是逐步由以物为中心的刚性管理，走向以人为中心的柔性管理"。试结合管理理论的演变过程，谈谈你的看法。
5. 请学生查阅当代管理新思潮的相关理论，谈谈个人的认识。

第三章

组织环境

本章学习目标

1. 了解组织环境的含义及性质。
2. 了解组织与环境的关系和环境分析的重要性。
3. 掌握组织环境类型分析，以利于把握环境的不确定性及其影响程度。

组织大多处于数以百计的外部要素的包围之中。环境领域的变化和复杂性，对组织的运行与管理具有重大影响。环境包括组织内部和外部对组织构成影响或潜在影响的任何因素。各类组织中的管理人员都必须考虑内部和外部环境因素对组织活动及其管理的影响，并对影响组织运行的内部和外部因素加以确认、评估和做出反应。本章主要介绍环境及环境的特性，组织与环境的关系，影响组织活动的各类环境。

■ 第一节　组织环境的含义与特性

一、组织环境的含义

环境就其本质而言，指的是人类生活于其中的各种物质和精神总和。组织环境是指潜在影响组织生存与发展的各种内外因素及力量的总和。

组织和外部环境每时每刻都在交流信息，组织环境直接或间接地影响着组织的运行、发展和组织绩效，组织环境对组织的生存和发展起着决定性的作用，是组织管理活动的内在与外在的客观条件，组织是在不断与外界交流信息的过程中，得到发展和壮大的。

组织环境的类型可以从组织界限（系统边界）角度来划分，一般把环境分为内部环境和外部环境；也可以从环境系统的特性来划分，将环境划分为简单—静态环境、复杂—静态环境、简单—动态环境和复杂—动态环境四种类型。

组织作为一个开放的系统，不是孤立存在的，必然与周围的环境发生密切的关系。

例如，一家制造企业，处在一定的产业环境之中，它要与竞争者、供应商、制造商、服务商、顾客与客户直接打交道，同时它还不同程度地受到经济环境、政治环境、社会环境、技术环境和自然环境的影响。如果它还是一家跨国经营的公司，还要受到国际环境诸如管制、汇率、外国的习俗等因素的影响。这些因素就是影响组织生存与发展的环境要素。这些要素一方面为组织的活动提供了必要的条件，另一方面又影响和制约着组织的活动。

环境既是组织生存的土壤，为组织活动提供条件，同时又对组织的活动和发展起到影响和制约作用。作为组织必须重视环境对组织运行与发展的影响和制约，必须对这些影响其活动的内部力量和外部力量加以确定、评价，并做出反应。组织也正是在不断与外界交流信息的过程中，与环境的相互作用中得到发展和壮大的。

二、组织环境的特性

一个组织和管理者要进行成功的管理活动必须首先对组织环境特性有一个全面的认识。

1. 组织环境的客观性

组织环境不是一朝一夕形成的，其形成与时间、历史、科技与生产力发展水平、一国的政治经济制度、文化等息息相关，它不以人们的主观意志为转移而客观存在，而且它的存在客观地影响和制约着组织的活动。只要组织选择了某种活动的环境领域，环境对组织来说就是客观存在的。例如，你注册了一家国际旅游公司，就意味着该公司选择了从事国际旅游经营活动的环境领域，所有与国际旅游经营活动相联系的环境就客观地存在于组织之外，并客观地影响和制约着组织活动。

2. 组织环境是相对于组织和组织活动而言的

组织环境的性质与内容都与组织和组织活动息息相关。这是因为组织普遍存在于社会之中，包括经济组织、政治组织、文化组织、群众组织、宗教组织等。每一类组织都有其特定活动范围，因而也就有了与该类组织活动相联系的环境领域。与一定经济组织的经济管理活动相联系的是经济组织环境；与一定政治组织的政治活动相联系的是政治组织环境；与一定教育组织的教育活动相联系的是教育组织环境，等等。这些组织环境都是与一定组织和组织活动相对应的。尽管不同类型的组织有一些共同的环境，但这些环境对于不同组织作用的程度却是不同的。

3. 组织环境的动态性

组织环境的动态性体现在：①各种因素是不断变化的；②变化了的环境因素会不断地重新组合，形成新的组织环境。组织的一般环境和特定环境都在不断变化，科技的飞速发展，互联网、电子商务的出现，虚拟企业、战略联盟的兴起与发展，都会导致组织的宏观和微观环境快速变化，并变得日益复杂。组织环境处于发展变化之中，使组织内部要素与各种环境因素的平衡经常被打破，组织往往需要及时修订自己的经营方案，或调整组织结构，或调整管理方式，以适应不断变化的环境。

组织环境的特性说明了组织环境本身就是一个有着复杂结构的动态系统。正确分析组织所面临的各种环境组成要素及其状况，是任何一个企业和管理者进行成功的管理活动必不可少的前提条件。

第二节　环境分析的意义

一、组织与组织环境的关系

环境对组织的形成、发展和灭亡有着重大的影响。组织环境为某些组织的建立起到了积极的促进作用，如蒸汽机技术的出现导致了现代工厂组织的诞生；现代网络技术和生产组织方式创新为服务外包产业的产生和发展创造了条件。某些环境的变化又为组织的发展提供了有利条件，如计算机网络技术的出现，为跨国公司的经营提供了便利的条件，使其能在全球更广泛的范围从事经营活动。相反，由于某些组织未能适应环境的变化，因而已不复存在。

组织与所处环境（主要是客观环境）之间，存在相互依存、相互影响的关系。具体表现为对应关系、交换关系和相互影响关系。

（1）组织与环境的对应关系。组织存在于一定的环境之中，每一个组织都将面对特定的组织环境。环境往往是客观的，需要组织适应的成分更大，但这并不意味组织只能被动地适应。那么，组织与环境的对应关系既体现为组织在一定环境中的自我定位及达到与环境相适应，也体现为组织的自我调整、寻找机会及掌握控制环境的主动权。

（2）组织与环境的交换关系。它主要体现在与环境之间不断地进行着物质、能量和信息的交换，以达到组织系统的平衡，进而实现组织目标。

（3）组织环境与组织之间的相互影响关系。这种互相影响的关系表现为：一方面组织及其管理受外部环境的决定与制约，另一方面组织的管理也会反作用于外部环境。组织对环境的反作用既有积极的一面，也有消极的一面，即对环境的破坏。这种消极的反作用又会影响组织的正常活动和发展。

一般情况下，组织可以了解并适应环境，组织也能够控制和改变环境。在应对环境要素时，组织可以采取一些主动性应对策略。

（1）加强组织的信息情报力量，即主动地了解环境现状及变化趋势，获得及时、准确的环境信息和反馈信息。

（2）通过调整组织目标，趋利避害，即根据环境的变化调整组织目标，避开对自己不利的环境，选择适合自己发展的环境。

（3）加强对环境的控制与管理。通过控制环境中的稀缺资源或重要资源，使自己处于主动地位；通过企业并购、合资、构建战略联盟等形式提升自己的实力和掌握主动权。

（4）通过自己的积极活动创造和开拓新的环境领域，并主动地改造自身，建立组织与环境新的相互作用关系。

二、环境分析的意义

组织必须了解环境中的基本要素才能进行合理的运作。综合起来看，环境分析对组织决策有着非常重要的影响，具体表现在以下三个方面。

（一）环境分析可以帮助组织自我定位与确定发展目标

每一个组织都需要自我定位才能更准确地发展。通过环境分析，组织可以了解到自身所处的宏观环境和产业环境对自己有利还是不利、处于优势还是劣势、有哪些发展契机和面对哪些威胁、竞争对手的情况等，从而找准自己的位置，选择自己可以进入的领域，确定发展目标，做到与环境相适应，或者掌握发展的主动权和掌握控制环境的主动权。

（二）环境分析有助于提高组织决策的预见性

外部环境分析可以为组织提供大量的能够客观反映环境特点及其变化趋势的信息。通过对环境的分析与预测，可以最大限度地减少环境不确定性对组织活动的影响，更为理想的是能够抢先进入某个领域或市场。例如，1973 年爆发了第一次世界性的石油危机，为日本汽车打入美国汽车市场提供了契机，日本汽车企业通过对世界能源状况的预测，预见到 20 世纪 70 年代末还会发生能源危机，于是制订出开发轻型省能轿车的战略计划，终于在 1979 年第二次石油危机再次爆发之际，将轻型省能轿车大量打入美国汽车市场，确立了日本汽车在美国的地位。

（三）环境分析可以帮助组织及时、正确地进行决策

环境在变化中提供的发展机会，只有及时加以利用，才能实现组织发展；同样，对于环境在变化中造成的威胁，组织更应及时应对，否则难以存续。要及时利用机会、避开威胁，必须在机会刚刚出现或威胁尚未到来之时就已经能够及时发现，这样才能使组织及时制定决策、采取措施。例如，中国 2008 年发生的"三鹿婴幼儿奶粉事件"，自 2008 年 3 月该事件发生，到 2008 年 12 月三鹿集团正式宣布破产，仅仅九个月时间。导致三鹿集团破产的原因除了企业自身的一些因素之外，最主要的是企业始终没有切实重视环境要素的力量以及对企业的影响，没有及时进行环境分析和采取正确有效的应对措施，而是抱有侥幸心理，在错误之上继续做出错误的决策，最终导致了破产。

第三节　组织环境类型的分析

组织环境一般从组织边界的角度把组织环境分为内部环境和外部环境。

一、内部环境分析

内部环境是指组织内部的各种影响因素的总和，由对组织绩效产生积极或消极影响的关键要素组成。组织的内部环境是组织自身可控的因素。影响组织活动与管理活动的组织内部环境包括物理环境、心理环境、组织文化环境等。

（一）物理环境

物理环境包括工作场所的宽敞程度、光线和照明、空气、温度和湿度、噪声、色彩等，这些要素对于员工的生理、工作安全、工作心理和行为及工作效率都有极大的影响。物理环境应体现人本化管理的要求，尽量创造一种适应员工生理和心理要求的工作环境，这是实施有序而高效的管理的基本保证，也是实现组织目标的重要物质条件。

（二）心理环境

心理环境指的是组织内部的精神环境，对组织管理有着直接的影响。心理环境包括组织成员之间和睦融洽的程度、领导对待下属的态度与方式、工作合作程度、彼此的尊重程度、员工的归属感、责任心等。心理环境是组织成员的士气高低与积极性和创造性发挥的重要影响因素，它将直接影响到组织管理的效率和能否顺利达到管理目标与组织目标。

（三）组织文化环境

组织文化环境主要包括以下三个层面的内容。

（1）组织的物质文化，这是组织文化的表层部分，是形成制度层和精神层的条件。物质文化是通过重视产品的开发、服务的质量、产品的信誉和组织生产环境、生活环境、文化设施等物质现象来体现的。往往能反映出组织的经营思想、工作作风和审美意识。

（2）组织的制度文化，制度层规定了组织成员在共同的生产经营活动中应当遵守的行为准则，主要包括组织领导体制、组织机构和组织管理制度三个方面，如组织的规章制度、工作程序、员工的行为规范和行为守则、员工行为道德规范、考核奖励制度及组织结构等。制度文化在组织文化的形成过程中，通过规章制度和行为规范的制定，规范成员的行为，对于形成良好环境具有十分重要的作用。

（3）组织的精神文化，包括组织的价值观念、价值标准、组织信念、职业道德及精神风貌、经营管理哲学及组织的精神风貌等。良好的组织文化环境是组织生存和发展的基础和动力。

二、外部环境分析

组织的外部环境是指组织所处的社会环境。外部环境影响着组织的管理系统。组织的外部环境，实际上也是管理的外部环境。

外部环境包括一般外部环境、具体（特定）外部环境和国际环境。外部环境对组织来讲是不可控制的因素。外部环境分析的目的主要有两个：一是通过分析、考察与某一行业或组织有重大关系的一般环境将发生怎样的变化；二是评价这些变化将会给行业或组织带来什么样的影响，目的是要寻找出在这个环境中可以把握住哪些机会，必须回避哪些风险，以便为组织制定发展战略奠定基础和提供依据。

（一）一般外部环境

组织面对的一般外部环境是指给企业带来市场机会或环境威胁的主要外部力量，包括社会人口、文化、经济、政治、法律、技术、资源等。一般外部环境的这些因素对组织的影响是间接的、长远的。当外部环境发生剧烈变化时，会导致组织发生重大变革。人们将一般外部环境划分成政治法律环境、经济环境、社会文化环境、技术环境和自然环境五大类。

1. 政治法律环境

政治法律环境包括组织所在国家或地区的政治制度与体制、政局的稳定情况、执政党的路线、方针、政策、有关法律法规等。政治法律环境对组织的影响是极其深刻的。政治法律环境越稳定宽松，一些制度、政策、法律对组织的发展是支持性的，对组织的发展越有利，反之则会限制或制约组织的发展。例如，企业往往愿意到政局稳定的国家或地区投资发展，而在政局情况大致相当的情况下，企业则更愿意到那些投资环境更为优惠与宽松的国家和地区发展。

2. 经济环境

经济环境是指构成组织生存和发展的社会经济状况及国家的经济政策。构成组织经济环境的因素很多，在市场经济条件下，组织的经济环境主要是资本、劳动力、利率、通货膨胀、可支配收入变动、一般经济周期所处的阶段及政府的信贷政策和税收政策等。经济环境对营利性组织来说是非常重要的影响因素。

3. 社会文化环境

社会文化环境包括社会的基本价值观、社会习俗、偏好、宗教信仰、社会阶层的形成，以及人们生活方式和工作方式的改变等。变化中的社会文化影响着社会对组织产品或服务的需要，组织的管理者必须使其行为适应所在社会的变化预期。

4. 技术环境

技术环境是指一个国家或地区的技术水平、技术政策、科技转化为产品的速度及技术发展的动向等。技术环境的变化，对企业和管理者有着重大的影响，主要体现在技术变化速度快、水平高，产品更新换代速度非常快。这就迫使组织必须不断地创新，如果稍不注意，就有可能被市场所淘汰。当新技术、新产品的出现在给企业造成威胁的同时，也可能为企业提供大量的机会和更广阔的发展空间，如手机的功能原本只是通话，而现在已经开发成集通话、发信息、可视、拍照、摄像、录音、上网、听音乐、看电视等功能于一身的多功能手机。企业如果能关注到技术环境的变化，就可以寻找到无限商机。

5. 自然环境

自然环境是组织存在和发展的各种自然条件的总和，包括矿产、空气、水等自然资源，以及地理位置、地质地貌、气候等因素。与社会环境相比，自然环境的变化速度相对缓慢，对组织的威胁程度相对低一些。

自然环境主要决定组织的资源优势或劣势，对组织所从事的活动会产生不同程度的影响。自然环境对企业厂址选择、原材料及能源供应、设备和生产技术的采用也有着密切的关系。因此，组织可以根据自然环境的特点，认真分析并有针对性地开展生产经营活动，做到趋其利而避其劣。比如，内蒙古、新疆、辽宁等省份的一些企业，目前已利用风力这种自然资源大力发展风力发电项目，变资源劣势为资源优势。

（二）具体（特定）外部环境

具体环境也称为任务环境，是指与实现组织目标直接相关的环境，它具体地与某一组织发生作用，直接影响组织的结构特点、活动方式和组织绩效。不同组织的目标或任务不同，所处的具体环境也各不相同。对大多数企业组织而言，企业组织具体环境中各种主要力量来源于供应商、消费者、竞争者、政府、公众压力集团。这些力量会影响管理者获取资源、提供产出的能力，从而对企业短期决策产生重大的影响。

1. 供应商

供应商是为企业提供投入资源应用于生产产品（服务）的个人或组织。相应地，供应商会得到投入资源的回报。企业管理者的重要工作之一，就是寻求以尽可能低的成本确保所需投入资源的持续可靠供应。企业供应商的本质、数量或类型的变化，会给企业带来机会或者威胁。除了可以提高价格外，供应商还可以通过限制企业获得重要资源的渠道，使企业经营运作困难。如果管理者没能对威胁做出适当的反应，就会使企业在竞争中处于劣势。为了企业的生存和发展，管理者必须对这些机会和威胁做出适当的反应，改变自身环境。

2. 消费者

消费者是吸收企业产出的主体，满足消费者需要是企业的重要宗旨。对于一个组织，消费者代表着潜在的不确定性。消费者偏好的改变会使他们对组织的产品和服务感到不满，进而转向其他企业的产品和服务。许多组织由于消费者而不是其他的因素，面临更多的不确定。

3. 竞争者

竞争者是指与本企业存在资源和市场争夺关系的其他同类组织，包括现有的竞争者、潜在竞争者、替代品生产情况及用户和供应商的情况等。

4. 政府

政府的实质是政府制定的法规和政策，其形式是运用法律、法规、政策、条例、标准对组织加以管理监督和提供服务。政府职能部门包括财政局、税务局、工商局、审计局、食品药品监督管理局、质量技术监督局、知识产权局等。

5. 公众压力集团

公众压力集团是指对实现组织目标的能力具有实际的或潜在的兴趣和影响的一切组织和个人的总和。任何企业组织都会面临一些特殊利益集团对企业施加的影响，公众压力集团常常影响消费者的价值观念、审美观念、生活方式和道德规范，进而影响其购买动机和购买行为。他们一旦认为企业的行为、产品或服务有损他们的利益或与之不能协调，就会对企业的行为、产品和服务进行抵制。例如，绿色和平组织通过不懈的努力，不仅在阻止滥捕滥杀海洋动物方面做出了明显的改善，还增强了公众对环境保护的意识。管理者应当关注这些集团影响组织决策的力量。

（三）国际环境

国际环境指包括国外产生的各种影响企业经营的事件或者是机遇。一般包括外国企业的竞争和收购，本国企业进入海外市场所面对的外国的习俗、管制、汇率等要素。国际环境包括直接环境和间接环境的要素。

日益发展与扩大的国际化经营使所有组织的环境变得极为复杂，更加充满了严峻的竞争。因此国际环境对组织往往能够产生直接影响。例如，1997 年的亚洲金融风暴和 2008 年的国际金融危机，对许多国家和地区的金融业、房地产业、旅游业、制造业尤其是汽车业等行业，以及跨国公司和从事进出口贸易的企业，都产生了巨大的影响，甚至是毁灭性的影响。

1997 年的亚洲金融风暴始发于泰国，紧随其后，这场风暴扫过了马来西亚、新加坡、日本、韩国、中国香港等地，打破了亚洲经济急速发展的景象。亚洲一些经济大国的经济开始萧条，一些国家的政局也开始混乱。新马泰日韩等国都为外向型经济的国家，它们对世界市场的依附很大，亚洲经济的动摇难免会出现牵一发而动全身的状况。

2008 年的国际金融危机始发于 2007 年下半年美国的次级房屋信贷危机，由美国次贷危机的发展而演化成了一场席卷全球的国际金融危机。随着金融危机的进一步发展，又演化成全球性的实体经济危机。到 2008 年，这场金融危机开始失控，并导致多家相当大型的金融机构倒闭或被政府接管，如有着 158 年历史的美国第四大投资银行雷曼兄弟公司 2008 年 9 月向法院申请破产保护；美国三大汽车巨头之一的克莱斯勒汽车公司于 2009 年 5 月初宣布与菲亚特集团战略结盟，并申请破产保护；同年 6 月 1 日美国第一大汽车公司通用汽车公司申请进入破产保护程序。

2008 国际金融危机对中国珠三角外向型中小企业的影响也是巨大的。因此，在全球化的背景之下，企业组织应该格外重视国际环境的影响。

本 章 小 结

环境是组织生存与发展的土壤，它在为组织活动提供必要条件的同时，又对组织活动起到影响和制约作用。组织环境是影响组织生存和发展的各种内外因素的组合，具有客观性、特定性、动态性等特性。组织与环境之间存在对应关系、交换关系和影响关系。组织可以了解并适应环境，也能够控制和改变环境。通常组织可以采取一些主动性应对策略应对复杂多变的环境要素。

组织环境一般分为内部环境和外部环境两部分。内部环境主要包括对组织绩效产生积极或消极影响的组织内部的物理环境、心理环境和文化环境；外部环境包括一般环境、具体环境和国际环境。对环境的分析旨在寻找可以把握的机会，回避风险，以便为组织制定发展战略奠定基础和提供依据。

案例　巴诺书店面对的环境挑战

史蒂夫·里乔和莱恩·里乔是在 20 世纪 60 年代中期开始他们的售书业务的，当时他们只开办了一间巴诺书店。现在已经拥有 1000 多个销售点，并且他们以超级书店的方式挤垮了许多独立的书商。到 20 世纪 90 年代早期，里乔夫妇的事业已达到美国出版业的顶峰。然而，他们没有注意到脚下的路将会出现的曲折变化，一些小公司的诞生将从此改变图书销售业的情况。

巴诺书店是靠建造大而舒适的售书空间而取得成功的，其书店看起来就像是大学的图书馆或公共广场，配有小沙发和咖啡间，顾客可以在这里浏览图书的同时结交新朋友。亚马逊书店的经营方式与巴诺书店以往所有成功的做法都不同。当巴诺书店的经理们开始调查网络前景时，亚马逊书店已经开展网上在线图书销售一年多了。即便到这时，里乔夫妇也还认为互联网不过是另一种营销工具的创新。等到巴诺书店开辟了网站并真正开始在网上售书时，亚马逊书店已经占领了这一市场。习惯于胜利的巴诺书店的经理们认为，他们现在需要做的就是：开展网上销售业务，击败像亚马逊书店这样的新秀。然而，像许多曾经成功的零售商一样，里乔夫妇意外地发现他们的设想在新的电子商务世界中并不能奏效。尽管巴诺书店在攻击亚马逊书店的努力中已经耗费了 1 亿美元，它的网站实现的销售额仍然仅占全部在线售书额的 15%，亚马逊书店却高达 75%。

实际上，巴诺书店开展电子商务的早期努力充满了代价高昂的失误和错误。为了恢复业务，也为了建立一个鲜明的电子商务企业形象，里乔夫妇同意将网站构建为一家独立的公司。这一网络公司是与贝塔斯曼 AG 公司合资建立的。贝塔斯曼 AG 是一家德国公司，它通过收购美国的双日公司、班塔姆公司、蓝登书屋这些品牌企业，从而成为世界第三大媒体公司。与此同时，史蒂夫·里乔辞去了 CEO（首席执行官）职务，让位给乔纳森·巴尔克利。巴尔克利是一位有着丰富的在线营销经验的主管。另外，巴诺书店高层经理人员正在制定新的战略，以便在图书销售新时代中展开新一轮竞争。

案例来源：理查德·L. 达夫特 .2003. 组织理论与设计 . 王凤彬，张秀萍，等译 . 北京：清华大学出版社

【思考题】

1. 试分析 20 世纪 90 年代哪些环境因素对图书销售业产生了极大的影响？巴诺书店为什么会在网上销售业务方面败给了亚马逊书店？

2. 后来巴诺书店又采取了怎样的新战略掌握控制环境的主动权？它能取得成功吗？

复习思考题

1. 简述组织环境的含义及特性。

2. 组织的内部环境如何影响组织的运行与组织效率？

3. 企业的外部环境包括哪些内容？为什么国际环境对企业越来越重要？

4. 简述组织与环境的关系。

5. 组织如何对环境加以掌握和控制？

6. 请学生查阅 1997 年亚洲金融风暴和 2008 年国际金融危机的相关资料，谈谈为什么国际环境对企业的运行和发展越来越重要。

第二篇 决策与计划

决策与计划是组织活动的起始。决策与计划是关于组织活动方向、内容及方式的选择与谋划，具有重要的目标规划与导向作用。决策在现代组织管理中具有重要作用，贯穿于整个管理活动的始终。计划作为管理的首要职能和重要的管理手段，是一切管理活动的基础，在管理工作中处于先行地位。在实际的组织活动中，决策与计划、组织和控制密切关联、相互渗透、不可分割。决策是计划的前提和基础，计划是决策的逻辑延续和具体化。

本篇介绍决策与计划职能的内容。决策要遵循一定的原则、步骤和方法，从而保证决策的科学性，以指导组织的各项工作。计划是由一系列活动步骤组成的，并受一些权变因素的影响，现代计划管理方法是提高计划工作效率、实现计划目标的重要保证。

第四章

决　　策

本章学习目标

1. 了解决策的概念与决策的类型，明确各类决策在管理中的重要程度及由谁来制定。

2. 掌握决策的基本原则和决策的步骤。

3. 重点掌握决策的定性与定量方法，并能够针对不同问题采用相应的决策方法，以使决策更加科学。

决策在现代组织管理中已变得越来越重要，如企业战略、投资、生产和扩大再生产、营销等方面都需要进行决策，而且重要的决策甚至会关系到企业的发展与存亡。决策贯穿于管理的全过程，并与其他职能密切相关。决策是管理者最重要的任务之一，组织的经营管理者通过掌握决策的原理与方法，建立科学决策的思维方式，科学地进行决策，以实现组织的根本任务。

■ 第一节　决策的概念与决策的类型

一、决策的概念

决策就是做出判断，进行抉择，是行动之前选择一个合理行动方案的活动过程。决策可以从狭义和广义两个方面来认识。狭义地理解决策，一般认为决策就是在关键时刻对某一事件中的一个或两个以上的方案进行"拍板"的行动。但是人们往往忽略了决策的完整过程，即忽略了最后"拍板"之前的调查、分析判断、制订方案的过程及在此之后的评价过程，这一系列的活动就是广义上的决策。

思考与决策是人类普遍存在的行为。人们在政治、军事和经济生活中，都自觉或不自觉地在各种方案中进行抉择，处理生存与发展中的各种问题。我国古代的《孙子兵法》是驰名中外的军事决策专著；春秋时期范蠡经商所用的"计然七策"是著名的经济决策；明朝朱元璋的"高筑墙、广积粮、缓称王"是成功的政治决策。但是人类以往的决策活动，主要是依赖于个人的聪明才智和经验做出的判断，往往存在一定的局限性。

决策行为由以经验为主转变为决策科学，是现代技术和管理理论发展的必然结果。随着组织环境的日益复杂与多变，组织决策的难度增大，但组织对决策准确性的要求却越来越高，因而导致组织逐渐由主观决策转变为客观决策，由定性决策转变为更多地采用定量决策方法，由经验决策转变为科学决策。随着第二次世界大战前后数理统计和运筹学得到迅速推广与应用，电子计算机的出现使决策有了先进的技术手段，定量决策方法在企业经营决策中被广泛使用，大大提高了经营决策的准确性。决策中引入数量方法，使人们日益重视决策的定量方法。20世纪60年代以来，以西蒙为代表的决策科学形成，并且得到进一步的广泛研究。

在决策科学中，决策是指对未来的行为确定目标，并从两个以上的可行方案中选择一个合理方案的分析判断过程。从广义上讲，决策几乎与"管理"一词同义，它贯穿于管理活动的全过程。

二、决策的类型

在组织内部，不同管理层次和部门的管理人员都要对有关问题进行决策。从不同的角度对决策进行分类，旨在研究各种决策在管理中的重要程度，不同类型的决策问题该由谁来制定，以及采用何种决策方法。

根据经营管理的需要，可以依据不同的分类标志对决策进行分类。

1. 按照决策主体划分为个人决策和集体决策

个人决策通常适合管理者在各自的职权范围内，对一般非重大问题做决策，这种决策往往是例行的或重复性的。

集体决策可以采用不同的决策形式，决策形式往往与决策问题的性质相关。集体决策主要有组织的高层领导班子的共同决策，股东会、董事会、职工代表大会、企业管理委员会等机构的决策，以及吸收组织外部专家及有关人士参加的共同决策。组织的重大问题一般采取集体决策的方式。

2. 按照决策的性质划分为战略决策、战术决策和业务决策

战略决策是指与组织发展方向和远景有关的重大问题的决策。战略决策一般对组织的全局性、长期性经营目标和战略计划等方面的问题进行决策，也可以是对组织个别问题的远期规划做出的决策。例如，制订战略计划、确定经营目标、投资方向、目标市场、重大的组织变革、新产品开发、重大技术改造、企业并购等问题的决策。

战术决策是执行战略决策过程中带有阶段性、策略性的决策。它一般作为实现战略目标的分阶段决策，但也有的是相对独立的事项或问题的决策。例如，企业决定并购一家公司，这是一项战略决策，而并购企业是一项十分复杂的系统性工作，还需要根据企业自身发展战略的要求制定并购策略，在前期大量调查所得到的一手资料的基础上，设计出针对目标企业的并购模式及相应的融资、支付、财税、法律等方面的事务安排；在谈判签约阶段、交割和整合阶段，要对并购价格和方式等核心内容展开协商与谈判，最后签订并购合同，并在业务、人员、技术等方面对企业进行整合。上述并购的各个阶段的活动安排与策略就是战术决策。

业务决策是指为实现战术决策，对具体的日常业务工作所进行的决策，如具体的任务分配、人力资源调配、工作职责的落实等。一般通过加强组织管理的基础工作来实现，包括规范化、标准化的章程、规章制度等。

3. 按照决策事件自然状态的可控程度划分为确定型决策、风险型决策和完全不确定型决策

具体内容见本章第三节。

4. 赫伯特·西蒙提出的分类——程序化决策和非程序化决策

程序化决策是指对组织活动中呈现出重复和例行状态的事物，能够按照一定的制度、方法、标准、程序予以处理的决策。例如，企业常规的定期补充存货、运用有关的数学模型解决的一些决策问题、日常管理中有章可循的管理问题的处理等。上自高层领导，下至一般管理人员，都会遇到程序化决策问题，但更多的是由一般管理人员来做这类决策。

当问题牵涉面很广，是没有出现过的新问题，而且这些问题复杂且重要，找不到既定的程序来处理这类问题时，就需要重新考虑做出决策，即非程序化决策。例如，企业并购，新产品开发，企业的新建、改建、扩建、转产等问题的决策，都属于非程序化决策。非程序化决策更多的是由高层决策者来制定。

以上不同分类的研究中，其实可以找到一种共同的分类，即把决策概括为两类：程序化决策和非程序化决策。因为无论哪种决策分类都会涉及：①有结构的、重复性的、比较确定的问题，可以利用惯例、标准的工作程序或专门处理某种决策的特别程序来解决；②广泛的非定型的、非规范性的不确定性问题，需要依靠决策者对每一个新问题做出新的判断、直觉臆断和创造性的处理，以解决问题。

第二节　决策的原则和一般步骤

一、决策的原则

（一）目标原则

决策是一种目的性很强的行为选择。决策目标原则强调，在确定决策目标时必须考虑决策目标的明确性和必要性，以使后续决策工作方向明确和不做无用之功。

（二）可行性原则

可行性原则是在可行性分析的基础上提出的。决策过程的可行性分析包括决策之初和抉择方案两个环节上的分析。决策之初要分析决策问题的提出有无必要性和可能性，进行先期调研并拿出可行性报告；后期抉择方案的可行性分析主要侧重于考虑方案确定后操作层面的可行性分析，即需要进一步对拟订备选方案过程中的技术、人、财、物等各种资源、市场等多方面进行可行性研究。

可行性原则要求决策中必须考虑必要性与可能性相结合，可能性与现实性和可操作性相结合，以提高决策质量，降低决策风险。

（三）有限合理原则

在决策中，人们通常希望用最优化的价值标准选择最优方案。美国决策学派的创

始人之一赫伯特·A. 西蒙提出决策只能遵循"有限合理原则"，追求"足够好的""满意的标准"。以最大限度的利润为依据的企业经营理论，在研究和评价各种方案时，以万能和全能的经营管理人员为前提，但是现实组织中的管理人员是具有合理局限性的人，任何决策方案不可能达到绝对最优。要想得到最优方案，必须具备以下条件。

（1）决策方案所需的情报与信息绝对可靠准确。

（2）所有可能的决策方案都已"穷举"列出，无一遗漏。

（3）能预先知道每个方案执行的全部结果。

（4）决策实施过程不受任何偶然因素影响。

（5）决策者有完备的判断分析能力。

在实际工作和生活中，由于决策者水平和时间、情报、信息来源和经费的限制，上述条件难以全部实现，不可能得到绝对最优化的理想方案。因此，决策者选择的方案往往只是相对最优方案。

（四）整体优化原则

系统论的基本思想是整体性与综合性，整体效应是系统论最重要的观点。因此在决策过程中必须依据系统论的观点，将决策问题作为一个系统来对待，用系统的方法分析问题和进行决策。在选择方案时，要处理好局部利益与整体利益、局部效益与整体效益、短期效益与长期效益的关系，最佳的选择应该是整体效益最优化。

二、决策的影响因素

在决策过程中，通常会有一些主观因素和客观因素对决策产生不同程度的影响，概括起来主要有以下几方面的因素。

（一）环境

环境因素对组织决策的影响主要体现在三个方面　环境变量的数量、环境的复杂程度和环境的变动程度。环境变量的数量少，环境的复杂程度低，环境相对稳定或变动程度小，决策则相对简单。反之，决策的难度会增加。

（二）信息

适量的信息是决策的前提条件。在此强调的是"适量的信息"。所需信息量不足往往会影响到决策分析判断准确性；过量的信息可能会将有用信息和无用信息相混淆，增加决策过程的工作量或对决策起到一定的干扰。

信息对决策的质量起到直接影响，主要体现在信息源的可靠性、信息的数量、质量、时效性以及决策对信息的依赖程度等方面。

（三）决策者

无论集体决策还是个人决策，最终做决策的都是人，因此决策者对待风险的不同态度对决策过程及方案的选择会产生较大的影响。按照决策者对待风险的态度不同，可以将决策者分为三种类型：①机会均等型决策者，这类决策者以期望值作为决策标准进行决策；②保守型决策者，对于利益的反应较迟缓，对损失的反应比较敏感，即不愿承担决策风险，追求平稳；③冒险型决策者，与保守型正相反，这类决策者对于利益的反应比较敏感，对损失的反应比较迟缓，为了获取更大的利益，在决策中大胆激进，敢于冒险。

除决策者对待风险的态度外，决策者的能力与素质、价值观等也都将对决策产生不同程度的影响。

（四）时间

当今社会，企业之间的竞争往往是基于时间的竞争，谁能抢在时间前面，就抢占了先机，就能够掌握主动权。正确的决策所能带来的价值很大程度取决于是否抢在了事情、形势发生变化的前面获取信息并做出正确的决策。否则，就会贻误商机，丧失决策所能带来的价值。

（五）组织文化

虽然组织文化是组织在长期的实践活动中形成的共有的价值体系，但是一个组织的文化常常反映组织创始人的远见和使命。斯蒂芬·罗宾斯认为，一个组织的文化是以下两方面相互作用的结果：①创始人的倾向性和假说（他想把企业办成什么样子）；②第一批成员从自己的经验中领悟到的东西。因此，组织文化对决策的影响是不言而喻的。组织文化对组织的技术、产品、制度、组织结构等创新与变革方面的决策都会产生较大的影响。

例如，美国 IBM 公司的文化对企业发展过程中的许多决策都起到了较大的影响。中国海尔集团的创始人张瑞敏最初提出的"质量至上"的理念后来成为海尔文化的一个重要组成部分，并时刻影响着"海尔人"的企业生产经营决策。

三、决策的一般步骤

决策是一个连续的动态过程，因此制定决策必须考虑到每一个决策步骤之间的互相衔接，考虑各方面因素对决策的影响。一般情况下，将决策过程分为四个阶段，即确定决策目标、设计备选方案、评价选择最优方案、方案的实施与反馈。

（一）确定决策目标

合理确定决策目标是决策的首要环节。对问题的处理，往往首先考虑有无必要，实际就是确定有无决策的必要，这是确定决策目标首先需要考虑的问题。决策目标的确定一般有两种情况。

一种情况是以现状与确立的标准之间发生的偏差，或者实际现象与应有现象之间出现的偏差作为决策目标。例如，企业的实际废品率与允许废品率的偏差较大或很大，并且持续发生；桥梁工程施工中遇到了罕见的洪涝灾害，并且坏天气持续的时间较长，可能导致工程质量问题和不能按期竣工等，这些问题都属于与原定标准或计划之间出现的差距，可以作为决策目标提出，考虑有无必要进行决策。

另一种情况是由组织运行和发展中可能出现的各方面的需要而提出决策目标，但是在决定是否将其确定为决策目标时，需要先做可行性推断，确定决策的必要性。因为有必要决策的问题不一定都可以作为决策目标，因此不要将问题放在决策的最后阶段解决，否则会使决策成本增大。

（二）设计备选方案

设计备选方案有以下两项工作。

（1）收集有关资料和信息。决策目标一旦确定，收集有关资料和信息的数量、质量及复杂性将决定决策方案的准确性和科学性。决策过程中依赖资料和信息的程度视决策问题的性质而定，同时要对资料认真筛选、整理和取舍。

（2）拟订备选方案。这是一项复杂细致的工作。要依据占有的资料和信息对拟订的每一方案的收益和损失进行测算，估计方案结果；对各个方案的机会和风险进行测算或估计；对每一方案的可行性（包括资金、人员、技术、设备、市场、组织等）附文字说明，以供抉择时参考使用。

为了使抉择时不失去最佳机会，拟订备选方案一般应具备两个条件：①决策方案的整体详尽性，即所拟订的方案应包括所有的可行方案；②决策方案的互斥性，即各个备选方案之间必须互相排斥，而不应当有包含关系。

（三）评价选择最优方案

评价选择最优方案是决策过程的关键环节。在前两个决策步骤可靠程度较高的前提下，决策的成败往往取决于方案的选择是否正确。选择最优方案必须对已拟订的数种备选方案认真分析，这个过程实际也是对方案可行性的再次论证过程。除了采用适当的决策分析方法外，还需要注意以下问题：①分析决策方案的必要性和比较经济效益。一般情况下，这两者应该是统一的，但是也不排除在一些特殊情况下两者会产生一定的矛盾。而如何取舍则视企业的具体需要而定。②研究企业资源的客观条件和外部环境的客观影响因素。③估计各个备选方案所承担的风险程度。④综合各种影响因素，比较和总体评价方案的经济价值和社会价值。决策者选择了认为最优的方案后，就要具体制订决策方案，进一步研究实施方案和具体保证实施的措施。

在评价选择最优方案的过程中，方案评审标准是一个值得注意的问题。方案的评审标准一般可以分为价值标准和满意标准。价值标准是"有形的"，西蒙提出的满意标准则是"无形的"。价值标准是一个综合性的概念，与决策问题有关的可以用数字效果反映和评价的指标或指标体系都可以称为价值标准。在评价企业备选方案时除了重视价值标准外，也应考虑满意标准。

（四）方案的实施与反馈

决策的实施和对方案选择的评价活动可以视为决策过程的一个阶段，也可以视为决策过程的延续。选择决策方案最后还需要进一步形成有关的计划和预算，规定期限，落实到有关部门和人员具体实施。实施过程中还应对决策方案予以评价，检查执行过程与期望结果是否有差异，及时反馈信息，不断修正和调整。出现差异的原因主要有：①原定方案本身存在一定问题，尚有相关因素未考虑过去或资料的准确性差；②针对风险决策问题和未确定决策问题列出的备选方案中，不论选择哪一种方案，都会或多或少地承担一定风险，这与外部环境的不可控因素有关，因此出现差异可以视为正常；③执行中主观因素导致未能达到预期效果。管理人员应根据反馈问题的性质采取措施，以保证决策目标的实现。

第三节　决策方法

　　科学的决策方法是做出科学决策的重要保证。近几十年来，随着管理科学的不断发展，定量方法和电子计算机被引入企业管理，决策的技术方法也发生了很大的变化。决策的"软"方法与"硬"方法同时发展，并且在实际运用中两种方法的结合日益紧密。所谓决策的"软"方法，是依靠管理者或专家集体的经验和智慧做出判断，带有一定的主观性。决策的"硬"方法，是指决策的数学化、模型化和计算机化。决策"硬"方法的中心是数学模型，而电子计算机的出现和发展，为决策中采用数学方法和数学模型创造了可能条件，成为一种重要的工具和手段。从发展趋势看，两种方法的结合日益紧密，不存在互相取代的问题。因为两者各有利弊，需结合使用，互为补充。在组织管理中经常使用的决策分析方法可以概括为定性决策分析方法和定量决策分析方法。

一、定性决策分析方法

　　定性决策方法，是决策者根据个人经验或参与决策的有关人员的集体的经验和智慧，以主观经验分析判断为主的决策方法。其核心是人的主观经验判断，所以有人直接称之为经验判断法。

　　在现代管理条件下，经验判断仍然不失为一种重要的方法，它对于复杂的决策问题或非程序化决策有着相当的价值。但是经验判断主要是人的经验和对问题的认识在起决定作用，而决策者又是许多要素的混合体，包括决策者（决策群体）的文化素养、专业知识、工作经验、管理能力和魄力等方面的素质，因此运用经验判断决策的科学性似乎受到人的主观因素的影响更多一些。那么在问题不能直接凭经验评价出结果的情况下，还需要借助淘汰法、排队法和归类法，有的还需运用一些简单的统计方法。

（一）集体决策方法

1. 德尔菲法

　　德尔菲法，又称专家意见法，是由美国兰德公司首创并推广应用的，是定性决策常用的一种方法。这种方法是按照规定的程序，背靠背地征询专家对经营决策问题的意见，然后集中专家的意见进行决策。其主要程序是：确定决策课题；选择本企业的相关专业人士和邀请有关专家作为决策小组的专家成员；根据决策主题设计咨询表或问卷，分发或分寄给决策参与者；请专家以书面形式各自独立发表自己的意见，返还问卷；逐轮征询和意见反馈，采用统计方法对所得数据进行处理和定量评价；最后得出能反映专家集体智慧的最优方案。

　　德尔菲法具有匿名性、反馈性、收敛性、统计特性等特点。

2. 头脑风暴法（BS法）

　　1957年英国心理学家奥斯本（A. F. Osborn）在《应用的现象》一文中提出头脑风暴法。奥斯本认为由于每一个体受到他人提出意见的刺激和启发，激起发散性思维，结果同样时间内可以产生两倍于个人独立思考时的意见数量。这种方法倡导的是创新思维。

头脑风暴法的形式是通过小型会议的组织形式，由主持人先提出待解决的问题，大家发表各自的意见，但不允许互相评论或批评。时间一般在1～2小时，参加者以5～6人为宜。大致分为准备—热身—明确问题—重新表述问题—畅谈（创意）—筛选六个阶段。

在这个过程中，所有参加者在自由愉快、畅所欲言的气氛中自由交换想法或点子，并以此激发与会者创意及灵感，使各种设想在相互碰撞中激起脑海的创造性"风暴"。它适合于解决那些比较简单、严格确定的问题，如研究产品名称、广告口号、销售方法、产品的多样化研究等，以及需要大量的构思、创意的行业，如广告业。

但也有一些心理实验研究不支持这一假设，认为在群体中采用BS法，会引起一些问题，比如讨论时只注意他人发表意见，自己表达的机会受到剥夺，使思维受干扰而中断，因而无助于新思想的产生。

另一些人认为，在群体应用中，BS法有预热效应，即群体决策中的交流和气氛，会使个人对原本不太关注的问题发生兴趣，并把群体的创造性当作社会规范迫使自己去思考，从而起到创造性思维的准备作用。一般认为，群体讨论与决策的初期使用BS法，而后再引导人们深入地独立思考可以收到较好的效果。但BS法仅仅是一个产生思想的过程。

（二）有关活动方向的决策

1. 经营业务组合矩阵（波士顿矩阵）

经营业务组合矩阵是20世纪70年代初由波士顿咨询团提出的一种产品评价法。当时一些公司的事业部都强调本部门的产品有盈利前途，要求拨给资金。究竟哪些产品确实有盈利前途应予扶持，哪些产品是提供现金的支柱，哪些产品是"夕阳"产品，总公司心中没数。为此咨询团根据产品的销售、市场占有率等因素设计成矩阵图，将各种产品绘制于图内，以确定资金流向和产品的取舍。

当企业经营两项以上的业务，就需要从全局的角度确定哪些业务需要扩展，哪些业务需要维持或收缩，从而使各项经营业务能在现金收入和业务增长方面形成互补或者相互促进，进而达到良性循环。

决策的具体做法可分为以下三个步骤。

1）确定每种产品（或各经营业务）的评价因素

在确定企业每种产品（或各种经营业务）的发展方向时，应综合考察该产品的市场增长情况和在市场上的相对竞争能力。通过对销售增长率和相对市场占有率两个指标，以及对产品的盈利状况和现金流进行分析，来确定产品的发展地位。

（1）相对市场占有率。相对市场占有率是本企业某产品的市场占有率与同行最大竞争对手相同产品市场占有率之比。当相对市场占有率大于1时，表示本企业该产品在市场上处于领先地位；小于1时，表示最大竞争对手处于领先地位。通过该指标可以考察本企业该产品的市场地位。相对市场占有率可以反映出企业在该项业务经营中获得现金回笼的速度。

（2）销售增长率。销售增长率反映该业务在所属市场的增长速度。一般认为，平均销售增长率在10%以上的为高增长业务，在10%以下的为低增长业务。一般情况下，在产品生命周期上的不同阶段，销售增长率往往不同，因此还可以结合产品生命周期来考察业务增长情况。

2）绘制四象限图

四象限图（图 4-1）用横轴表示相对市场占有率，以对数尺度表示，横轴以 1.0 为界限。纵轴表示销售增长率，高增长与低增长的界限为 10%。

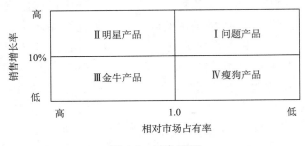

图 4-1 四象限图

上面两个界限构成了四象限矩阵图，将产品（或业务）分为四类，分别处于不同象限。这四类业务是：第 I 象限为问题产品，第 II 象限为明星产品，第 III 象限为金牛产品，第 IV 象限为瘦狗产品。根据产品各自的市场占有率和销售增长率水平，就可以定位在四象限图中的某一个象限。

3）对处在各个象限中的产品（业务）进行分析，做出经营决策

矩阵象限中的产品（业务）和资金不是固定不变的，而是不断向其他象限转移（图 4-2）。下面对四类产品（业务）进行一般性的分析。

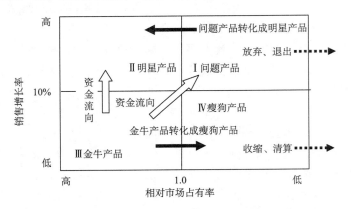

图 4-2 矩阵中产品（业务）和资金在不同象限的转移

第 I 象限为问题产品，属于市场占有率低、销售增长率高的产品，低市场占有率意味着利润少，而高销售增长率又意味着需要大量现金支持其业务的高增长，因此在决策时比较矛盾，需要结合产品所处的生命周期阶段进行具体分析，然后再考虑是否支持该项业务的发展。问题类产品的走向有两种可能：一种是产品处于成长期，市场前景看好，很可能转变成明星产品，但是需要资金的大力扶持；另一种是由于种种原因，某些

刚开发的业务不可能转为明星类产品，则应及时而果断地采取放弃策略，否则会导致企业无谓地投入大量现金。

第Ⅱ象限为明星产品，属于市场占有率和销售增长率双高的产品，能给企业带来较高的利润，但同时也需要企业增加投资，以巩固和提高市场占有率。

第Ⅲ象限为金牛产品，属于市场占有率较高、销售增长速度较慢的产品。市场占有率高，意味着可从经营中获取丰厚的利润和高额现金回笼；但是销售增长率低，说明发展前景不乐观。因为市场占有率高说明该产品一定不是起步阶段的销售增长缓慢，往往是成熟期的状态，所以不宜盲目投入大量资金求发展，应当把重点放在市场份额的维护和加强上，使金牛产品的获利和现金回笼成为公司发展其他业务的重要资金来源。

第Ⅳ象限为瘦狗产品，属于市场占有率和销售增长率双低的产品，其特点是获利性差，市场占有率低，增长缓慢。一般情况下，企业对这种盈利差又无前途的产品往往采取收缩决策。

比较理想的经营业务组合应该呈正态分布，即处于高市场占有率和高业务增长的产品或业务占多数，即明星类产品和金牛类产品的比例应该较大，同时有一定数量的问题类产品，有少量的瘦狗类产品，这样的企业在当前和未来都可以实现比较好的现金流量平衡。

概括起来，企业在运用经营业务组合矩阵进行决策时主要应把握以下几点：①首先分析确定问题类产品中需要大力扶持的和不可能转变成明星类的产品。②确定金牛类产品提供的资金的流向。应本着有选择和集中运用企业有限资源的原则，重点扶持能给企业带来丰厚利润的明星产品和问题类产品中极有希望但需大力扶持的产品。③对确无前途的问题类产品和已衰退的金牛类产品采取收缩决策。④对瘦狗产品一般采取逐步淘汰策略。

2. 产品系列平衡法

产品系列平衡法也称通用矩阵或九象限图法。这是多品种生产的企业用于区别对待产品开发或发展的决策。产品系列平衡法是根据企业各类产品的市场吸引力与企业实力对产品进行评分与综合评价，做出产品开发或发展决策的方法。

下面介绍评价决策的主要步骤。

第一步，确定市场引力（又称市场前景）与企业实力（又称相对竞争力）各自包括的因素和评分标准。一般情况下，市场引力和企业实力各自包括的因素见表4-1。确定了因素之后，需要建立产品市场引力各因素评分标准表（表4-2）和产品企业实力各因素评分标准表（表4-3）。

表 4-1　市场引力和企业实力的因素划分

市场引力	企业实力
资金利润率	市场占有率
销售增长率	生产能力
市场容量	技术能力
产品重要性	质量状况
	销售能力

表 4-2　产品市场引力各因素评分标准表

资金利润率		销售增长率		市场容量		产品重要性	
等级	评分	等级	评分	等级	评分	等级	评分
30%以上	8	引进期	9	大	8	大	9
15%～30%	4	成长期	7	中	5	中	5
15%以下	1	成熟期	4	小	2	小	1
		衰退期	1				

注：每项因素的最高和最低分值及各等级的分值标准可由企业自行确定，该表中的最高和最低分值及各等级的分值标准为举例说明

表 4-3　产品企业实力各因素评分标准表

市场占有率		生产能力		技术能力		质量状况		销售能力	
等级	评分	等级	评分	等级	评分	等级	评分	等级	评分
25%以上	10	大	8	强	10	好	10	强	10
15%～25%	7	较大	6	较强	8	较好	7	较强	7
7%～15%	3	一般	4	一般	4	一般	4	一般	4
7%以下	1	小	2	弱	2	差	2	弱	2

注：每项因素的最高和最低分值及各等级的分值标准可由企业自行确定，该表中的最高和最低分值及各等级的分值标准为举例说明

第二步，按照市场引力各因素和企业实力各因素的评分标准，分别为每种产品评分，并计算每种产品的分数和。

第三步，根据市场引力和企业实力得分情况，确定大、中、小三等分数标准。表4-4 中的标准是举例设定的三个等级的分数标准。

表 4-4　三个等级的分数标准

等级	市场引力	企业实力
大	25 分以上	35 分以上
中	10～25 分	15～35 分
小	10 分以下	15 分以下

第四步，以市场引力为纵轴，以企业实力为横轴，各分三等，画出矩阵（表 4-5）。再根据每一产品两方面的得分，分别确定其在矩阵图中的位置。

依照表 4-1～表 4-4 中数字举例，假设甲产品，经计算市场引力总分为 27 分（大），企业实力总分为 40 分（大），可知两项评价得分均属高的等级，应置于第 1 象限（表 4-5 中的 A 区）。假设乙产品，经计算市场引力总分为 21 分（中），企业实力总分为 30 分（中），可知两项评价得分均属中等等级，应置于第 5 象限（表 4-5 中的 E 区）。

第五步，根据各象限特点，对不同象限中产品做出相应决策。

表 4-5　产品分布九象限

市场引力	大	中	小
大	A（甲产品）	D	G
中	B	E（乙产品）	H
小	C	F	I

注：表中 A，B，C，…，I 表示象限代号

处于不同象限的产品，可以根据市场引力和企业实力的大小，概括出一般性的产品策略。下面将分布于九个象限中的产品策略归纳于表 4-6。

表 4-6　分布于九个象限中的产品策略

象限	市场引力	企业实力	策略
A	大	大	内外环境和条件都很好，应大力发展、加强竞争力，扩大销售，提高市场占有率
B	中	大	改进创新产品，发展用户，充分利用现有实力。有的产品可采取维持现状决策，以适应市场饱和状态
C	小	大	外部不可控因素影响较大，产品可能向衰退期转化，应采取减产或退出市场
D	大	中	增加投资，提高生产能力与技术能力，改进质量、降低成本
E	中	中	应采取维持现状的对策
F	小	中	应采取停产、撤退的对策
G	大	小	由于有较好的市场前景，应积极投资以增强实力
H	中	小	外部环境处于中等水平，采取维持对策，尽可能提高市场占有率，取得一定盈利
I	小	小	退出，并做好生产设备调整和销售队伍转移工作

二、常用的定量决策分析方法

定量决策方法是建立在数学模型基础上的决策方法。主要是根据决策目标，把决策问题的变量之间的关系及变量与目标之间的关系用数学关系表示出来，通过数学模型求解并选择决策方案。

定量决策方法在经营管理中可以处理复杂的决策问题，节约时间，保证决策质量，并且可以为选择最佳方案提供价值标准和科学依据。但是它也有一定的局限性，有许多非程序化决策问题还无法运用定量方法解决。因此，不可过分地强调定量决策方法的作用，应当将定量决策方法与定性决策方法结合起来，使决策科学化并且与实际的经济管理工作密切结合。

经营管理中的定量方法种类较多，这里主要结合考察决策所处的条件介绍管理决策中常用的定量分析方法。

企业所有的决策其实都是在下列三种条件中的某一种条件下制定的。这三种条件是确定、风险、完全不确定，见表 4-7。每一种条件下的决策所采用的分析方法是不同的。下面分别介绍每一种条件下的决策分析方法。

表 4-7　三种条件下的决策类型

决策条件	自然状态发生可能大小的估计（概率）
确　定	1
风　险	0＜概率＜1
完全不确定	0

（一）确定型决策分析方法

确定型决策是未来情况确定条件下的决策。如果决策事件未来的各种自然状态是确定的，各种方案的分析都会得到一个明确的结果，在此条件下对最优方案的抉择，就叫作确定型决策。

企业确定型决策的内容十分广泛，主要包括生产决策、定价决策、生产经济批量与库存量控制的确定、有限资源的最佳分配方案等短期经营决策，以及长期投资决策等。其决策常用的分析方法一般有代数方法、微分法、盈亏平衡分析、线性规划等。确定型决策的内容和方法在其他相关的课程中有比较详尽的介绍，这里主要介绍常用的盈亏平衡分析法。

盈亏平衡分析法又称量本利分析法，是一种常用的确定型决策方法，在企业经营管理中使用比较广泛。盈亏平衡分析是根据边际分析的原理，通过分析产品成本、产（销）量和销售利润这三个变量之间的关系，掌握盈亏变化的临界点（保本点），从而测定出产生最大利润的经营方案。

1. 产量、成本和利润之间的内在联系

企业生产经营活动的核心是生产产品，通过把产品销售出去取得利润。那么产（销）量、销售收入、利润之间就有着密切的内在联系，其关系可以用简单的关系式表示，即销售额＝成本＋利润，在此不考虑税金的扣除。其中，销售收入是产量与产品单价的乘积，成本包括固定成本与变动成本。

固定成本是指在一定时期和一定范围内，不随产量的增减而变化的费用，如固定资产折旧费、企业管理费、工人的计时工资等费用。固定成本一般以总的固定成本表示。

变动成本，是指随产量或销售量的变化而变化的费用，包括直接用于产品制造的与产量成正比的原材料、燃料及动力、外加工费、外购半成品费用，按产量法计提的折旧费、计件工资，与销售量成正比的销售费用。可变成本一般以单位变动成本表示。

盈亏平衡点，是指销售收入与产品总成本相等的点。在这一点时，产品不盈不亏，产品利润为零。

如果设固定成本为 F，单位变动成本为 V，产量为 Q，产品单价为 P，利润为 π，则产量、成本、利润的关系可用下列公式表示：

$$PQ = F + VQ + \pi \tag{4-1}$$

令 $\pi = 0$，则

$$PQ = F + VQ \tag{4-2}$$

则盈亏平衡点产量为

$$Q_0 = \frac{F}{P - V} \tag{4-3}$$

当销售收入与总成本相等时，这一点所对应的产量叫作盈亏平衡点产量，又称保本产（销）量。企业生产任务若低于盈亏平衡点产量，则会发生亏损，高于盈亏平衡点产量时，则获得盈利。

2．量本利分析的计算方法

盈亏平衡点分析主要有两种计算方法。

（1）产量（销售量）法。产量（销售量）法适用于单一品种的决策分析，或虽属多品种生产，但各种产品的固定成本能划分的情况。

由式（4-3）可得到保本销售额的计算公式：

$$S_0 = \frac{F}{1 - \dfrac{V}{P}} \tag{4-4}$$

式中，S_0 为保本销售额。

（2）边际利润率法。边际利润率法适于多品种生产，且固定成本不易划分的情况。保本销售额的计算公式如下：

$$S_0 = \frac{F}{R_{MP}} \tag{4-5}$$

式中，R_{MP} 为边际利润率。

$$R_{MP} = \frac{MP}{P} \tag{4-6}$$

$$MP = P - V \tag{4-7}$$

边际利润，又称边际贡献或贡献毛利，用 MP 表示。如果边际利润（率）大于 0，表示该企业在生产这种产品时，除了可以弥补变动成本外，还可弥补一部分固定成本。因此，即使企业在这种情况下仍处于"亏损"状态（$\pi < 0$），在短期内继续生产可以在弥补变动成本之余，再弥补一部分固定成本。

例 4-1　某工厂生产 A 产品，据有关资料计算，每个产品的变动成本为 26 元。为生产 A 产品设置一条新生产线，需分配固定成本 108 000 元，A 产品的销售单价为 50 元，该厂必须售出多少数量的 A 产品才能保本？

解：计算保本产量和保本销售额：

保本产量＝108 000/（50－26）

　　　　＝4500（单位产品）

保本销售额＝50×4500

　　　　＝225 000（元）

3．经营安全率

在进行量本利分析时，考察经营安全率，对于观察分析企业内部条件有一定帮助。安全边际率，就是将企业实际销售额与盈亏平衡点销售额进行比较，比值越大，说明取得利润的安全性越大，比值越小，说明取得利润的安全性小。安全边际率的计算公式如下：

$$安全边际率 = \frac{实际产（销）量 - 保本产（销）量}{实际产销量} \times 100\% \qquad (4\text{-}8)$$

安全边际是指方案带来的产（销）量与保本产（销）量之差。用公式表示为

$$安全边际 = 产（销）量 - 保本产（销）量 \qquad (4\text{-}9)$$

$$安全边际率 = 安全边际 \div 产（销）量 \qquad (4\text{-}10)$$

依照例 4-1 的条件，假定该厂实际销售额为 260 500 元，问安全边际率是多少？

计算安全边际率，得

$$实际产量 = 260\ 500 \div 50 = 5210（单位产品）$$

$$安全边际率 = （5210 - 4500）/5210$$
$$= 13.63\%$$

（二）风险型决策分析方法

风险型决策分析方法是非确定条件下的决策方法。当决策能否达到预期结果取决于某种程度的机会时，就称这种决策为风险条件下的决策，即风险型决策。

风险条件下的决策在决策过程中对未来自然状态发生的可能是利用概率来估计的。多大的概率可以接受，大多取决于个人对于承担风险的意愿。

在决策理论中，"自然状态"这个术语表示实际可能发生的、管理人员所不能控制的各种事件。

概率，是对各种自然状态发生的可能性大小的一种估计。概率有两种，即客观概率和主观概率。客观概率以过去的经验为依据，一般来自统计资料。主观概率通常以决策者的直观"估计"为依据。主观概率往往因人而异，因为这其中主要是人的认识与判断在起作用。

风险型决策应具备的条件有：①有明确的决策目标（如利润最大、成本最低）；②可以列出自然状态；③能估计出不同方案在各种自然状态下可能出现的结果（如损益值）；④能够预测自然状态可能发生的概率。

风险型决策分析常用的方法有决策表分析法和决策树分析法。本书主要介绍决策树分析法。

1. 决策树分析法

决策树分析法是以图解形式，把决策问题的各个要点、决策方案、可能事件和机遇结果一步一步有顺序地展开，计算和比较备选方案的结果，以取得最优决策的方法。它不仅可以解决单阶段决策问题，还可以解决多阶段复杂的风险型决策问题。

1）决策树的基本图形与步骤

决策树通常使用标准符号绘制。决策树的基本图示如图 4-3 所示。

决策树分析法的步骤如下。

（1）绘制树形图。图形自左向右分层展开，即决策节点只能有一个，引出两个以上方案枝，到状态节点，确定每一方案会发生几种自然状态及各种自然状态发生的概率，

由状态节点引出概率分枝。

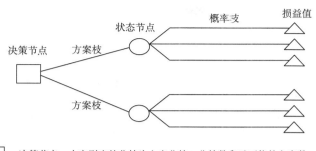

图 4-3　单级决策树

（2）计算每个状态节点的期望损益值。计算公式为

$$E_i = \left[\sum (损益值 \times 概率) \times 经营年限 \right] - 投资成本 \qquad (4\text{-}11)$$

将计算的期望损益值标于状态节点上。这种程序是所谓的滚回和折回。

（3）剪枝决策。比较各方案的期望值，将期望收益值小的（期望损失值大的）方案枝剪掉，保留一枝最大的期望收益值（最小期望损失值）的方案枝，并将最大（最小）期望收益（损失）值标于决策结点上，表明是最佳方案的期望值。

2）决策树分析法举例

（1）单级决策。

例 4-2　某集团公司决定建造一座大厂或小厂来生产一种新产品。产品期望的市场寿命为 12 年。建大厂并投产的投资成本为 200 万元，建小厂并投产的投资成本只需要 30 万元。公司对 12 年期间销售状况偏差分布的最佳估计为：高需求的概率为 0.5，中等需求的概率为 0.3，低需求的概率为 0.2。公司对量、本、利做了分析，研究了在工厂大小和市场需求大小的各种组合下这些条件的结果，列于表 4-8。

表 4-8　与决策相关的资料列表

自然状态及概率	方案	年损益值/万元	经营年限
高需求 （0.5）	建大厂	100	
	建小厂	25（包括高需求条件下生产能力不足的机会损失）	
中等需求 （0.3）	建大厂	60	12 年
	建小厂	45（机会损失减少）	
低需求 （0.2）	建大厂	−20（低需求条件下出现剩余生产能力）	
	建小厂	50（机会损失减少）	

决策程序：

①绘制决策树图（图4-4）。

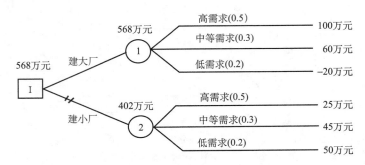

图4-4　某集团公司建厂选择方案的决策树分析

②计算每个方案在经营期内的期望损益值。

建大厂的期望损益值：

$$E_1 = [100 \times 0.5 + 60 \times 0.3 + (-20) \times 0.2] \times 12 - 200 = 568(万元)$$

建小厂的期望损益值：

$$E_2 = (25 \times 0.5 + 45 \times 0.3 + 50 \times 0.2) \times 12 - 30 = 402(万元)$$

③择优剪枝决策。经比较，建大厂的期望收益值568万元大于建小厂的期望收益值402万元，因此舍弃建小厂方案。完整的决策树分析过程如图4-4所示。

（2）多级决策。

当决策问题比较复杂，战略计划需要多步骤展开分析和分多阶段实施时，就要进行多阶段决策，详尽分析，以免疏漏个别的方案。多阶段决策树将问题以图表示，思想清晰，分析过程明确，几种方案和结论可以一目了然，便于比较选择。

多级决策树与单级决策树的计算步骤基本相同，只是从时间上分为两个或两个以上的阶段（或时期）计算和决策，用折回的方法进行分析。

例4-3　H公司决定建一个大厂或者建一个小厂来加工一种具有10年期望寿命周期的新产品。公司经初步测算得到的信息是前两年需求可能是高的，而如果消费者发现该产品有缺陷，后八年的需求将是低的；前两年的高需求可能预示后八年的高需求，但是需求概率可能演变。假如前两年表现为高需求，但是需求概率可能演变。假如前两年表现为高需求，而生产规模不扩大，就会产生与之竞争的产品，使年利润降低。

假如该公司建大厂，则必须保有10年；假如建小厂，可以有两种选择：①如果需求高，追加投资在两年内扩建；②即使需求高也不扩建，保持小厂。

有关财务成本、利润、需求估计等条件的说明，见表4-9。

要求：依据所提供的条件和信息，分析各方案，并选择最优方案。

表 4-9 与决策相关的资料列表 单位：万元

方案	投资额	前两年			后八年		
		自然状态及概率	年利润		投资额	自然状态及概率	年利润
建大厂	300	高需求 0.7	100			高需求 0.6	100
						低需求 0.4	10
		低需求 0.3	10			低需求 0.3	10
建小厂	140	高需求 0.7	45	扩建	200	高需求 0.6	70
						低需求 0.4	5
				不扩建		高需求 1.0	30
		低需求 0.3	20			低需求 0.3	20

根据上述条件画出决策树图，如图 4-5 所示。计算分析过程如下。

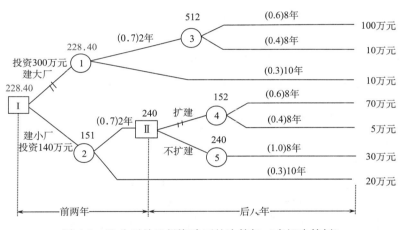

图 4-5 H 公司关于投资建厂的决策树（多级决策树）

建大厂的期望收益值的计算分析。

点③：$(100 \times 0.6 + 10 \times 0.4) \times 8 = 512$（万元）

点①：$(100 \times 2 + 512) \times 0.7 + 10 \times 10 \times 0.3 - 300 = 228.40$（万元）

建大厂的期望收益值为 228.40 万元。

建小厂的期望收益值的计算分析：

点④：$(70 \times 0.6 + 5 \times 0.4) \times 8 - 200 = 152$（万元）

点⑤：$30 \times 1.0 \times 8 = 240$（万元）

比较点④与点⑤期望收益值的大小，由于 240 万元＞152 万元，故剪掉扩建方案一枝，保留不扩建方案，向左折回到点 Ⅱ，点 Ⅱ 为 240 万元。

点②：$[(45 \times 2 + 240) \times 0.7] + 20 \times 0.3 \times 10 - 140 = 151$（万元）

建小厂保持 10 年的期望收益值为 151 万元。

比较建大厂与建小厂的期望收益值，因为 228.40 万元＞151 万元，故剪掉建小厂方案，保留建大厂方案继续向左折回，点 I 为 228.40 万元，即为所选择的最优决策方案。

2. 风险型决策方法在实际应用中应该注意的问题

（1）风险型决策方法的运用范围有一定限制。一般情况下，对重复性决策问题比较适用，而在一次性非程序化决策时则会影响准确性。因为风险型决策采用的期望值标准，是将不同方案的损益值与概率加权求和，由于概率的准确性只有在客观事件发生的频次趋于无穷大时，才具有明显的客观性和稳定性，因此对于重复性大的、风险程度小的决策方案比较适用。

（2）决策涉及投资问题时，实际决策应考虑投资来源的可靠性、投资时间价值、投资回收期、内部报酬率及投资风险等因素，而上述风险型决策分析问题均未予以考虑，而在组织实际决策时是应该考虑的。

（三）完全不确定型决策分析方法

完全不确定型决策分析方法是指决策问题有若干个方案可供选择，但事件发生的各种自然状态的客观概率无法确定。这种类型的决策同属于不确定条件下的决策，它与风险型决策的区别在于能否得到客观概率，因此不能取得概率的决策是完全不确定条件下的决策，即完全不确定型决策分析。

完全不确定条件下的决策取决于决策者对主观概率的估计和所持的决策标准。常常采用的决策标准有：极大极小决策标准、极大极大决策标准、折中决策标准、极小极大遗憾决策标准。

1. 极大极小决策标准（亦称悲观决策标准）

极大极小决策标准是一个小中取大的决策标准。基于对客观情况持保守态度，把事情估计得很不顺利，但又想在最坏环境下找出一个最好的方案。其决策程序是：先把每个方案在不同自然状态下的收益值中的最小值选出（损失值则相反），然后在最小收益值中选择其中最大的收益值（损失值选最小的），它所对应的方案为最佳方案。

例 4-4　某企业生产的 B 产品供不应求，通过市场预测，企业准备将原有产量增加 2 倍。但主要零部件的原生产能力不足，考虑三种方案：①从外厂取得主要零件；②改造原有生产线；③新建一条生产线。B 产品根据市场需要的自然状态，预计每年获得利润见表 4-10。

表 4-10　企业 B 产品三种市场需求状态下的年盈利额列表　　　单位：千元

方案	三种市场需求状态下的年盈利额		
	高需求	中等需求	低需求
A_1（从外厂取得主要零件）	380	100	−50
A_2（改造原有生产线）	550	300	−200
A_3（新建生产线）	750	350	−250

按极大极小决策标准选择 A_1 从外厂取得主要零件为决策方案，见表 4-11。

表 4-11　决策表（极大极小决策标准）　　　　　单位：千元

方案	各种自然状态下的利润额			最小收益值
	高需求	中等需求	低需求	
A_1（从外厂取得主要零件）	380	100	-50	-50
A_2（改造原有生产线）	550	300	-200	-200
A_3（新建生产线）	750	350	-250	-250
极大极小标准 max $[\min(Q_{1j}), \min(Q_{2j}), \cdots, \min(Q_{ij})]$				-50

2. 极大极大决策标准（亦称乐观决策标准）

极大极大决策标准是一个大中取大的标准。基于对客观情况持乐观态度，在决策中不肯放过取得最好结果的机会，优中取优。其决策程序是：先选出每个方案在不同自然状态下的收益值中的最大值，然后在这些最大值中再选取一个最大收益值，它所对应的方案为最优决策方案。仍用例 4-4 来说明。

按极大极大决策标准选择 A_3 新建生产线为决策方案，见表 4-12。

表 4-12　决策表（极大极大决策标准）　　　　　单位：千元

方案	各种自然状态下的利润额			最大收益值
	高需求	中等需求	低需求	
A_1（从外厂取得主要零件）	380	100	-50	380
A_2（改造原有生产线）	550	300	-200	550
A_3（新建生产线）	750	350	-250	750
极大极大标准 max $[\max(Q_{1j}), \max(Q_{2j}), \cdots, \max(Q_{ij})]$				750

3. 折中决策标准

折中决策标准是介于保守和乐观之间的一种折中决策收益标准，是运用折中系数计算出每一方案的折中收益值，然后选择最大折中收益值所对应的方案为最优方案。折中收益值的计算公式为

$$折中收益值 = a \times 最大收益值 + (1-a) \times 最小收益值 \tag{4-12}$$

式中，a 为折中系数，a 的取值范围是 $0 < a < 1$。当 $a=0$ 时为保守标准，当 $a=1$ 时为乐观标准。a 是一个经验数，其大小是人为确定的。

仍用例 4-4。将各方案的最大收益值和最小收益值选出单独列表，见表 4-13。

表 4-13　例 4-4 中选出各方案的最大和最小收益值列表　　　　单位：千元

方案	最大收益值	最小收益值
A_1（从外厂取得主要零件）	380	-50
A_2（改造原有生产线）	550	-200
A_3（新建生产线）	750	-250

假定确定折中系数 $a=0.7$，将表 4-13 的数字代入公式：

A_1 折中收益值$=0.7\times380+（1-0.7）\times（-50）$

$\qquad\qquad\quad=251$（千元）

A_2 折中收益值$=0.7\times550+（1-0.7）\times（-200）$

$\qquad\qquad\quad=325$（千元）

A_3 折中收益值$=0.7\times750+（1-0.7）\times（-250）$

$\qquad\qquad\quad=450$（千元）

按折中决策标准选取 A_3 新建生产线为决策方案。

4. 极小极大遗憾决策标准

极小极大遗憾决策标准是一种对遗憾值的大中取小标准。通过计算某种自然状态下由于未采用相对最佳方案而造成的遗憾值，经过比较，视最大遗憾值中的最小值所对应的方案为最优方案。其决策程序如下。

（1）把最高收益值视为某种自然状态下的理想值。

（2）将每种自然状态 S_j 下的最大收益值减去各个方案的损益值，找出每个方案的最大遗憾值。

（3）选择遗憾值中的最小值所对应的方案为最优方案。

仍用例 4-4。计算分析过程见表 4-14。

表 4-14　决策表（极小极大遗憾决策）　　　　　　　　　　单位：千元

方案	在不同需求量下的遗憾值			最大遗憾值
	高需求	中等需求	低需求	
A_1	$750-380=370$	$350-100=250$	$-50-（-50）=0$	370
A_2	$750-550=200$	$350-300=50$	$-50-（-200）=150$	200
A_3	$750-750=0$	$350-350=0$	$-50-（-250）=200$	200
极小极大遗憾值				200

这里出现了 A_2 与 A_3 方案的极小极大遗憾值相同，那么采用此决策标准，既可以选 A_2，也可以选 A_3 为最优方案。

本 章 小 结

从广义上讲，"决策"几乎与"管理"一词同义，它贯穿于管理活动的全过程。决策分类的目的是明确各种决策在管理中的重要程度及由谁来制定。西蒙提出的程序化决策和非程序化决策的分类实际上可以涵盖其他各种分类。管理者需要依据目标原则、有限合理原则、可行性原则和整体优化原则进行决策。在决策中定量方法与定性方法互为补充，不可偏废某一方。

现代企业的经营管理要求决策方法科学化。决策方法包括定性决策方法和定量决策方法，从发展趋势看，两种方法的结合日益紧密，互为补充。常用的定性决策方法主要有集体决策方法和有关活动方向的决策方法。常用的定量决策方法主要有确定型、风险型、完全不确定型决策方法。

案例　"铱星系统"的陨落

铱星移动通信系统是美国铱星公司委托摩托罗拉公司设计的一种全球性卫星移动通信系统，它通过使用卫星手持电话机，透过卫星可在地球上的任何地方拨出和接收电话讯号。摩托罗拉公司为美国铱星公司的第一大股东。摩托罗拉从 1987 年就开始策划"铱星系统"计划，历时 11 年，耗资 50 多亿美元，当公司历尽千辛万苦终于在 1998 年 11 月 1 日正式将铱星系统投入使用时，命运却与他们开了一个极大的玩笑，传统的手机已经完全占领了市场。由于无法形成稳定的客户群，使铱星公司亏损巨大，连借款利息都偿还不起，2000 年 3 月 18 日，两年前曾耗资 50 多亿美元建造 66 颗低轨卫星系统的美国铱星公司，背负着 40 多亿美元的债务宣告破产。在回天无力的情况下，只好宣布终止铱星服务。铱星所创造的科技童话，及其在移动通信领域的里程碑意义，使人们在惜别铱星的时刻猛然警醒，技术的前沿性固然非常重要，但决定胜负的关键却是市场。铱星的悲剧告诉我们，技术不能代替市场，决策失误导致铱星陨落。

铱星代表了未来通信发展的方向，但仅凭技术的优势并不能保证市场的胜利。"他们在错误的时间，错误的市场，投入了错误的产品。"这是业界权威对铱星陨落的评价。

1. 管理决策构架问题

铱星的管理决策架构使其根本不可能进行有效管理。董事会 28 个成员说的是多国语言，每次开会如同是出席一次小型联合国会议，人人必须带着耳塞，收听 5 种语言的同步翻译。

2. 市场定位错误

谁也不能否认铱星的高科技含量，但用 66 颗高技术卫星编织起来的世纪末科技童话，在商用之初，却把自己的位置定在了高端客户、偏远地区、海事上。在开业的前两个季度，铱星在全球只发展了 1 万用户，而根据铱星方面的预计，初期仅在中国市场就要达到 10 万用户，这使得铱星公司前两个季度的亏损就达到了 10 亿美元。尽管铱星手机后来降低了收费，但仍未能扭转颓势。

3. 市场机会不佳，铱星系统存在一些缺陷，发展客户难度很大

过去 10 年里，地面移动通信发展迅猛，夺走了铱星公司的目标市场，相对地面移动通信，尤其是移动电话领域，铱星计划在时间维度上已然失去了市场机会。

相对地面移动电话系统，铱星系统本身也存在许多不足，手机个头笨重，运行不稳定，价格又昂贵，不能在室内和车内使用等等。同时系统投入商业运营时未能向零售商们提供铱星电话机，加之销售力量不足，开业的前两个季度，在全球只发展了 1 万用户。到申请破产为止，这个耗资 50 亿美元建立的通信网只有 5.5 万用户，而一些分析家估计该公司要实现盈利平衡至少需要 65 万用户。要建立一个忠诚的用户基础，所费的时间远远超过铱星的估计和许诺。

4. 市场运营构架问题

作为一个全球性的个人卫星通信系统，理论上它应该是在全球通信市场开放的情况

下，由一个经营者在全球统一负责经营，而事实上这是根本不现实的。公司的基本组织结构是一个联合体（合伙人结构），由世界 15 个地区性的"闸口"（gateways）组成。所谓"闸口"是指地面上的信号传输系统，可以收发和转送铱星的电话讯号。各地区"闸口"负责在该地区范围内行销铱星的电话和服务。铱星的市场运营构架无法建立起一支整体的销售队伍，设计完整的行销计划，建立各地区的分销渠道，形成统一有效的行销攻势。很多合伙人严重缺乏电讯业经验，比如委内瑞拉的投资者除了从事手机业务之外，还经营着奶制品。

铱星运营总部不能过多地向地方"闸口"施压，因为"闸口"的主人都是董事会成员。在运营的过程中，铱星的行销计划受到了各地区"闸口"的质疑，因而也就难以指望获得很好的配合。

5. 铱星正式投入商用市场时间的决策失误

有专家认为，铱星系统在 1998 年 11 月份投入商业服务的决定是毁灭性的。受投资方及签订的合约所限，在系统本身不完善的情况下，铱星系统迫于时间表的压力而匆匆投入商用，而产品的不完善和服务方面的欠缺给用户留下的第一印象对于铱星则是灾难性的。

计划失败，铱星陨落，留给人们更多的是反思和总结。

资料来源：人民日报，2000 年 03 月 21 日；doc88. com；网络 360 百科

【思考题】

结合决策理论系统讨论分析铱星公司经营失败走向破产的主要决策失误及其教训。

复习思考题

1. 怎样理解"决策是一个过程，而非瞬间行动"？

2. 为什么赫伯特·西蒙提出的分类法——程序化决策和非程序化决策可以涵盖其他的决策分类？

3. 影响决策的因素主要有哪些？你认为其中最重要的因素是什么？说明理由。

4. 一般的决策主要包括哪些步骤？每一步骤的工作要点是什么？

5. 结合某一具体决策活动，说明决策者的价值观或价值系统对决策的影响。

6. 运用风险型决策方法进行决策应具备哪些条件？

7. 某企业生产某种产品的总固定成本为 400 000 元，单位产品变动成本为 20 元，产品售价为 25 元。试求：（1）该企业的盈亏平衡点产量；（2）如果要实现利润 20 000 元，其产量又应达到多少？

8. 某机械厂现有生产能力为 10 万件/年，为适应市场需要，拟投资扩产，有两种方案：（1）投资 200 万元，可提高生产能力 50%。（2）投资 150 万元，可提高生产能力 20%。如果开工，单件产品利润 5 元，生产能力剩余时，每件损失 8 元，两种方案使用寿命均为 10 年。其他资料：根据统计资料计算，以下三种市场需求自然状态下的概率见下表。

销售量/万件	概率
14	0.6
10	0.3
8	0.1

要求：用决策树计算求出最优投资方案（写出过程）。

9. 某企业准备扩大生产规模，拟采用改进生产线、新建生产线和与其他企业合作三种方案，各方案在各种自然状态下的损益值见下表。

方案/自然状态	各种自然状态下的损益值/万元		
	销路好	销路一般	销路差
A 改进生产线	180	120	—40
B 新建生产线	240	100	—80
C 与其他企业合作	100	70	16

请分别用乐观决策标准、悲观决策标准和遗憾决策标准选择最佳决策方案。

第五章

计　　划

本章学习目标

> 1. 了解计划工作的含义和作用。
> 2. 掌握计划的类型和计划层次体系。
> 3. 理解影响计划有效性的权变因素。

在管理中按照逻辑顺序，计划被认为是首要职能。它为组织的活动规定目标和实现目标的途径，加强对未来活动和风险的预测，减少由盲目性所带来的影响。主管人员围绕着计划规定的目标，去从事组织、人员配备、指挥、控制等活动，以达到预定的目标。我们可以把计划看作火车头，而组织、指挥、控制活动则为由"目标和计划"牵引着的火车车厢。本章主要阐述计划工作的含义与任务；计划的种类和相互关系；计划工作的原则和程序。

■ 第一节　计划概述

一、计划工作的含义

计划工作可以分为广义的计划工作和狭义的计划工作。广义的计划工作是指制订计划、执行计划和检查计划三个紧密联系的过程。其中，制订计划是计划管理过程中最重要的环节，它决定着后面两个环节的质量。确切地说，计划工作包括从分析预测未来的情况条件、确定目标、决定行动方针与行动方案、依据计划去配置各种资源，进而执行任务、最终实现既定目标的整个管理过程。计划工作是一项既广泛又复杂的管理工作，它涉及对组织中的各个方面活动的安排。狭义的计划工作则是指具体的计划编制，其实它仅仅是广义计划工作的一个环节。

计划作为一项管理职能来说，是指对组织的活动按照实现组织目标的要求，进行事先筹划和统一安排，下达执行计划和检查计划执行情况的管理活动。制订计划包括两项基本活动：确定规划目标和决定如何达到目标。计划既指出了行动要达到的结果，又指出了达到目标所应遵循的路线。

二、计划工作的任务

1. 制订组织的总体计划和局部计划

计划工作的基本任务就是根据组织的宗旨和目标，确定组织的战略计划，据此制订组织的总体计划和局部计划。

战略性计划是关于企业活动总体目标和战略方案的计划，是组织规划的方向性的、长期的目标和安排。总体计划是指在计划期内从整体上统一考虑企业生产经营资源的合理使用，以期获得最佳效益的活动计划。它是组织层次的计划，是对组织运行具有指导意义的计划。局部计划是指某一部门或某一环节关于达到一定目标的行动方案。总体计划是关于企业全局的、指导性的计划，局部计划是具体的、操作性的计划，两类计划共同构成组织的计划体系。因而，制订总体计划和局部计划就成为计划工作的首要任务。

2. 通过计划工作合理有效地配置组织的资源

计划规定了组织在一定时期所要完成的任务，人力、物力、财力等各项资源的保证就必不可少。资源的分配一般都是通过计划安排达到合理有效配置的，这是计划工作任务的核心部分。通过计划安排，使各项资源与计划工作任务之间比例适当，实现合理匹配。通过制订计划过程中的统筹兼顾，全面安排，保证重点，最终实现综合平衡。

3. 通过计划协调组织（生产经营）活动

（1）通过计划对各项生产经营活动在时间和空间上进行统一安排与协调。

（2）通过制订计划，对生产经营任务与生产要素之间的关系进行协调，主要包括：生产任务与生产能力、生产技术准备工作、物资、劳动力、资金等要素之间的协调。

（3）对派生计划进行平衡。派生计划是基于主要计划的分支计划。对派生计划的平衡有利于保证主要计划的实现。

4. 提高经济效益

计划的作用就在于使得企业以尽可能少的投入，取得最大的经济效益。这一点既是计划管理的重要任务，也是计划管理的目的。

为了进一步理解计划工作的内容，我们引用哈罗德·孔茨的理论，他将计划工作的任务和内容概括为六个方面，即"5W1H"。

What to do?　——做什么？通过计划的项目内容，规定了计划期内做什么。说明任务和要求。

Why to do?　——为什么做？说明制订计划的理由、意义、重要性。

Who to do?　——谁去做？确定制订计划和执行计划的部门与人员。说明计划中的人员安排、部门安排、奖罚措施。

Where to do?　——何地做？说明计划实施的地点、空间组织和布局。

When to do?　——何时做？规定计划中各项工作的起始时间和中间过程的进度，以便有效控制。

How to do?　——如何做？制订实现计划的措施及其相应的政策与规则、途径、主要战术。

三、计划的作用

计划是对未来的思考，它为组织的发展提供了方向。哈罗德·孔茨这样描述计划："计划工作是一座桥梁，它把我们所处的此岸和我们要去的彼岸连接起来，以克服这一天堑。"这里的"此岸"就是我们立足的现实，"彼岸"就是我们要实现的目标，而未来的不确定性和环境的变化使行动犹如大海航行，计划工作就好比把现实和目标连接起来的桥梁。计划工作的重要性主要体现在以下四个方面。

1. 为组织及其成员的活动指明方向

通过计划可以使组织及其成员清楚地了解目标，以及为达到目标必须做什么。当组织成员明确了工作任务及方向之后，就意味着有了清晰的行动路线，就可以主动掌握和控制自己的活动，协调与他人及集体的活动等，顺利实现目标。而缺乏计划则会走很多弯路，可能会使实现目标的过程失去效率。

2. 减少未来工作的不确定性

计划是面向未来的，而未来无论是组织生存的环境还是组织自身都具有一定的不确定性和变化性。计划工作的重要性就在于可以让组织通过周密细致的预测，尽可能地变"意料之外的变化"为"意料之内的变化"，制订相应的补救措施，并在需要的时候对计划做出必要的修正，变被动为主动，变不利为有利，减少变化所带来的冲击，弥补不确定性和变化带来的问题。

3. 避免重复和浪费

由于计划工作预先对组织未来的活动进行认真的研究，强调了经营的效率和一贯性，因而根据计划组织生产经营活动，能够做到更加周密、细致，消除不必要的重复活动所带来的浪费，提高组织活动的效率和效益。计划工作还有助于用最短的时间完成工作，减少迟滞和等待时间，减少误工损失，促使各项工作能够均衡稳定发展。

4. 设立控制标准

组织活动离不开控制，而未经计划的活动是无法控制的，因此计划是控制的基础。控制活动就是通过纠正脱离计划的偏差来使活动保持既定的方向，控制中几乎所有的标准都来自计划。如果没有既定的目标和规划作为衡量的尺度，管理人员就无法检查组织目标的实现情况，也就无法实施控制。

第二节　计划类型与计划层次体系

一、计划的类型

计划可以按照不同的分类标志进行划分，目的在于针对不同类型的活动制订相应的计划；根据不同类型的计划来指导具体的工作，使计划更具可行性并能够实现计划。

1. 按计划涉及的范围划分

按计划涉及的范围划分可分为总体计划和局部计划。

总体计划是指在计划期内从整体上统一考虑企业生产经营资源的合理使用，以期获得最佳效益的活动计划。它是组织层次的计划，对组织运行具有指导意义的计划。时间跨度一般在一年或一年以上。对企业来说，总体计划实际上是企业主体活动的前期活动。例如，制造业企业的总体计划就是生产制造活动的前期工作，主要包括计划期的总产量计划与进度计划，计划并不是十分确定和详细的，重点关注的是产品的总量需求，而不是品种需求；以抽象的产品概念或某类产品作为计划的单位，如电视机厂以电视机台数来计量，而不考虑产品的型号规格，因为此时既不可能获得详细的市场信息，也不是十分必要。在制造业中，总体计划以后则需要制订确定性高和较详尽的生产计划，即编制主生产计划、对主生产计划作粗生产能力平衡计划和作业计划等。

局部计划是指某一部门或某一环节关于达到一定目标的行动方案。例如，部门计划、具体的某项工作或某一环节的计划，如车间的生产计划、采购计划，企业的销售计划、招聘计划等都属于局部计划。局部计划一般由部门主管或科室负责人制订。

2. 按时间期限划分

按时间期限可以将计划分为长期计划与短期计划。

一般把一年或一年以下的计划称为短期计划；一年以上五年以下的计划称为中期计划；五年以上的计划称为长期计划。长期计划描述组织在较长时期内的发展方向和方针，规定组织的各个部门在较长时期内从事某种活动应达到的目标和要求，绘制组织长期发展的蓝图。短期计划具体地规定了组织的各个部门在目前到未来较短的时间段内，应该从事何种活动及活动应达到何种要求，从而为组织各成员在近期内的行动提供了依据。

3. 按计划的广度划分

按计划的广度划分可以分为战略性计划和战术性计划。

战略性计划是关于企业活动总体目标和战略方案的计划，是组织规划的方向性的、长期的目标和安排。战略性计划包括对未来目标的确定，为达到这些目标所采取的策略，对机会、风险与威胁的估计等。企业经营活动是在战略性计划指导下进行的。战略性计划从眼前看可能无足轻重，但从长远出发或在关键时刻，往往能够显示出巨大的作用。如果一个组织只注意行动计划，忽略战略性计划，就不能说是全面运用了计划系统。

战术性计划是指为了实现战略性计划而针对某些非重复性问题所制订的计划，或者分阶段的对策计划。战术性计划主要用来规定企业经营目标如何实现的具体实施方案和细节。战略性计划的一个重要任务是设立目标，而战术性计划则假定目标存在，只是提供实现目标的方法。

4. 按计划的明确程度划分

按计划的明确程度可以将计划分为具体性计划和指导性计划。

一般将具有明确的可衡量的目标及一套可操作的行动方案构成的计划统称为具体性计划。具体性计划一般包括作业计划（如生产作业计划、采购作业计划）、短期计划（如年度生产计划、年度营销计划、年度研发计划、年度考核计划等）、战术计划等。

指导性计划只规定一般的方针或指出重点，不把管理者限定在具体的目标上或特定的行动方案上。指导性计划带有方向性和框架性的含义，这种计划只是为组织活动指明方向和目标，却并不提供具体的操作指南。

例如，某企业经济不景气，为全面压缩企业成本决定挖掘内部潜力。高层管理提出今后三年内，产品成本以每年 4% 的速度降低，并要求各个生产部门制订出降低成本的具体计划。这里由企业高层管理提出的就属于指导性计划，而要求各生产部门制订的降低成本的计划就是具体性计划。各部门制订的具体计划还要包括降低成本的预期目标、具体措施（人工成本、原材料、燃料及动力、生产工艺改进等）预算方案、实施程序、时间进程等具体计划项目。

5. 按组织活动重复性划分

按组织活动的重复性可将计划分为程序化计划和非程序化计划。

针对重复出现并具有一定规律性的活动制订的计划为程序化计划，也叫常规计划或例行计划。例如，生产企业的产量计划、产值计划、品种计划、质量计划、订货计划、库存计划等一系列计划，都属于程序化计划。

组织中还有一些非重复出现的活动，基本无规律可循，需要从头开始制订新的计划，这类计划称为非程序化计划，如开发新产品、扩大生产规模、调整品种结构等。处理这类问题没有固定的程序和方法，有些问题的性质和结构捉摸不定或极为复杂，或者这类问题十分重要，因而需要采用一些特定方法加以处理。

二、计划的表现形式

通常人们对计划的认识仅仅局限于数字化的计划或者图表、进度表等形式的计划。其实计划不仅仅局限于上述形式，还可以有多种表现形式，哈罗德·孔茨按照计划从抽象到具体的表现形式，把计划分为一种多层次的体系（图 5-1），计划的表现形式概括起来主要有以下八种。

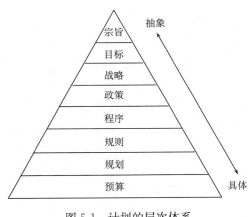

图 5-1　计划的层次体系

1. 宗旨

宗旨是一个组织的目的或任务。对于组织来说，宗旨是宏观的，是一个组织在其生存与发展过程中力求达到的最高境界。在社会系统当中，所有合法组织都有该组织明确的目的或任务，即该组织是从事什么活动的，应该怎样做才能更加符合社会需要。政府机构、学校、医院、企业、国家机器及社会福利机构和宗教组织等，都有各自特定的目的或任务。组织正是围绕目的和任务来安排筹划未来活动的。比如，大学的宗旨是为社会培养有用人才，医院的宗旨是救死扶伤，等等。

2. 目标

组织的目标是在宗旨的指导下提出并确立的。目标是组织活动期望达到的结果，也是组织、领导、控制等各项管理活动期望达到的结果。因此，目标实质上是计划的预期终点，它既是计划工作的一部分，又是衡量计划执行的标准。组织的宗旨往往比较抽象化，而目标则是具体的、可操作的。

比如，一所农业职业技术学院要确定学生培养目标，就会在"为社会培养有用人才"宗旨的指导下，确定"为建设社会主义新农村培养实用型农业专业技术人才"的培养目标。

3. 战略

军事术语"战略"，是指指导战争全局的计划和责略。管理中借用"战略"一词，同样包含着指导组织活动全局的计划和策略。具体地说，战略就是要指明组织今后的主要目标、部署重点、行动方案及资源安排。多数战略，特别是企业战略，往往包含着竞争，企业就必须考虑竞争战略。竞争战略是参照竞争者的计划和策略而制订的一种对策性计划。

4. 政策

政策是指为实现一定时期的某项（或特定）计划或从事某些活动而制定的行动准则，是在决策或处理问题时用来统一思想、指导行动的明文规定。作为明文规定的政策，通常列入计划之中，是计划方案的一个组成部分；一项重大的政策，则往往单独发布，如一些相关的薪酬政策一般包含在薪酬计划当中。而对于引进高级人才的特殊薪酬政策，则往往采用单独文件、单独发布信息的方式来运作。

政策一般涉及整个组织全局性的问题，具有导向作用，一般由高层领导或集体制订。政策限定出一个拟定决策和处理某些事务的方针和范围，以保证决策与目标一致，并对目标有所贡献。例如政策可以根据组织需要，指明一段时间内鼓励什么和扶持什么、限制什么和抑制什么、保证什么，这些政策都是与组织的目标一致的。在相关政策指导下，可以保证各部门、机构和相关的人员在决策、计划、执行运作过程中的协调性与一致性，提高计划的效率。

5. 程序

程序是计划工作的一个重要组成部分，它详细地说明完成某项活动的时间顺序和准确方式，主要规定处理未来活动的例行方法。许多程序是对大量常规性工作的过程及方法的提炼和规范化，因此程序也可以说是一种经过优化的计划。程序与具体的计划相比，它的内容与要求具有相对固定的特点。一般来说，越是基层，规定的程序就越细，数量也越多。

制定程序可以减轻主管人员决策的负担，明确各个工作岗位的职责，提高管理活动的效率和质量。

6. 规则

规则也是一种计划，是针对具体场合和具体情况，允许或不允许采取某种特定行动的规定。规则与政策和程序不同。它与政策的区别在于规则在应用中不具有自由处置权，与程序的区别在于规则不规定时间顺序，有时可以把程序看作一系列规则的总和。就实质而言，规则和程序旨在抑制思考。所以，有些组织只是在不希望它的员工运用自由处置权的情况下才加以采用。但无论是规则还是程序，都不是一成不变的，一项好的程序和规则都是人们在实践中反复博弈、不断修改的结果。

7. 规划

规划是为了实施既定方针所必需的目标、政策、程序、任务分配、执行步骤、使用的资源等而制订的综合性计划。规划的时间一般相对较长，需要一些甚至很多计划支持，此外还需要预算支持。规划有大小之分，大的规划往往派生出许多小的规划，而每个小的派生规划都会给总规划带来影响，它们互相依赖，相互影响。因此，在规划的编制过程中需要最严谨地应用系统思想和系统方法。

通常，一个完整的战略规划流程包括以下几个步骤：①确定公司的使命、远景和价值观；②进行外部环境的分析；③进行现有业务审计；④SWOT 分析；⑤战略业务设计；⑥财务模拟。

8. 预算

预算作为一种计划，是以数字表示预期结果的一种报告书，也被称为"数字化"的计划。预算可以帮助企业的上层和各级管理部门的主管人员，从资金和现金的角度，全面、细致地了解企业经营管理活动的规模、重点和预期结果。一个企业的财务预算包括利税计划、流动资金计划、财务收支明细计划表和成本计划等。预算也是一种控制方法。预算工作的主要优点是促使人们去详细制订计划，平衡各种计划。

总之，计划体系的八个层级之间是紧密联系的，一项完整周密计划的制订通常都包含着这些层次。

第三节　计划的原则与计划过程

一、计划工作的原则

计划工作是一项全面的、复杂的、细致的管理工作，同时计划过程面临组织内部条件与外部环境的变化，以及执行中的一些不稳定因素的影响，因此计划工作必须依据一定的指导原则，才能使计划切实可靠，使计划管理工作充分发挥其预谋筹划、指导经营、统筹兼顾、全面安排的作用。

为了保证计划工作的科学性和合理性，计划管理工作必须遵循下列原则。

1. 协调原则

计划工作涉及组织各方面的计划与活动安排，组织不同部门的不同计划必须相互协调，否则会产生混乱。如果各种计划之间缺乏联系、协调与支持，组织的各个部门及成员就可能仅仅从自身利益出发，不能兼顾整个组织的活动与利益，使组织的总体计划受到影响。因此协调原则重点强调各项计划之间的比例关系及其协调性，必须做到统筹兼顾与全面安排。该原则要求做到以下几点。

（1）编制计划与计划管理都必须综合考虑整体与局部、局部与局部、主要与次要、需要与可能、可能与实际等各方面的要求。

（2）通过编制计划，科学地确定各类活动计划之间的比例。

（3）确保计划与资源保证相衔接，保证计划的科学合理性与可行性。

2. 相对稳定原则

计划工作是指导性工作，它具有目的性、统一性的特征，并且编制的计划将成为一定时期组织活动的依据，因此计划必须具有稳定性，即计划一旦形成，在计划期内不宜轻易变动，更不能随意调整或修改，除非因某些重大变故使计划不能付诸实施。由于计划是对组织的未来活动做出的规划和安排，会不同程度地受到各方面因素的影响，不可能一成不变，因此计划工作应遵循相对稳定原则。

3. 弹性原则

弹性原则指当出现意外情况时，企业有能力改变方向而不必付出太大的代价。计划中体现的灵活性与未来意外事件引起的损失一般呈反方向变动。

弹性原则要求制订计划时要有一定的弹性，留有余地（但不是留有缺口），遇到意外时能够确保组织可以修正方向，继续运行。此外，计划实施时会受到各种因素的影响，需要动态地调整和修正计划，以保证组织各项工作的顺利进行。通过计划的灵活性以保证计划的安全性，要求制订计划时考虑以下几种情况：①资源无保证的不纳入计划；②外部条件不具备或很勉强的不纳入计划；③有一定市场机会，但风险较大的不纳入计划。

二、影响计划有效性的权变因素

组织制订计划时，需要研究和考虑影响计划的主要变数有哪些，这样才能使计划更接近实际和更具指导意义。

1. 管理层次

在组织中，处于不同管理层次上的管理者需要制订相应的计划，高层应该更为关注战略方面的计划，基层则关注短期的、具体的、操作性的计划，这样才会使计划更为有效。在多数情况下，较低层次的管理人员主要从事战术性计划工作。当管理人员的组织层次提高时，他们的计划工作角色也更具战略导向。在组织中高级经理人员的计划工作基本上都是战略性的。在小企业中，由于一般情况下都是业主兼作管理者，因而这两方面的计划都需要兼顾。

2. 组织的生命周期

组织往往都要经历一个生命周期，一般包括四个阶段，即形成阶段、成长阶段、成熟阶段和衰退阶段。在组织生命周期的不同阶段上，由于组织的目标、获取资源的难易程度、市场的变化程度等情况是不同的，因而计划的类型也会有所不同，主要表现在计划的时间长度和明确性上，应当做相应的调整。图 5-2 给出了组织的生命周期与计划的关系。

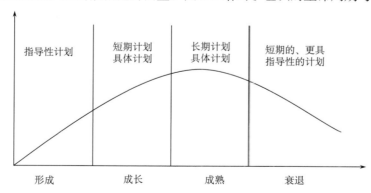

图 5-2　组织的生命周期与计划的关系

（1）组织在形成阶段的计划。在组织的形成阶段，组织目标往往是尝试性的，资源的获取具有很大的不确定性，如对于资金、人力资源、原材料、技术等资源的获取都可能不稳定和带有较大的不确定性，因此计划就不适宜制订得很具体，而指导性计划则可能使管理者随时按需要进行目标调整和改变活动范围。

（2）组织在成长阶段的计划。到了成长阶段，目标趋于确定，获取各种资源的来源与渠道相对稳定，有了相对稳定的顾客和一定的市场，这一阶段可以考虑短期计划并使计划转向具体计划。

（3）组织在成熟阶段的计划。当组织进入成熟期，资源与市场的可预见性最大，这时就需要考虑制订一些有利于企业发展的长期计划，同时面对稳定的资源与市场，需要用短期计划和具体计划指导组织开展生产经营。

（4）组织在衰退阶段的计划。当组织从成熟期进入衰退期，目标需要重新考虑，资源要重新分配。这时只能考虑眼前的情况，计划也只能是短期的、更具指导性的计划。

3. 环境的不确定程度

环境的不确定要求组织计划也应具有权变性。环境要求组织必须考虑采用哪类计划更有效。一般情况下，环境的不确定性大，说明环境复杂且变化快，适合采用指导性计划和短期计划，不需要精确的计划，管理也应具有灵活性。反之，环境简单且相对稳定，就可以考虑长期计划与短期计划相结合，并制订具体计划。研究发现，某公司一年期的收益计划其精确程度能高达99%，而五年期的收益计划其精确性只能达到84%。由此可见，环境的不确定程度直接关系到计划的时间周期和制订何种计划，组织对此应予以足够的重视。

三、计划的编制过程

制订计划是计划管理工作的一个重要组成部分。计划是一种规定组织在一定时期总体的或某一方面工作所要达到的目标和水平的具体表现形式。计划的编制是一项复杂细致的工作，它涉及一系列步骤。完整的计划过程包括从确定计划项目及内容、环境分析、预测、决策、编制计划到计划检查与评价的各个环节。

1. 确定计划项目及内容

编制计划首先要根据组织一定时期的目标及任务，确定计划期内需要编制哪些计划，计划内容是什么。计划部门要为组织及其所属的下级单位确定计划工作的目标，包括总体目标的设定、目标的分解、目标结构和重点的分析、具体目标值的确定等。计划中绝大多数是常规计划，只有少数是根据特定目标和任务的要求制订的计划。常规计划一般都是短期计划，并且是重复性的计划，因此计划项目和内容基本按照常规要求确定。比如常规生产任务之下的原材料库存计划、原材料采购计划等，都在常规计划之列。根据特定目标和任务的要求编制的计划需要重新确定其计划项目和内容。比如一种新产品的销售计划、改扩建车间厂房的基建计划，就属于非常规计划，需要重新确定基建计划项目和具体内容。

计划的项目和内容确定之后，以后各个步骤的工作都是围绕着它开展的。

2. 条件与环境分析及计划前提预测

在明确了计划的项目和内容之后，为编制计划所做的准备首先就是分析组织内部条件与外部环境对制订计划的影响，进行计划前提条件预测。

组织内部的人力、物力、财力、管理等条件，以及资源保证及配置状况是保证计划实施的基本条件。组织的外部环境是影响组织各方面计划的变量，外部环境可能会为企业提供机会，也可能产生不利影响，或对企业构成威胁，因此计划前提预测必须在内部条件与环境分析的基础上进行，为正确决策提供必要条件，为制订切合实际的计划打好基础。例如，建筑公司制订某项目的工程施工计划之前，必须充分考虑一些对工程施工影响较大的内外因素，如资金、人力资源、材料价格、供应商的稳定性、气候等关键因素，对这些关键因素进行前提条件预测，可以保证计划项目的顺利实施与完成。

一般来说，计划前提预测越精确，计划工作成功的可能性就越大。因而计划前提预测的精确度比一般预测的精确度要求高，所以必须选用多种方法，定性分析与定量分析相结合，宏观预测与微观预测相结合，以取得精确的预测结果。

3. 拟订可行方案和选择方案决策

拟订可行方案和选择方案决策这一步骤的工作就是围绕目标与任务的要求，在前提条件预测的基础上拟订备选方案。如果只有一种方案，就无所谓抉择了。可是完成某项任务往往会有多种方案，只有挖掘各种可行的方案才有可能从中选择出最佳方案。要挖掘各种可行方案，必须具有民主气氛、群策群力、思路开阔、大胆创新。

当备选方案形成之后，评价和选择方案的决策就非常重要。评价决策要按照组织目标、任务、前提预测结果等来权衡各种因素，比较各个方案的利弊和进行评价。在评价方法方面，可以采用运筹学中较为成熟的矩阵评价法、层次分析法，以及在条件许可的情况下采用多目标评价方法。

在对备选方案抉择之后，就形成了计划的雏形，计划是在决策的基础上具体编制的。

4. 计划的编制

计划的编制是计划过程的关键环节，它是在一系列计划准备工作的基础上，最后形成的具体的计划形式。在总体计划和主要计划确定以后，还需要拟订一系列的派生计划。派生计划是基于主要计划的分支计划，即按照主要计划中的小计划进行扩展或另外制订的相关配套计划，是对主体计划的支持和补充。

计划的编制包括规定明确的目标，制订达到目标的行动方案，设计合理的计划指标，编制不同目标所要求的资源配置计划与投入顺序等，最后通过数字反映整个计划，一般采用预算形式。预算就是确定达到计划目标所需要的物资和资金的定量化分配方案。预算工作所要解决的问题包括落实和执行计划需要的资金和原材料、计划完成后的盈利水平、执行计划过程中如何分配资金和原材料等。

5. 计划评审

计划评审就是对已经编制的计划进行审查和评价。健全可行的计划应该符合以下要求。

（1）客观实际，目标明确。计划是指导各项工作的依据，必须客观实际，不应突出个人意志或掺杂个人因素。同时，计划中的目标、指标及规定的具体任务应该明确，要做到便于实施、控制与考核。

（2）简单明了，内容清晰。计划要便于实施计划的人理解，才能正常地履行计划，完成任务。

（3）完整统一，相对稳定。计划的完整统一是指企业的计划应形成一个完整的计划体系，包括总体计划和各层次各部门的具体计划；计划体系中的目标要统一，计划指标口径要统一。计划一旦确定，在一定时期内保持相对稳定，不宜频繁变更或增删。

本 章 小 结

计划是管理的首要职能。广义的计划工作是指制订计划、执行计划和检查计划三个紧密联系的过程。组织的基本任务就是依据目标与战略，制订总体计划和局部计划；通过计划工作合理有效地配置组织的资源；通过计划协调组织（生产经营）活动，进而实现组织目标。由宗旨、目标、战略、政策、程序、规则、规划和预算构成完整的计划的层次体系。

计划过程是一个动态管理过程，在计划原则的指导下，充分考虑影响计划的权变因素，经过确定目标、前提预测、拟订可行方案、选择和制订计划、计划评审五个步骤来完成。

案例　杨厂长对计划管理认识的偏差

从外面调任杨厂长担任 F 模具厂的厂长已经一年多时间了。杨厂长刚刚看了工厂有关今年实现计划目标情况的统计资料，厂里各方面工作的进展是出乎意料的差，他为此十分生气。他任厂长后面临的问题比较多，企业近三年一直处于亏损状态，究其原因主要是生产成本居高不下，原材料浪费严重，库存材料积压严重；经常发生产品订单交货延迟，进而导致职工超时工作，加班加点的情况，工人超时加班费用支出较大；废料的运输外包给唯一一家运输公司，费用连年超计划。

杨厂长上任后第一件事就是抓降低产品成本，并亲自制订了一系列工作的计划目标布置下去。要求在一年之内 A 产品和 B 产品的生产成本降低 10%，生产车间的原材料消耗成本降低 5%～7%，库存材料降低 10%～15%，加速库存材料的资金周转；用于支付工人超时的费用从原来的年 78 万元减少到 20 万元，废料运输费用降低 3%。他下达了各部门的计划目标，要求各部门主管负责监督实施并且年度达标。然而，他刚看过的年终统计资料却大出他的意料。原材料的浪费比去年更严重，原材料的浪费率竟占总额的 14%，职工超时费用当年也只降到 60 万元，远未达到原定的目标；库存材料还是老样子，运输费用基本维持原有水平。

杨厂长立即召集主管生产的副厂长以及生产、采购、材料储备、人力资源等相关部门的经理或主管开会，首先就是批评各部门计划执行不力，没有达标。而各部门主管都认为自己及本部门为实现杨厂长下达的计划目标已经很努力了，但是效果却不理想，难以达到计划目标要求的水平。听各部门谈完困难，杨厂长接着考虑的还是如何制订下一年度围绕降低成本提高利润的各项计划指标。杨厂长这次还是亲自参与制订计划目标，而且比上一次制订的计划更加具体细致，决心以新的计划指标控制明年的生产成本，提高利润水平，并有信心用三年的时间扭亏为盈。

【思考题】

1. 结合计划管理理论，分析杨厂长对计划管理认识的误区在哪里。
2. 你认为怎样才能制订出切实可行的降低成本提升利润水平的一套计划。

复习思考题

1. 简述计划工作的含义与计划工作的任务。
2. 计划工作的作用体现在哪些方面？
3. 计划的层次体系包括哪些内容？
4. 影响计划有效性的权变因素有哪些？
5. 一个完整的计划方案的制订应包括哪些步骤？

第六章

计划管理的方法与技术

本章学习目标

1. 了解线性规划法的数学模型和图解法。
2. 掌握滚动计划法的基本思想和编制方法。
3. 掌握网络计划技术的工作步骤和网络图的绘制。
4. 理解目标管理的含义与特点，了解目标管理的实施过程。

由于组织面临的外部环境复杂多变，组织规模不断扩大和结构更加复杂，现代计划管理方法与技术的出现有助于组织高效率地制订、调整和实施计划，提高计划工作的效率以保证计划目标的实现。在实践中，计划管理的有效方法主要有线性规划法、滚动计划法、网络计划技术和目标管理等。下面分别介绍这几种常用方法。

■ 第一节 计划管理的方法

一、线性规划法

（一）线性规划的产生与作用

在组织社会化生产和经营活动中经常会遇到最优决策的问题，即如何合理地利用有限的人力、物力、财力等资源，以便取得最好的经济效果。线性规划（linear programming，LP）作为运筹学的一个重要分支，是解决这类问题的重要方法之一。

线性规划问题最早是在 1939 年由苏联学者康托洛维奇（Kantorovich）提出的，自丹捷格（Dantzig）于 1947 年提出求解的最有效的单纯形法以来，线性规划在理论上日趋成熟。近年来，计算机和应用软件的开发为线性规划的实际应用提供了强有力的工具和手段。

线性规划所探讨的问题是，在现有资源既定的条件下，如何对资源进行合理分配，制订最优的实施方案，以取得最好的经济效果。简言之，线性规划解决的是在资源有限的情况下的目标实现问题。这类问题主要表现为两类：①在人力、物力、资金等资源一定的条件下，如何使用它们来完成最多的任务；②给定一项任务，如何合理安排和规划，能以最少的人力、物力、资金等资源来完成。

线性规划在工业、农业、军事、交通运输等领域，在解决运输、生产的组织与计划、生产中的合理配料与下料、时间和人员安排等问题方面，发挥着重要作用，已成为现代科学管理的重要手段之一。

（二）线性规划的数学模型

尽管线性规划问题多种多样，但它们却有相同的数学模型。线性规划的应用关键在于将实际问题转化为数学问题，即"构建数学模型"。

一般地，线性规划问题是求目标函数和约束条件均为线性的最大值或最小值问题。线性规划问题由决策变量、约束条件及目标函数的非负约束三个要素组成。决策变量是问题中所求的未知量；约束条件是决策所面临的限制条件；目标函数则是衡量决策效益的数量指标，如利润最大、产量最大或成本最小等。确定可用资源并根据各种产品的资源消耗定额和产量定额，确定约束条件；把目标函数、约束条件用方程式表示出来，就构成了线性规划的数学模型。

根据管理活动中各种实际问题，如计划、生产、运输、技术等问题的具体要求，可以建立线性规划问题的数学模型并求得最佳结果。根据实际问题建立数学模型一般有以下三个步骤。

（1）根据影响所要达到目标的因素找到决策变量。

（2）由决策变量和所达到目标之间的函数关系确定目标函数。

（3）由决策变量所受的限制条件确定决策变量所要满足的约束条件。

下面通过实例来介绍线性规划的数学模型及其应用。

例 6-1 生产计划问题（资源合理利用问题）。

某企业在某一计划期内准备生产甲、乙两种产品，已知生产单位产品所需的设备台时，A、B 两种原材料的消耗及每件产品的可获利润见表 6-1。试建立该问题的数学模型，求解使计划期内的生产获利最大的生产计划安排。

表 6-1 甲、乙产品的资源消耗与利润表

资源/单耗	单位产品资源消耗量		资源拥有量
	甲	乙	
设备	1	2	8 台时
原材料 A	4	0	16 千克
原材料 B	0	4	12 千克
单位产品利润/元	2	3	—

解： 该问题要解决的是在有限资源的条件下，求使利润最大的生产计划方案。

首先，设决策变量 x_1 和 x_2 分别表示在计划期内甲、乙产品的产量。该工厂的目标是在不超过所有资源限量的条件下，确定甲、乙两种产品的产量，以获得最大的利润。目标函数 Z 表示相应的生产计划可以获得的总利润。

这是一个典型的利润最大化的生产计划问题。该问题的目标函数可表示为

$$\max Z = 2x_1 + 3x_2 \tag{6-1}$$

该模型的约束条件为三种资源对生产的限制，即在确定甲、乙两种产品产量时，要考虑对三种资源的消耗不超过其拥有量。由于资源的限制，设备的拥有量是 8 个单位，生产一件甲、乙产品需要的设备分别为 1 个和 2 个单位，那么生产 x_1 件甲产品、x_2 件乙产品消耗设备的总数为 $x_1 + 2x_2$，因此设备的约束可用不等式表示：

$$x_1 + 2x_2 \leqslant 8 \tag{6-2}$$

同理，原材料 A 和原材料 B 的约束可用两个不等式表示，即

$$4x_1 \leqslant 16 \tag{6-3}$$

$$4x_2 \leqslant 12 \tag{6-4}$$

以上三个不等式称为资源约束条件。

另外，甲、乙产品的产量不能是负数，故有

$$x_1,\ x_2 \geqslant 0 \tag{6-5}$$

这称为变量的非负约束。显然，在满足上述约束条件下的变量取值，均能构成可行方案，且有许多。

综上所述，该问题的数学模型可表示为

$$\max Z = 2x_1 + 3x_2$$

$$\text{s. t.} \begin{cases} x_1 + 2x_2 \leqslant 8 \\ 4x_1 \leqslant 16 \\ 4x_2 \leqslant 12 \\ x_1,\ x_2 \geqslant 0 \end{cases} \tag{6-6}$$

以上实例所提出的问题可归结为在变量满足线性约束的条件下，求使线性目标函数值的最大或最小线性规划问题。可以看出，线性规划问题的模型满足以下条件：①每个问题都可用一组决策变量（x_1，x_2，…，x_n）表示某一方案，这组决策变量均为非负变量；②存在一定数量（m）的约束条件，这些约束条件可以用关于决策变量的一组线性等式或线性不等式表示；③每个问题都有一个用决策变量表示的线性函数作为决策目标，即目标函数。按问题的不同，要求目标函数实现最大化或最小化。

（三）线性规划的图解法

前面通过把实际问题构造成线性规划数学模型的例子，初步解决了模型构造问题。下面解决如何求解模型的最优解问题。

求解线性规划问题的基本方法是单纯形法，现在已有单纯形法的标准软件，可在电子计算机上求解决策变量和约束条件数量庞大的线性规划问题。对于只有两个变量的简单线性规划问题，也可采用图解法求解。图解法通过绘图来达到求解线性规划问题这一目的。

图解法求解步骤如下。

（1）将约束条件（取等号）用直线绘出。

（2）确定可行域。

（3）绘出目标函数的图形（等值线），确定它朝最优解的方向移动（求极大值沿价值系数向量的正向移动；求极小值沿价值系数向量的反向移动）。

（4）确定最优解及目标函数值。

决策变量的一组取值便构成了线性规划问题的一个解；满足约束条件（包括资源约束和非负约束）的解称为可行解；所有可行解构成的集合称为可行域；使目标函数达到所追求极值的可行解称为最优解；最优解所对应的目标函数值称为最优值。

下面用图解法求解例 6-1 中的生产计划问题。

解：第一步，构造平面直角坐标系（由于决策变量非负，所以只取第一象限）。

第二步，为了在图上表示可行域，按自然顺序将各个约束条件绘制出来（不等式约束先绘制其对应的等式直线，然后再判断其不等号方向并用箭头方向代表所选定的半平面）。约束条件 $x_1+2x_2\leqslant8$ 要求问题的可行解位于直线 $x_1+2x_2=8$ 的左下方。直线 $x_1+2x_2=8$ 可先通过两个方便点绘制出来，如（8，0）和（0，4）。直线上的箭头表明了满足条件的区域。同理，约束条件 $4x_1\leqslant15$ 和 $4x_2\leqslant12$ 也可以用直线表示出来。可行域为图 6-1 中的阴影部分。显然，在这个区域内的每一个点（有无数多个）都是一个可行解。求解的目标是确定使目标函数 $Z=2x_1+3x_2$ 达到最大值的最优解。

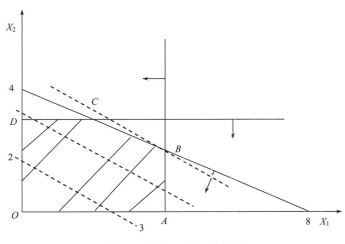

图 6-1 例 6-1 图解示意图

第三步，选取一个方便的 Z 值，使得此 Z 值所对应的目标函数的直线通过可行域的某一点或一些点。目标函数 $Z=2x_1+3x_2$ 可以表示为斜截式 $x_2=-\dfrac{2}{3}x_1+\dfrac{Z}{3}$。不妨令 $Z=0$，于是有 $x_2=-\dfrac{2}{3}x_1$，它是一条通过坐标原点的直线。

第四步，为寻求最优解，向使 Z 值得到优化的方向平行移动目标函数直线，当目标函数直线平移到极限状态时，其与可行域的交点即为最优解点。向右上方平行移动目标函数直线 $x_2=-\dfrac{2}{3}x_1+\dfrac{Z}{3}$，得到一簇使 Z 值（截距）不断增加的平行线，如图 6-1

虚线所示。目标函数直线向右上方移动使目标函数值增加，而这样的移动是受到一定限制的，那就是必须保持直线与可行域至少有一个公共点。显然可行域的顶点 B 就是目标函数直线脱离可行域前经过的最后一点，即 $B=（4，2）$ 就是最优解点，其最优值 $Z=2×4+3×2=14$。这说明该企业在计划期内的最优生产计划方案是：生产甲产品 4 个单位，乙产品 2 个单位，可获得最大利润 14 个单位。

图解法所揭示的一个重要结论是：对一般线性规划模型而言，求解结果可能出现唯一最优解、无穷多最优解、无界解和无可行解四种情况。

（1）唯一最优解（例 6-1 的最优解是唯一解）。

（2）无穷多最优解（多重解）。某些线性规划问题，可能存在一个以上的可行解使目标函数达到最优，在这种情况下，所有这些可行解都是最优解，线性规划具有无穷多最优解。

（3）无界解。有些线性规划模型有可行解，但可能没有最优解；也就是说，能不断地找到更好的可行解使目标函数值增大，此时线性规划问题有无界解。

（4）无可行解。有些线性规划模型可能根本没有可行解；没有可行解即可行域为空集，当然也就不存在最优解。

当实际问题的数学模型求解结果出现（3）、（4）两种情况时，一般说明线性规划问题数学模型的构建出现了错误。前者缺乏必要的约束条件，后者则是存在相互矛盾的约束条件。

二、滚动计划法

传统的计划编制方法在计划编制出来以后，一般保持不变，只有当执行过程中发现问题才做适当调整，是一种事后控制的静态管理方法。滚动计划实际上是应环境快速变化的需要而产生的一种权变计划方法。

滚动计划法是根据计划执行的情况和环境变化定期修订未来的计划，并逐期向前推移，使短期、中期、长期计划有机结合起来的一种权变的计划方法。

（一）滚动计划的编制方法

滚动计划的具体编制方法一般有以下三个步骤。

1. 确定计划的时间段

滚动计划采用长短结合的方式编制计划，所以要求确定计划的时间段，即将计划分成若干执行期和滚动期。执行期一般分成 3～5 个执行期，以年度或季度为单位。滚动期即在已编制出的计划的基础上，每经过一段固定时期对计划进行调整修订的时间单位，可以一年或一个季度为单位进行调整，它与计划期时间单位可以一致也可以不一致。

2. 按"近细远粗"的原则编制短期具体计划、中期计划和长期计划

在计划制订时，同时制订未来若干期的计划。制订近期计划要具体详尽，中期计划次之，远期计划的内容可以比较粗略，因为企业在定期逐步向远期计划逼近时就会不断向前滚动调整，使计划符合企业要求和环境变化的要求。必须考虑长期、中期和短期计划相互衔接，短期计划内部各阶段互相衔接，减少计划的波动，符合企业总体发展目标

的要求，保证计划的科学性、连续性和均衡性。

3. 滚动修订计划

每个报告期计划即将完成之前（年度计划一般在第四季度），需要对后面若干执行期的计划进行滚动修订，并将整个计划向前滚动一个时间单位。每次调整和修订时，保持原计划期限不变，而将计划期限顺次向前推进一个时期，使计划不断滚动、逐期向前推移。例如，年度计划每季度编制一次，每次向前滚动一次；五年计划每年编制一次，每年向前滚动一次。

滚动修订计划需要考虑的影响因素主要有：①报告期计划实际执行情况与报告期计划的差异；②企业内外环境条件有无变化及变化程度。例如，组织战略目标、技术、市场需求变化、国家政策法律调整等方面是否有重大变化。

结合上述步骤举例说明滚动计划的编制过程。

例如，某企业采用滚动计划法制订了 2011～2015 年的五年计划。到 2011 年年底，需要根据当年计划完成的实际情况和客观条件的变化，对原订的五年计划进行必要的调整，在此基础上修订编制 2012～2016 年的五年计划，以后以此类推。滚动计划法计划编制和修订过程如图 6-2 所示。

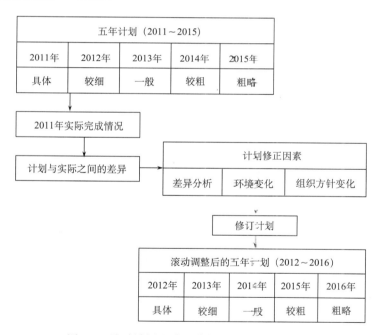

图 6-2　滚动计划法计划编制和修订过程示意图

需要指出的是，滚动计划法既可用于编制长期计划，也可用于编制年度、季度生产计划和月度生产作业计划。不同计划的滚动期不一样，一般长期计划按年滚动、年度计划按季滚动、月度计划按旬滚动等。滚动间隔期的选择，要适应企业的具体情况，如果滚动期偏短，则计划调整频繁，利于计划符合实际，但降低了计划的严肃性。因此，生产比较稳定的大批量生产企业宜采用较长的滚动期，生产不太稳定的单件小批生产企业则可考虑采用较短的滚动期。

（二）对滚动计划法的评价

滚动计划法作为一种权变计划方法具有以下优点。

1. 滚动计划法是战略计划实施的有效方法

针对战略计划而言，滚动计划法相对缩短了计划时期，加大了远期计划分段执行的准确性和可操作性；它将长期计划与中、短期计划紧密衔接，便于计划的调整并使计划保持平衡和均衡，同时可以避免环境不确定性带来的不良后果。

2. 滚动计划的动态性可以提高计划的质量

滚动计划法通过划分若干执行期，计划"近细远粗"，详略得当，有利于突出计划的重点和保证企业资源的有效利用，从而可以提高计划质量。滚动计划法较好地解决了计划的相对稳定性和实际情况的多变性这一矛盾，使计划更好地发挥其指导生产实际的作用。

3. 滚动计划有利于实现组织与环境的动态协调

滚动计划大大增强了计划的弹性，使计划更具灵活性，从而提高了组织的应变能力，实现了组织与环境的动态协调。此外，滚动计划具有可靠性、预见性和系统性，使企业能够做到"走一步，看两步，想三步"。

企业使用滚动计划法编制计划的工作量比较大，但由于计算机的广泛应用，这个不利因素已经变得微不足道。

第二节　网络计划技术

一、网络计划技术的产生与应用

网络计划技术，又称为统筹法，是指用于工程项目的计划与控制的一项管理技术。它以网络图的形式制订和表达计划，并对项目的工作进度和资源消耗进行安排和控制，以保证实现预定目标的一种科学的项目进度计划制订与控制方法。它于20世纪50年代末产生并发展起来，包括关键线路法（Critical Path Method，CPM）和计划评审技术（Program/Project Evaluation and Review Technique，PERT）。

美国杜邦公司和兰德公司于1957年提出CPM，将关键线路法应用于设备维修，使维修停工时间由125小时锐减为7小时。PERT则是1958年由美国海军武器局在"北极星"导弹潜艇计划的研究中首先提出，但它注重于对各项工作安排的评价和审查。鉴于这两种方法的差别，CPM主要应用于以往在类似工程中已取得一定经验的承包工程，PERT更多地应用于研究与开发项目。但是在实践中，二者常常被结合使用。

我国对网络计划技术的推广与应用较早，1965年华罗庚教授首先在我国推广和应用了这些新的计划管理方法，它们在第11届亚运会、三峡工程等项目中得到很好的应用。

网络计划技术能清楚而明确地表达各工作内容之间的逻辑关系，易于发现项目实施中经常出现的时间和资源冲突；网络图的编制可以随着项目进展的深入而不断细化；而且，已有相关的应用软件替代人工绘制的网络计划图。因此，网络计划技术已广泛应用于世界各国的工业、国防、建筑、运输和科研等领域。特别是在建筑施工项目管理、设备维修、新产品试制，以及服务运作计划中得到了切实应用。

二、网络图的构成与绘制

网络计划技术以网络图为主要工具，利用网络图表达计划任务的进度安排及各项作业之间的关系。

（一）网络图的构成要素

网络计划技术的基础是网络图。网络图是对完成计划项目应进行的各个工作及工作之间的内在逻辑关系的综合反映，它描绘出项目包含的各种活动的先后次序，标明每项活动的时间或相关的费用。

网络图是由活动、节点及由二者构成的线路组成的。

（1）作业（活动）是指一项有具体内容，消耗一定时间和资源的活动过程。作业用箭线表示，分为紧前作业、紧后作业和平行作业。

（2）节点（事件）表示一项作业开始、结束或其各项作业的连接点。用圆圈和圈内的数字表示。在一个网络图中，有初始节点、终节点和中间节点。

（3）线路是由网络初始节点开始，顺着箭线方向到网络终节点为止的各项作业和节点序贯组成的通路。线路上各项作业延续时间之和称为该线路的周期。网络图中最长的路线称为关键路线，关键路线的完成时间决定整个工程的完工时间，决定完成网络图上所有作业的最短工期。网络图的构成要素如图 6-3 所示。

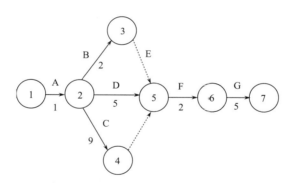

图 6-3　网络图的构成要素

（二）网络图的绘制规则

网络图的绘制是在已确定各作业关系的情况下进行的，即已知各作业的逻辑关系，然后按照网络图的绘制方法进行。网络图的形式多种多样，只要其作业关系正确，并且比较简明，即为正确。绘制网络图，作业若无紧前作业时，首先画该作业，紧后作业跟着画，正确使用虚作业及检查作业顺序关系，最后再对节点编号。网络图绘制的具体规则如下。

（1）相邻两节点之间只能有一条箭线，即任何一条箭线及相关节点只能代表一项作业；虚作业仅用于表明平行作业间的逻辑关系，虚作业越少越好。

（2）任何一个网络图只能有一个初始节点和一个终节点；节点按自左向右、自上向下的顺序编号，一个节点只有一个编号，开始节点号必须小于结束节点号，编号要有规律，各节点不允许重复使用一个编号。

（3）箭线方向一律指向或斜向右方，沿箭线方向节点编号由小到大。

（4）不能出现循环线路。

（5）作业间不允许交叉。不改变逻辑关系的情况下合理安排作业间的相对位置，尽量避免箭线交叉。

三、网络计划技术的工作步骤

下面通过举一个建造办公楼的例子，来说明网络计划技术应用的基本工作步骤。

（一）项目分解

任务分解结构（work breakdown structure，WBS）定义了项目任务的层次结构，利用任务分解结构把项目分解为若干项作业，如建造办公楼的各项作业与作业之间关系见表6-2。

表6-2　建造办公楼的任务分解与作业之间的关系

作业	作业描述	时间/周	紧前作业
A	批准设计与开工许可	10	—
B	挖地基	6	A
C	搭建屋架与砌墙	14	B
D	建造楼板	6	C
E	安装窗户	3	C
F	吊装屋顶	3	C
G	内部布线	5	D、E、F
H	安装电梯	5	G
I	铺地板	4	D
J	安装门与内部装修	3	H、I
K	验收并与物业办理交接	1	J

资料来源：斯蒂芬·P. 罗宾斯.1997. 管理学.4版.北京：中国人民大学出版社：207

（二）确定各项作业之间的相互关系并绘制网络图

作业之间的关系有顺序关系（先后关系）、平行关系（并列关系），用网络图表示出来。上面建造办公楼的各项作业与作业之间关系用网络图表示，如图6-4所示。

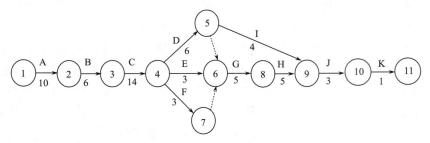

图6-4　建造办公楼的网络图

（三）估算作业时间并计算网络时间参数

网络时间参数有节点时间参数和作业时间参数，作业时间参数是在节点时间参数的基础上计算得到的。在计算节点和作业时间参数的基础上，才能计算时差并确定关键作业和关键线路，从而为网络优化奠定基础。

（四）计算作业时差，确定关键路线并计算项目工期

由于作业时间参数的存在，故研究是否可以利用作业开始或结束的机动时间，工作机动时间被称为时差。时差是节点或作业在不影响总工期的前提下，可以推迟的最大延误时间。

关键线路由关键作业（时差为 0 的作业）构成，是工程项目的薄弱环节（瓶颈），是矛盾最突出的环节，需要重点进行管理，并从人力、物力上进行保证的关键部位。

上例中，通过计算，得到该网络的关键路线为：A—B—C—D—G—H—J—K，完成这栋办公楼的施工将需要 50 周的时间。需要注意的是，沿这条关键线路的任何作业时间的延误，都将延迟整个项目的完工时间。而非关键线路上的作业，如吊装屋顶、铺地板这两项非关键作业时间的适当延迟则不影响项目的工期。

（五）网络计划的优化

网络计划的优化是通过利用时差，不断改善网络计划的最初方案，在满足既定的条件下，获得工期最短、成本最低和资源利用最有效的方案。按一定的衡量标准（工期、资源、费用）寻求最优网络计划的过程主要包括：时间优化、时间—费用优化和时间—资源优化。

四、网络计划技术的优点

网络计划技术的优点有以下几个。

（1）网络图具有直观、清晰的优点。它能清晰表达整个工程的各项任务的时间顺序和相互关系，能直观、明确地反映项目全貌及项目中各项工作的进度安排，通过网络计划和网络分析，找出计划中的关键作业和关键线路以明确项目活动的重点，抓住主要矛盾，便于对项目活动的资源优化分配和重点管理。

（2）可以对工程的时间进度与资源利用实行优化。通过网络计划的优化，调动非关键路线上的人力、物力、财力加强关键作业，加速关键作业进程，缩短项目工期、降低成本并求得资源的合理利用。

（3）可事先评价达到目标的可能性，指出实施中可能发生的难点及其对整个任务产生的影响，以便采取相应措施以减少完不成任务的风险。

（4）简单易懂，便于组织和控制，特别对于复杂的大项目，可分成许多子系统分别进行控制。

（5）应用范围广泛，便于修改。可用计算机软件运算、画图并进行优化，缩短计划编制时间。

第三节 目标管理

目标管理（management by objectives，MBO）是美国管理学家彼得·德鲁克（Peter

Drucker）1954 年在《管理的实践》一书中首次提出的。继德鲁克之后，一些学者与管理者对目标管理理论进行深入研究，并与实践相结合进一步完善与发展，形成了目标管理制度和行之有效的计划管理方法，并为许多组织所运用。

一、目标的性质与目标的类型

（一）目标的性质

目标是计划的一种表现形式。目标是组织或个人活动所指向的终点，是组织活动希望达到的结果。对于目标需要有一个全面的认识。

1. 目标层次

对于一个组织来说，总目标通常是由子目标来支持的，由此目标就形成一定的层次或网络。如果将目标按目标的性质划分，可以分为战略目标、策略目标、方案和任务（生产作业目标），它与目标的广度和重要性有关，也与制订目标的管理决策层次有关，因而形成带有层次性的目标关系，见表 6-3。

表 6-3　目标层次示意图

管理层次	目标的广度
高层管理者	战略目标和高级策略目标
中层管理者	中级策略目标
基层管理者	初级策略目标
作业人员	方案和任务

战略目标是一个组织方向性的、关键的、重要的目标，可以是长期的，也可以是短期的。战略目标一般由企业高层管理人员制订。策略目标是次一级的目标，是为实现战略目标服务的。任务和方案是基层作业人员的个人工作目标，是由他们自己制订的。

2. 目标网络表示研究对象的相互关系

组织的目标不可能是孤立的，目标与目标、目标与计划之间必须是相关联的，才能保证总目标的顺利实现。目标与目标之间的关系往往表现为：①一个目标会影响其他目标，或受其他目标影响；②一个目标有时需要其他目标的支援或支援其他目标；③目标之间不同程度地相互联系着，但并不是说目标与目标之间呈线性关系，即一个目标达到或失败就会导致其他目标一个跟着一个地直线式地成功或失败。

3. 目标的多样性

组织的总目标或大目标通常不是仅仅有一个。例如，一家大企业可以同时有若干项大目标：使企业某一主要产品的国内市场占有率进入同行业企业前列；收购一家中型企业；准备投资进入某一新领域开展业务等。围绕总目标或大目标展开的分目标、次分目标也是多样的，这些目标实际上就是总目标在各个方面的具体化，并且这些目标之间具有一定内在的联系，形成目标体系。分目标可以有多个，但并非越多越好，目标的设定必须有助于总目标或大目标的达成。

（二）目标的类型

组织目标、分目标、次分目标可以有多个，从不同的角度对目标进行分类，有助于认识目标和进行目标管理。

1. 按目标的重要程度分为主要目标和次要目标

目标的重要程度具有相对性，它与任务和时间相联系。划分目标的主次就是对目标进行排序，根据一定时期内组织的目的任务及达到目的轻重缓急排出目标次序，在资源的分配上重点保证和满足那些主要的和重要的目标。所以这种划分实际上就是一种对目标重要性的判断决策。

2. 按时间分为长期目标和短期目标

时间在一年以内的是短期目标，长期目标是指时限在五年以上的目标。短期目标和长期目标同等重要。组织一定要注意短期目标与长期目标的结合，以长期目标作为方向与导向，以短期目标作为基础。

3. 按考核目标的性质分为定量目标和定性目标

目标即期望达到的成果，成果应该是能够考核的，而考核就要依据一定的标准。理想的标准应该是定量标准，因为它具有客观、精确的优点。量化标准以目标值表示，并据此对目标成果进行评价，但现实中并不是所有目标都可以用量化标准来衡量的。定性标准以目标说明来规定标准，用评议的方法评价目标成果。

二、目标管理的含义及特点

(一) 目标管理的含义

德鲁克认为，目标管理是综合了以工作为中心和以人为中心的管理技能和管理制度，能使职工发现工作的兴趣和价值，从工作中满足其自我实现的需要，同时企业的目标也得以实现，工作与人的需要很好地统一起来。他在《管理的实践》中提出了"管理目标与自我控制"的主张。德鲁克对目标管理的认识与概括是目标管理的主要依据，但并不能成为一种新的完整的理论，还有待于充实、完善与付诸实践。

对于什么是目标管理，目前仍有多种看法与解释。奥迪奥恩这样解释目标管理，"简言之，目标管理制度可以描述为如下过程：一个组织中上级和下级管理人员一起制定共同的目标；同每一个人的应有成果相联系，规定他的主要职责范围；并运用这些措施来作为经营一个单位和评价每一个成员的贡献的指导"。日本管理学者认为目标管理就是以预期的工作成果设定为基础，为每个成员确定预期实现的目标，每个人盯着这一目标自觉地工作，管理人员为实现自己的和下级人员的目标而进行管理。尽管他们对目标管理概念的表述不完全相同，但许多管理学者对目标管理有一个基本一致的认识，即目标管理是一种管理方法和管理制度，事先确定组织目标和个人工作目标成果，并使组织成员人人理解，以自我控制为主，达到工作目标。

因此，我们可以这样来理解目标管理：目标管理是使组织中管理人员和广大职工实行自我控制，并达到工作成果目标的一种管理方法和管理制度。目标管理的基本点主要包括以下几个方面。

(1) 通过目标分解和制订保证措施来保证总目标或大目标的实现。组织首先确定未来一定时期内要达到的总目标，然后组织目标在各层次进行分解，形成各个分目标和次分目标，目标分解一直到员工个人。各层级和个人在制订各自目标时要提出实现目标的保证措施。通过若干分目标的实现进而保证总目标实现。

（2）实行目标的过程中以自我控制为主。目标是上下协商共同制订的，保证措施也是各层次和每个员工自己提出的，因而这有助于调动管理人员和员工的积极性，在实现目标过程中以自主管理和自我控制为主。

（3）注重成果，最终根据目标的实现程度考核每个成员的贡献。

（二）目标管理的特点

与传统管理方法相比，目标管理的特点突出表现在以下两个方面。

1. 目标管理是一种时间与量化要求明确并落实到个人的管理

就传统计划管理中，计划实施的最低层次落实到小组，而不把计划落实到个人，因此也就不会对个人提出具体的时间和量化的要求并进行考核。

与传统计划管理相比较，目标管理则是这样一种管理，即一种使各部门和组织成员都了解组织的目的和任务，自己为自己设定目标，清楚自己应该做什么、做多少、如何做、何时完成，以及完成后的奖励目标的管理。

2. 目标管理是一种非直接性的管理

目标管理与采取行政手段和法律手段的管理不同，它不是上级对下级直接下达计划，或者指挥、调遣、控制，而是通过个人参与制订、上下协商确定的目标作用于管理对象，以员工自我控制为主，使其自觉主动地完成任务，达到目标成果，从而实现组织总目标的一种间接的管理方式。

三、目标管理过程

目标管理过程包括目标确定、目标实施和目标评价三个阶段，这是一个连续的、完整的动态管理过程。

（一）目标确定

组织从制订总目标和重要的大目标，制定分层次目标和部门目标，一直到职工制订个人目标，最终形成目标体系。在这一阶段，需要做好以下四方面的工作。

1. 准备工作（论证决策）

准备工作是围绕确定目标来做的。首先将所选定的目标方向和利益情况向组织成员通报或沟通；其次要明确上级的任务，调查研究，进行目标前提预测；最后对目标方案进行比较分析，论证决策。对论证决策的要求是：目标方针正确，目标项目具体，约束条件清楚，目标值适当，目标对策或措施具体，目标的针对性强。

2. 明确目标的约束条件

直接影响目标实现的因素或条件称为约束条件。约束条件可以概括为四方面：①组织的生产能力。这是重要的约束条件，它直接关系到目标的实现。②执行决策时可以运用的资源，包括人力、物力、财力、时间、信息及管理。③组织的外部环境。④企业的社会责任。

3. 目标展开

目标展开就是将组织的目标从上到下层层分解落实的过程。通过目标分解和目标协商得以实现。

（1）目标分解。目标分解既是目标的落实过程，同时也是目标体系（网络）的建立过程。目标分解的一般方法是组织总目标按照组织层次、部门划分，以及人员分工自上而下层层分解，这样就由纵向的目标分解和目标的横向联系，形成了一个自上而下层层分解，自下而上层层保证，相互支持、相互联系的目标体系，如图 6-5 所示。

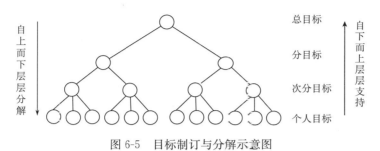

图 6-5　目标制订与分解示意图

（2）协商制订目标。目标的确定与分解落实都是在上下级充分协商和横向协调的基础上进行的。目标协商应遵循平等协商、主动协商、协调一致和协商准备原则。目标协商分解要求达到充分协商，产生激励效果；目标分解后目标网络纵向横向均无断路；协调关系明确，杜绝目标的矛盾与冲突；目标切合实际。

4. 明确目标责任

明确目标责任就是按照目标分解情况，使目标责任落实到每一个人，确定实施过程中处置问题的权力，使权责相对应。

（二）目标实施

目标实施阶段要注意抓好实施中的控制与调整两方面的工作。

1. 目标实施中的控制

目标实施中的控制包括自我控制和反馈控制。

（1）自我控制。自我控制是实施目标管理的一个重要的指导思想。自我控制就是企业职工按照自己所担负的目标责任，受目标的约束，在目标实施中实行自主管理和自我适应调节。其要点主要应搞好自我分析和检查，保持成绩，及时发现差距和问题并采取适当措施纠正偏差；把握实施目标的进度、质量和协作情况，下情上达。

（2）反馈控制。反馈控制就是依据反馈信息对目标执行过程的控制。其要点是主管人员的控制对象主要是例外事件和问题，解决方式以协商协调为主，干预性措施为辅；对总体目标的实施情况进行全面检查，发现重要问题及时向主管领导汇报并分析，必要时进行"综合诊断"，采取补救措施，使目标实施工作正常进行；对部门目标实行归口监督检查。检查的内容主要是时间、目标进度、目标实施进展是否均衡，发生偏差是否合理等。

2. 目标实施中的调整

在目标实施过程中，必须注意目标体系中各方面目标进程的均衡与协调，这就要求抓好实施过程中的调节。

（1）保证目标均衡实施。保证目标均衡实施一般从纵向和横向两个方面加以均衡。纵向均衡主要抓好目标实施在时间和进度上的均衡。横向方面的均衡主要注重部门之间的进度均衡。

（2）加强目标实施中的协作。加强目标实施中的协作强调以大局为重，分目标和个人目标服从总体目标。协作包括资源、技术、劳动力等协作关系。一般以自觉协作协调为主、上级调节为辅的方式保证目标均衡实施。

（三）目标评价

目标评价是对目标实施结果进行客观评价并实行奖惩，目的是反馈目标管理绩效信息，总结经验，巩固成绩，改进不足，纠正偏差，为开展下期目标管理做好准备。

1. 目标评价的内容

目标评价主要包括目标项目完成情况考评、协作情况评价、目标进度的均衡性评价、个人实现目标评价等。组织可以根据具体目标和任务的性质，运用适当的评价指标和评价标准进行评价。

2. 目标评价的方法

常用的目标评价方法有自我评价与领导评价相结合、打分法和逐月评分累计法。打分法的基本做法是将考评的内容分成若干项，确定每个项目的满分及各个等级标准，依据个人实现的成果分项打分，最后将分项得分加和得出总分值。逐月评分累计法是根据年目标分解的各项具体目标，按 12 个月平均，确定月目标，按月进行考核，年末汇总评比。

3. 目标考评结果处理

目标评价结束并不是目标管理的最终环节，最后还要做好目标考评的处理工作。这项工作的主要内容包括实施奖惩、总结经验和整理目标管理档案。在此基础上又将制订新的目标并组织实施，展开目标管理的新一轮循环。

本 章 小 结

现代计划管理方法与技术是提高计划工作效率、实现计划目标的重要保证。在实践中，主要有线性规划法、滚动计划法、网络计划技术和目标管理等。线性规划法解决在现有资源既定的条件下的目标实现问题，对于只有两个变量的简单线性规划问题可用图解法求解。滚动计划法是一种长期计划方法，该方法按照"近细远粗"原则，根据计划执行情况与环境变化定期调整和修订计划，并逐期向前推移。网络计划技术通过网络图对整个工作或项目进行统筹规划和控制，明确项目活动重点，便于对工作进度和资源消耗进行安排和优化。

目标管理强调事先确定组织目标和个人工作目标成果，并使组织成员人人理解，以自我控制为主，达到工作目标。

案例 HD 公司对目标管理的理解有偏差吗

HD 公司是一家制药企业，决定在整个公司内实施目标管理。公司决定根据目标实施和完成情况，一年进行一次绩效评估。事实上他们之前在为销售部门制定奖金系统时已经用了这种方法。公司通过对比实际销售额与目标销售额，支付给销售人员相应的奖金。这样销售人员的实际薪资就包括基本工资和一定比例的个人销售奖金两部分。销售人员的薪酬激励效果显著，销售业绩大幅度提升，但是却苦了生产部门，他们很难完成交货计划。销售部抱怨生产部不能按时交货。总经理和高级管理层决定为所有部门和个人经理以及关键员工建立一个目标设定流程。为了实施这种新的方法，他们需要用到绩效评估系统。在确定生产部门的目标时，其目标包括按时交货和库存成本两个部分。

他们请了一家咨询公司指导管理人员设计新的绩效评估系统，并就现有的薪资结构提出改变的建议。他们付给咨询顾问高昂的费用修改基本薪资结构，包括岗位分析和工作描述。还请咨询顾问参与制定奖金系统，该系统与年度目标的实现程度密切相连。他们指导经理们如何组织目标设定的讨论和绩效回顾流程。总经理期待着很快能够提高业绩。

当公司推行目标管理的前期工作一切就绪并实施运转一段时间之后，公司发现业绩不但没有上升，反而下滑了。部门间的矛盾加剧，尤其是销售部和生产部。生产部埋怨销售部销售预测准确性太差，而销售部埋怨生产部无法按时交货。每个部门都指责其他部门出现的问题。客户满意度下降，利润也在下滑。这时公司的中高层管理部门不得不坐下来重新思考问题到底出在哪里，目标管理是否适合本公司情况。

【思考题】

1. HD 公司实施目标管理的问题可能出在哪里？如何解决？
2. 为什么设定目标（并与工资挂钩）反而导致了矛盾加剧和利润下降？

复习思考题

1. 线性规划法主要解决的是什么问题？该问题主要表现为哪几类？
2. 某工厂在计划期内要安排生产 Ⅰ、Ⅱ 两种产品，已知生产单位产品所需的设备台时及 A、B 两种原材料的消耗，见下表。

资源/单耗	Ⅰ	Ⅱ	拥有量
设备/台时	1	2	8 台时
原材料 A	4	0	16 千克
原材料 B	0	4	12 千克

该工厂每生产一件产品 Ⅰ 可获利 2 元，每生产一件产品 Ⅱ 可获利 3 元，问应如何安排计划使该工厂获利最多？

3. 滚动计划法的基本思想与优缺点是什么？

4. 什么是关键线路？为什么网络优化时必须确定关键线路并对其进行重点管理？

5. 某工程项目由 9 项作业组成，各作业的作业时间及相互间的逻辑关系见下表。

作业	A	B	C	D	E	F	G	H	I
紧前作业	—	—	A	B	C	C	E	D、F	G、H
作业时间	5	4	6	2	3	4	3	2	5

试绘制网络图，表示各项作业之间的关系并找出关键线路。

6. 目标管理的基本思想与主要特点是什么？

7. 目标管理过程包括哪几个阶段？

第三篇 组　　织

组织工作既是管理的基本职能，也是管理的核心职能。

组织工作的内容包括依据组织目标进行组织设计与管理；组织的人员配备；组织文化；组织变革管理。组织设计是组织工作的基础与核心，为组织构建从事活动的载体，即建立组织系统框架，确立组织机构、职务系统及纵向与横向关系。在此基础上进行科学、合理的人员配备，以保证组织活动主体能够在适当的岗位上充分发挥作用。组织文化建设是组织工作的重要内容，关系到组织及其成员的价值取向及行为取向与组织目标是否相适应。此外还要根据组织内外环境条件的变化对组织做出调整和变革，并进行变革管理。

第七章

组织设计（上）——组织设计的基本原理

本章学习目标

1. 概括了解组织设计的目的、内容与原则。

2. 通过对部门划分、管理层次与管理跨度、集分权等组织设计的主要内容的把握，掌握组织设计的要点，进行组织框架结构设计，并以制度去贯彻执行。

3. 理解职权关系中的主辅关系与协调关系，以保证有效地履行组织职能。

4. 了解影响组织设计的权变因素，使组织设计更具动态适应性。

任何实体组织都是组织活动的载体，因此需要设计和维持一种体系，把组织活动的要素和各个环节密切结合起来，使之形成一个有机整体，使组织成员能够有效地工作，增强对外部环境的适应性，以利于生存和发展。因此，组织设计的主要工作就应包括：明确组织系统的开放性；围绕组织目标划分部门和管理层次；规定各级机构和各级管理人员的职责和权力；确定纵向横向协调关系；研究影响组织设计的权变因素；进行组织设计选择。

■ 第一节 组织设计的目的、内容和原则

一、组织的含义

组织普遍存在于社会之中。组织不仅是某种有形的社会实体，如企业、学校、医院、政府部门等各类机构，同时也是同外部环境保持密切联系的具有明确的目标导向和精心设计的结构与有意识协调的活动系统。

巴纳德认为，"组织是有意识地加以协调的或两个以上的人的活动或力量的协作系统"。

一些学者将组织区分为实体与活动（过程），即组织机构与组织活动。二者之间是形式与内容的关系。

1. 实体组织

作为一个实体，组织是由群体组成的集合体，是为了实现某种目标，而由具有合作意愿的人群组成的，通过职位、职务、职权和某种结构形式表现的一种组合形式。

实体组织包含以下四个要素：①组织必须有组织成员；②组织必须有明确的组织目标；③组织必须有分工协作并有权力与责任的划分；④组织是一个开放的系统。

2. 组织过程（活动）

组织是一个管理活动过程，组织是人们为了达到目标而创造组织结构，为适应环境的变化而维持和变革组织，并使组织结构发挥作用的过程，即通过确定目标、机构设计、确立关系、人员配备、建立组织间关系、扩大组织边界、组织变革、文化建设等一系列活动，实现组织的预期目标。

二、组织设计的目的

传统的管理理论主要是从组织职能和其他管理职能的角度出发考虑组织设计。传统的组织设计与管理强调为了达到某一特定目标，通过各部门的分工合作与各种责任制度，去协调一群人的行动，因而组织设计的目的显然只是把着眼点放在了便于组织内部管理上，即组织设计要达到便于计划、便于指挥、便于控制的目的。

当组织处在经济全球化及市场竞争日益激烈的时代，组织面临的环境日益复杂，组织的边界正在变得模糊或者正在消失，组织设计的目的就不能仅仅简单地考虑组织职能与其他管理职能的关系了。因而组织设计的目的应当是：①设计成与组织的规模、战略、技术、组织所处的生命周期相适应的组织；②设计成在运行过程中能够协调运转、产生高效率的组织；③设计成能使组织成员的能力得以发挥最大效用的组织；④设计成具有一定的灵活性与适应性，能够与外部环境动态适应的组织；⑤设计成能够不断持续发展的组织。

三、组织设计的内容

组织设计是一项系统性很强的工作，由一系列相互联系的活动构成，包括的内容广泛而且复杂。一般而言，组织设计主要包括以下四方面的内容。

（一）根据组织目标设计和建立组织机构与职位系统

由于组织是由具有协作意愿的人组成的集合体，分工协作是组织得以存在的核心，因而设计和建立组织机构及职位系统的基本工作就是在分工协作的基础上构建组织的框架结构，即根据组织目标和外部环境的要求进行职能设计和职能分类；确定组织的管理层级（垂直分工）；进行组织的部门、机构划分（横向分工）；构建纵向分工与横向分工交织起来的组织框架结构。

（二）确立职权关系

组织结构作为一个有机整体不是部门、机构的简单相加，更重要的是还包含着各种关系，诸如纵向的管理层级之间的等级关系及领导指挥关系，部门之间横向的分工协作关系等。为了使组织中的各个管理层次、部门之间能够各司其职、各负其责、协调配合、正常运转，组织设计中的一项重要工作就是确立职权关系。每一个管理层级和部门主管拥有哪些职权，以及相互之间的关系等都是组织设计的重要内容。

（三）组织结构设计选择

在前期工作的基础上，组织最终要进行组织结构设计的选择，即确定该组织的结构类型和组织管理体制。组织理论中一般性地将组织结构模式归纳为五种主要类型：职能型结构、分部型结构、矩阵式结构、横向结构和网络结构。

（四）根据内外环境变化调整组织结构

组织设计完成后并不是一成不变的。现代组织必须根据组织内外环境变化的需要，对组织结构进行适当调整。组织的战略、规模、技术、主要业务、环境、组织文化等发生变化，都会对组织产生不同程度的影响，客观上要求组织做出反应，局部或大幅地调整组织结构，以增强组织对环境的适应性。

四、组织设计的原则

设计组织结构要从垂直分工和水平分工的合理性、组织的统一性和灵活性及效率效益几方面出发，遵循以下一般原则。

（一）精简原则

精简原则是指组织结构的设计与组织目标任务相适应，根据任务设置管理层次和部门、机构，即保证管理层次和部门设置的合理性。精简是衡量一个组织的分工协作是否合理的最严格的标尺。这一原则要求：①管理层次要与垂直分工的精细程度相适应，考虑管理等级之间的沟通和联络。②部门划分精细适当，要有明确的职责和足够的工作量。③每个部门的规模（人员配备）与其任务相适应，没有人浮于事的现象。

一个组织整体结构合理，其内部比例恰当和机构精悍十分重要，只有机构精悍并具有活力才能有效率。如果机构重叠、臃肿，必然导致人浮于事、权责不清，难以达到有效的沟通和联络，以致延误决策。精简的重点应该突出"精"上，以精求简，精干高效。简而不精，势单力薄，不符合组织建设的目的，也不利于完成组织任务。

（二）统一指挥原则

统一指挥原则是指组织设计必须使组织的各分系统和个人在完成任务的过程中服从一个上级的命令和指挥，以达到协调统一。

统一指挥原则要求指挥命令系统明确，即上下级之间的权力、责任和联系渠道必须明确，一个下级只接受来自一个上级的决策和命令，不得政出多门，上级对下级不得越级指挥。"多头领导"和"政出多门"是造成权责不清、管理混乱的主要根源，组织设计中一定要加以杜绝。

（三）集权与分权相结合的原则

集权与分权是组织设计中组织管理体制的核心问题。组织纵向结构设计的主要任务就是管理层次的设置和明确上下层次之间的权责关系，即集权与分权的关系。这项原则要求：组织设计要根据组织的规模、战略目标和环境的要求，减少管理层次，建立既能保持企业的统一性，又有各组织单元灵活性的管理体制。当今时代，企业管理层次具有扁平化的趋向，企业管理体制呈现集权与分权共同强化的趋向。

（四）权责对等原则

权力和责任是同一事物的两个方面。权责对等原则是指组织中确定的职权和职责必须对等，即每一管理层次上的各个职位既要赋予其具体的职位权限，又要规定对该职位职权相对应的职责范围。

权责对等原则要求职权与职位职责相对应，职责与职位职权相对应，不允许职权程度大于或小于职责程度；职责职权要形成规范，使各职位之间的权力责任关系清晰，指挥明确，以减少组织中的重复、抵消、推诿、扯皮、争权、卸责等权责不清的现象，提高组织的工作效率。

（五）管理跨度原则

管理跨度是指一个主管人员能够直接、有效地管理下属的人数。管理跨度是有限的。限定管理跨度的因素主要有组织规模、工作任务类型、主管人员与下属双方的能力等多个方面。管理跨度的宽窄影响并决定组织管理层次的多少和主管人员的数量。

管理跨度原则要求在确定管理跨度时，必须分析影响管理跨度的直接因素与间接因素，为各级主管人员确定一个适当的管理宽度，避免主管人员的能力过剩或能力不足。

（六）灵活性原则

组织结构设计应该使组织内部的部门和机构最大限度地发挥其主观能动性，同时可以根据内外条件的变化，自行调整一部分部门范围内的组织工作，而并不牵动整体结构的变化，增强整体结构稳定条件下的内部灵活性。

灵活性原则要求在组织设计时应考虑整体与局部的关系，做到层级部门适度分权，统一管理要与各管理层次、各部门的分权相结合，分工与协作要紧密结合，相对静态的组织结构与动态环境变化相适应。

（七）效率效益原则

效率效益原则是设置组织结构最根本的准则。效率是组织结构合理协调的标志，效益则是设置组织结构的目的，规定了组织活动必须达到一个什么样的目标。这项原则要求所设计的组织结构必须能实现高效率运转，而组织活动的结果必须有一定的效益。

第二节 组织结构设计

组织结构设计是依据组织目标及其他相关因素的要求，对组织进行框架结构设计，并以制度保证贯彻执行。它主要由组织的部门划分、管理层次与管理跨度、组织的集权与分权等内容构成。

一、组织结构的概念

一个组织，除了具有有形的建筑构造外，还有一种无形的组织构造——组织结构。人们走进一个组织，通常可见的是其内部帮助人们识别部门和机构的标识，这些不是组织结构，只是组织结构的一种外观形式。而关于组织的各个构成部分的职位、职权、职责，以及垂直或水平的关系等，往往从表面上看不见，它们体现在组织的行为和实际运作当中。因而不能把组织结构理解为组织内部各构成部分的简单相加。在各构成部分之间，实际上还存在一些相对稳定的关系，即纵向的等级关系及其沟通关系、横向的分工协作关系及其沟通关系。因此可以说，组织结构是由组织内部的部门划分、管理层级、单元排列、空间位置、权责关系、沟通方向和方式构成的，并加以制度化的有机整体。

二、组织的部门划分

随着组织规模的扩大和活动的复杂化、高级化，组织中所包含的不同性质的活动种类增多，各种工作量增大，涉及的领域也越来越宽泛。为了提高工作效率，就必须对整个组织的全部工作进行深入细致的分析，并进行明确的分类，把性质相同或相近的工作归并到一起，设计成一个专业化的部门。

部门划分是组织设计的基础。组织活动具有水平差异，这种差异表现为水平方向的专业化活动，部门划分是根据组织活动的差异或其他要求，将一个组织划分成若干半自治单位或部门。横向分工所形成的部门之间不包含等级关系，这些部门是平行的，只包含分工协作关系。组织可以按照不同的标志进行部门划分。

（一）按职能划分部门

按职能划分部门是一种使用非常广泛的划分方法，是根据生产专业化的原则，以工作或任务的性质为基础来划分部门的。不同的组织有其不同的目标，由于目标不同，组织的主体活动也会有所不同。比如，大学主要有教学、科研、教务工作、学生管理、财务、人事、后勤、安全等各种活动；医院主要有诊疗、手术、各种理化辅助检查、药品采购和销售、医疗管理等活动，我们把这些活动称为组织的职能。这些职能在组织中客观存在，但却是人为划细并加以分类的，这才有了组织按职能划分的部门和机构。比如，医院按职能对各种活动的归类划分形成了医院的门诊部、住院部、内科、外科、妇科、儿科、理化检验科室、手术室、药剂科等科室的分类。

按职能划分部门主要是把专业化的活动或相关类同的活动集于一个部门，与其他类别的活动区分开来，以便于管理。一些企业的通常做法是根据不同工作或任务在组织中的重要程度，分为主要职能部门和从属派生部门。如有必要，还可以再确定组织中的关键职能。在主要职能部门内部还可以进行部门机构的再划分。

主要职能是依据企业生产经营过程中的基本主体活动而确定的职能，它因组织的生产经营性质不同而异。比如，生产企业的基本职能主要有原材料采购、储存运输、生产制造、销售等。

派生职能则是因为企业的主体活动才会产生对某些职能的需要，这些活动是由主体活动的需要而派生出来的，如计划、会计、财务、技术开发、质量管理、人力资源管理等职能。而这些职能一旦成为独立的职能及管理职能，它就具有两重性：一方面为主体活动服务；另一方面则起到管理驾驭生产经营的作用，即管理与控制，如计划、会计、质量管理等职能在企业中都具有比较重要的地位与作用。

不同行业对于本企业主要职能部门的认识是不同的，因此许多组织将人力资源管理、财务、研究与发展等现代企业认为是十分重要的职能，也列为主要职能（表7-1）。

表 7-1　不同行业的企业对主要职能部门的划分举例

行业（企业）	部门划分
制造业	工程、生产、财务、营销（市场）、研究与发展、人力资源
商业企业	商品销售、采购、推销（宣传、广告）、运输-储存、财务、人力资源、信息
银行	营业（各种银行业务）、审计、法律、人力资源、经济状况与企业研究、公共关系
公用事业（自来水）	生产（水厂）、工程建设、会计、人力资源、管理员（收费）

不同企业划分了主要职能部门之后，可根据任务和需要，再进行划分。下面以生产企业为例，说明企业按职能划分的部门，如图 7-1 所示。

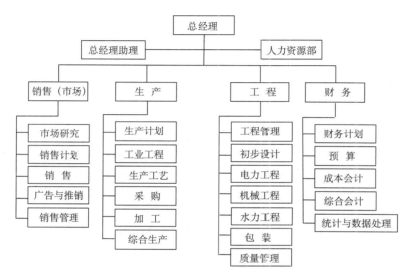

图 7-1　生产企业按职能划分部门示意图

按职能划分部门符合专业化原则，具有专业化和把相关类同的活动集于一个部门的优点，主管人员的目标明确，有利于实现组织目标。其不足是过分强调了部门的独立性，容易造成部门本位主义，给部门之间的协调带来一定的困难。

尽管按职能划分部门是一种最普遍的划分方法，但并不是说它是唯一的最好的划分方法，不同企业和不同情况下还可以采用其他的划分方法。

（二）按产品划分部门

按产品划分部门是根据产品（产品系列）的独立性和重要性来划分的，如图 7-2 所示。这种划分适合于品种多、规模较大的企业。一般情况下，企业不可能单一使用这种划分方法，往往还需要设置几个必要的职能部门与这些产品部门相结合。而依据产品划分的部门内部往往又包含多种职能，诸如采购、计划、生产、会计、销售等职能，如图 7-3 所示。

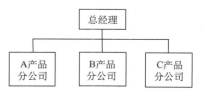

图 7-2　按产品划分部门的组织结构示意图

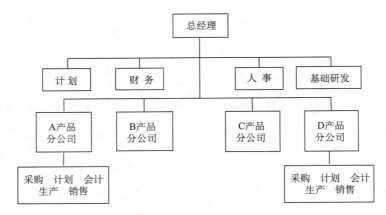

图 7-3　按产品为主划分部门兼有二次职能划分的组织结构示意图

（三）按区域划分部门

按区域划分部门是根据企业生产经营活动所处的及所面对的区域范围来划分的，如图 7-4 所示。

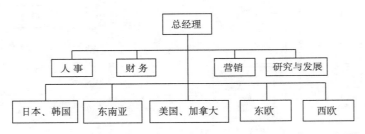

图 7-4　进出口贸易公司按区域划分部门的组织结构示意图

按区域划分部门主要是考虑各地区的政治、经济、文化等因素对经营管理的影响。例如，零售企业的分销机构、连锁商、电信电话分支机构、银行支行（营业所），以及对外贸易公司等通常更多地会采用按区域划分部门。

以上是几种最常见的、广泛使用的划分部门的方法。除此之外，还可以选择按时间、按设备、按流程、按服务对象等划分部门的方法进行组织设计。

上面介绍了多种划分部门的方法，对于企业来说，划分部门时可以选择其中之一，也可两种或两种以上方法并用。比如，企业既采用按职能划分部门，又对重要产品（产品系列）采用了按产品划分部门，同时还交织有按时间划分部门。但是，不论选择哪种方法划分部门，都不可违背分工协作原理和效率效益原则。

三、组织层次与管理幅度

（一）组织层次与管理层次

1. 组织层次与管理层次的关系

组织活动的垂直差异表现为以组织的等级为代表的垂直方向的专业化活动，即劳动

（工作）的垂直分工。从组织最高领导一直到作业人员，表现为自上而下的垂直分工的差异，这种差异使组织形成等级结构和确立组织的层次数。例如，生产企业中的总经理→厂长→工段长（车间主任）→班组长→工人，就是自上而下的垂直分工。

一个公司有许多员工，少则十几人，多至成百上千甚至几十万人，最高领导不可能也没有必要对每一个员工直接管理和指挥。与垂直分工形成的组织层次相适应，有必要划分管理层次，逐级地指挥和管理。管理层次是指挥系统分级管理的各个层系。

2. 管理层次的划分

管理层次的多少与组织规模和任务相关，与管理幅度直接相关。在一个组织中，管理层次的多少，应根据组织的任务量与组织规模的大小而定。一般来说，企业规模大，人员多，生产经营复杂时，应当增加管理层次。组织的垂直分工细，组织等级结构相应复杂，管理层次就应增加，反之则应该减少。例如，美国通用汽车公司曾经有过有 21 个管理层次，而日本丰田汽车公司曾经仅有 7 个管理层次。

从管理职能的角度进行划分，一般的组织管理系统可以分为高层、中层、基层三个层次。在一个组织当中，最高管理层和基层管理层只有一个，中间管理层可以有一个或多个。

3. 扁平结构与锥式结构

影响管理层次的最主要的因素是管理幅度。一般情况下，管理幅度与管理层次成反比关系。由于管理幅度与管理层次的这种关系，所以形成两种结构，即扁平结构和锥式结构。管理层次少而管理跨度大的结构称为扁平结构。与之相反的是锥式结构。两种结构各有利弊，见表 7-2。

表 7-2　扁平结构与锥式结构优缺点比较

结构类型	优点	缺点
扁平结构	信息纵向流通快；跨度大，权力分散，利于调动下属的主动性和积极性	监控较松散，横向沟通困难
锥式结构	分权少，上级对下级监控比较严格，分工明确，容易协调上下关系	层次多、管理者增多，易产生冲突和摩擦，束缚了下属的主动性和积极性

当今时代，现代组织管理层次结构形成扁平化发展趋势。市场环境的巨变要求企业组织层次结构趋向扁平化，同时，网络信息技术的快速发展、管理人员与员工的素质和能力的提高，以及管理方法与手段的创新等条件也为组织层次结构扁平化的实施提供了可能。

4. 管理层次设置应考虑的因素

组织在设立管理层次时需要注意以下三个问题。

（1）管理层次增多，会增大管理方面费用的支出。

（2）管理层次过多，会使沟通复杂化，即等级链越长，中间环节越多，信息的时效性和真实性都会受到一定的影响。所以，"层次是信息的过滤器"这种说法不得不认真考虑。

（3）管理层次过多会造成计划分解和执行的复杂化，给控制带来困难。

(二) 管理幅度

1. 管理幅度研究的一些观点

一个管理者能够直接有效地管理多少下属，这就是管理幅度问题。关于管理幅度的研究，古典管理学派和行为学派各有论述。古典管理学派曾提出了管理跨度原则，认为一个上级直接领导的下级一般不能超过 6 人。立陶宛裔的美国管理学者格瑞丘纳斯在 1933 年提出了一个确定管理幅度的数学公式，即如果下级的人数为 n，则下级相互之间发生关系的总数为

$$C = n \cdot (\frac{2^n}{2} + n - 1) \tag{7-1}$$

式中，C 为可能存在的联系总数；n 为直接向一位管理者汇报的下属人数。

格瑞丘纳斯认为，人数以算术级数增长，管理者和下属间的人与人之间潜在的相互影响数量以几何级数增长。但是这个公式并未经过实际检验。

厄威克、戴维斯、戴尔等管理学者也都对管理幅度进行了研究，提出了一定的看法。戴尔曾对美国 100 家大公司进行调查，其结果表明，高层经理人员直接指挥的下级人员一般为 8~9 人比较适宜。

人际关系学者则认为，不可能将管理的幅度计算至精确的比率。他们注重的是影响管理幅度的各种环境因素，主要表现为个人在管理能力上的差异、下属的素质与能力、所管职能类型，以及上下级沟通的有效程度。另外，人际关系学者还就组织结构的形式问题提出了看法，锥式结构与窄幅度、扁平结构与宽幅度，到底哪一种更合适，要根据具体情况而定，因为人群组织都存在一定的差异。

许多管理学者对管理幅度的研究都是有价值的。但是，对于现代企业来说，更重要的是考虑影响管理跨度的主要因素，然后根据组织自身需要来确定采用哪种结构。

2. 影响管理幅度的主要因素

(1) 管理工作的复杂性和相似性。常规性管理工作的难度系数相对比较低，而非常规性工作的复杂性往往较高。一般而言，管理工作的复杂性和相似性与管理幅度存在直接关系，即一个主管管辖范围内的工作越简单和相似，就越可以适当放宽管理幅度，反之就要缩小管理幅度。由此可以看出，管理层次越高，其工作越是非常规的、比较复杂的，因而其管理幅度将会受到一定限制，而基层管理的管理幅度可以相对放宽。

(2) 主管与其下属双方的素质和能力。主管人员和下属工作人员的素质与能力会有较大的差别，这种差别与管理幅度的相关性较高。一般来说，只有在主管与下属的素质与能力都比较高的情况下，管理跨度可以适当放宽，如果有一方的能力水平较低，管理幅度就会受到一定的限制。这其中下属的训练程度非常关键。下属经过严格训练，基本业务素质较高，达到岗位要求，就可以减少上级对下属在管理上所花费的时间、精力及接触频次，提高管理者的工作效率，可以加大管理幅度；反之，只能缩小管理幅度。

(3) 有无完善的工作制度及工作的规范化程度。一般情况下，管辖范围内下属的工作流程的规范化程度、工作的标准化程度、工作制度的完善程度将直接影响到管理幅度的宽窄，与管理幅度成正比关系。上述相关方面越完善，越可以使管理工作有条不紊，上下级的管理关系变得简单明晰，使管理幅度加宽；反之则直接束缚了管理幅度。

（4）信息沟通的技术与手段。信息沟通采用口头形式还是书面形式、传递信息和处理信息的手段是否先进、双方接收信息之后的处理技术和手段等，都对管理幅度有一定的影响。

（5）组织机构在空间上的分散程度。高层领导、主管人员所管理的部门和机构如果在空间上集中，则便于直接沟通与管理；反之，在管理、沟通与控制上就会有一定的难度。因此也会影响到管理幅度的设计。

四、集权与分权

组织设计中主要涉及纵向组织设计和横向部门设计。纵向组织设计不仅要确定管理层次的数目，更重要的是规定各层次之间的关系，即组织与它的各级管理层次之间的集权分权关系。在组织设计中集权与分权的设计非常重要，是纵向结构设计的中心问题，也是整个组织设计的重要问题之一。因为职权在组织中是集中还是分散及权力集中与分散的程度，宏观方面关系到组织的战略统筹、资源整合利用、组织对外部环境的适应程度等；微观方面关系到组织结构的合理性、组织关系的复杂程度、管理效率的高低、能否合理调动管理者的积极性等诸多方面的问题。

（一）权力的含义

"权力"是一个抽象的概念。一种含义指政治上的强制力量，另一种含义指职责范围内的支配力量。组织中权力的含义一般是指处于某个职位上的人在其职责范围内的支配力量或对组织及他人的影响力。在一个组织中，不同职位所对应的权力往往形成一种制度，相对稳定并在较长时间内发生作用。因此，组织理论中研究的权力特指一种制度权力。

制度权力与组织中的职位有关，即由职位决定其支配力量，而与占据这个职位的人无关。由于制度权力具有如此特征，以及对组织中的管理与决策会产生极大的影响力，所以制度权力是分析组织中集权与分权的基础。

（二）集权与分权及其衡量标志

集权是指权力在组织系统中较高管理层次上的集中，分权是指职权在各个管理层次上的分散。

集权与分权是相对的，不存在绝对的集权与绝对的分权。任何组织，既要有一定程度的集权，也要保持一定程度的分权，做到集权与分权适度结合。

集权与分权的程度，往往与各管理层次的决策权的大小相联系。分权程度一般可由以下标志来衡量，即决策的数量及频度、决策的幅度和对下级施加控制的程度。

1. 决策的数量

组织中相对于一定上级的下级，所做决策的数目或频度的多少与该组织的分权程度成正比。

2. 决策的范围

一个组织的下级决策的范围越广，涉及的职能越多，分权的程度就越大。例如，企业实行产品事业部（或分公司）制，如果产品事业部从产品的设计、生产到销售，以及人事、财务都有自主权，说明部门的分权程度高。如果部门仅仅有生产方面的自主权，无其他方面的权力，则分权的程度就低。

3. 对下级决策施加控制的程度

组织对下级一般都需要实行闭环控制，只是控制的程度不同。对下级决策控制的程度是衡量分权程度的一个重要尺度。控制的程度因下级决策的内容而定，通常以金额大小、数量多少、时间长短、比例大小等表示。比如，下级所能掌握的用款额度、营销人员所掌握的产品（商品）价格的变动幅度、银行信贷部掌握的放贷额度的大小等，都能够表明下级分权的大小。

另外，下级决策是否需要向上级报告，或事前事后报告也标志着分权的程度。不需要报告就可以做出决策，分权较大；决策之后报告备案，则分权次之；决策之前需请示批准，分权最小。

（三）职权分散的实现途径

组织中权力的分散一般通过两个途径来实现，即组织设计中的权力分配（可称之为制度分权）和主管人员在工作中的授权。

1. 制度分权

制度分权简言之就是制度化的分权，是在组织设计时，对组织结构中的职位、职权和职责的确定加以制度化，集权与分权的关系明晰。在执行时，分散职权按照组织的规定行使各自的权利，不以上级的意志为转移。

制度分权在一般情况下相对稳定，在较长时期内权力基本不变。分权的变化与组织结构的变化相联系。当组织结构发生变化时，对集权与分权程度的要求可能会发生变化，这时就要重新考虑权力分配或在一定范围内调整权力分配。

2. 授权

授权也可称为权力委任，是实现职权分散的另一条途径。授权是指领导或主管委授给下属一定的权力，使下属在一定的监督之下，有相当的自主权和行动权。

授权与制度分权虽然都是使下级管理者行使较多的决策权，使权力分散，但却是两个不同的概念。授权是一种权力分解移交的过程，即上级把权力委任给下级。授权可以是上下级之间由工作需要而产生的权力委任，可以是临时的、短期的或长期的，长期的授权则可能变成制度分权。而制度分权是一种合法化的分权，它与职位相联系，在其位便有其权，除非组织结构变化，否则不会收回权力。

（四）影响集权分权程度的因素

对于一个组织来说，集权与分权的程度如何才会使组织合理运转和产生高效率的管理，要视组织的需要来确定。因为组织的集权程度与下列一些因素直接或间接相关。

1. 组织规模的大小、专业分工程度和组织构成部分在空间上的分布

组织规模越大，越会导致专业分工细致、复杂，部门增加；受管理跨度的限制，客观上要求增加垂直领导的层级数；规模更大的组织其构成部分可能分布更为广泛，如大型公司遍布全国的营销网络或者跨国公司的海外分公司和子公司。组织规模的扩大除了使结构复杂之外，也导致经营管理和决策变得更加复杂。因而一般情况下，组织规模越大、分工越细、垂直领导的层级数越多、员工和部门空间分布越广，则应该考虑分权多一些。反之，集权应该多一些。

2. 生产技术特点

生产技术、服务技术，以及技术类型和技术的复杂程度对集权分权的影响比较大。因为技术类型及其复杂性决定了组织的管理跨度、管理层次、规范化程度及管理的复杂程度，而这些因素又与管理的集权与分权相关联，并且关系比较复杂。例如，制造业企业的规范化程度明显高于服务业和其他行业，而企业的集权化程度也高于这些行业。再如，当组织的部门增多是由大量非技术性工作的任务量增大引起时，说明大量的工人在从事简单而重复的工作，企业就可以提高集权化程度控制其活动，以提高劳动效率。

3. 组织所处的成长阶段

在组织发展的不同阶段，其集权的程度是不同的。组织在初创阶段的集权化程度很高，随着组织的成长，集权程度也随着组织的正规化程度及管理的复杂程度在增强，这时就应当考虑适当分权。当组织发展到足够大的规模，同时具有强行政化组织特征时，客观上对分权的要求也就会特别强烈，这时必须考虑大量的分权，才能保证组织对外部环境具有更强的适应性，以提高运营与管理的效率。

■ 第三节　职权关系

组织结构是一个有机整体，它不仅包含部门和机构划分，还包含组织中的权力与责任、权力的界限、权力的关系，以及谁为主谁为辅，这些构成了组织结构的内容和履行组织职能的必要条件。

一、职位、职权、职责

职位，是组织内部成员由分工所确定的位置。组织结构的基本框架由部门及具体机构组成，内部人员的职位与该部门所处的层次和级别相适应。

职权，是指一定职位上的工作权限。职权由职位决定，它是职位合法履行其职能的外在表现，权力的行使取决于结构和各成员在各级序列中的地位。职权指的是组织中成员的关系，并非指一个人有多大权力。譬如，部门经理的职权表明在组织中要受到总经理的直接领导，以及部门经理的领导范围，与其他管理层次和部门之间发生哪些关系。

职责，是一定职位合法履行其职能所必须承担的责任和义务。职责与职权具有对等关系，有职权就必须承担相应的责任，反过来承担相应的责任又必须拥有一定的权力。

职位—职权—职责三位一体，是组织结构的实质内容。职位作为一种分工的外在形式，构成了结构的框架，由职位决定产生的职权和职责形成纵向与横向的各种关系。在组织关系中，需要侧重研究的是职权关系。

二、职权的类型

组织内的职权一般有两种类型或者三种类型。两种类型即直线职权和参谋职权。三种类型即直线职权、参谋职权、职能职权。下面介绍三种类型的职权。

（一）直线职权

直线职权的定义包括两方面：一方面，直线职权可定义为上下级之间存在的比较简单的权力关系；另一方面，直线职权也可以定义为管理人员履行一定的专业职能。下面进一步分析直线职权这两方面的含义。

1. 权力关系的含义

当直线职权被定义为权力关系时，就是指组织赋予上级指挥下级工作的权力，包括领导、决策、指挥、监督、管理下属的权力。这种命令关系从组织的最高层一直延伸到基层，即股东大会→董事会→总经理→部门经理→班组长→工人，这是一条具有等级的指挥链，处在指挥链的某个环节的管理者有指挥下级工作的权力，同时他们又受到上级管理人员的指挥，他们之间的关系是直线的。

2. 管理人员履行一定组织职能的含义

确定一定部门或职位的职能是直线的还是参谋的，重要的特点是该职能对直接达成组织目标所做出的贡献程度。一个组织的直线职能就是指直接地致力于一个组织的产品或劳务的生产和服务的那些职能。不同的企业对直线职能和参谋职能的划分是不同的。例如，在生产企业里，把生产和销售（市场）作为直线职能或称直线部门，商业企业把采购、销售、储存、运输视作直线职能或直线部门，大多数公司把财务作为参谋职能，但对信贷公司来说，财务则属于直线职能。上述企业的这些职能都是直接地从事生产和服务的活动。

那么就可以这样概括上述问题：对整个组织而言，组织的最高领导层对其分管部门拥有直线管理职权；对部门（无论是直线部门还是职能部门）而言，每一个部门主管对其所管辖的部门、机构和下属拥有直线管理职权，"但并不是每个管理者都处于直线职能或职位中"（斯蒂芬·P. 罗宾斯，1997）；参谋部门（人员）对组织拥有参谋职权；职能部门（人员）对组织拥有职能职权。

（二）参谋职权

从性质上说，参谋职权是顾问性质或服务性质的。其主要职能是给高层管理者、直线主管提出建议，提供咨询或服务，减轻上层管理人员的负担，为其正确决策提供帮助。参谋具有两种形式，即个人参谋和专门参谋。

个人参谋一般是指参谋人员，是领导或直线主管的咨询人员，协助其执行工作，如总经理助理就是典型的个人参谋。

专门参谋一般指参谋机构。组织规模的扩大和完善，导致了专业化参谋机构的建立，这种机构运用集体的智慧，协助领导和直线主管进行工作。在正式组织中常见的参谋职权有三种：①向直线部门提供某一种专门服务，行使服务职能；②行使咨询权力；③行使职能权力。

在一般组织中，行使参谋职权的机构和个人主要有顾问（调研）机构、助理、法律顾问、管理信息系统、大学所设的督导或督学等。

（三）职能职权

职能职权是指由于专业化的需要，授予某职位或某部门本来归直线部门主管的那部分权力。这样就扩大了服务和咨询权力的概念，使得参谋人员能特定地行使指挥和控制职能，并有一定的决策权，从而变成了一种虚中见实的参谋—职能职权。一般工商企业的计划、财务会计、人力资源、公共关系等部门就属于行使职能职权的部门。

一般而言，职能职权主要包括业务指导、服务、协调等职权。但是在组织中，个别职能部门则拥有对直线部门和其他职能部门的监督权和控制权，如财务部门的财务监督权和控制权，大学教务处一般还负有对各教学单位的教学监控权，医院医德医风管理机构对医疗科室的监督权等。这种权力是由高层管理层赋予的特殊权力，并不是职能职权所固有的。

三、直线职权与参谋（职能）职权的关系

在管理工作中，正确处理直线职权与参谋（职能）职权的关系，实质就是要处理好谁是主角、谁是配角、主角与配角之间如何协调一致的问题。

直线职权与参谋（职能）职权的区分，自然是说一个组织内存在两种职能和两种权力。直线职能是与完成公司根本目标直接相关的，其职权表现为具有指挥权、决策权、命令权、监控权；而参谋职能则是支持直线职能的，其权力表现为咨询权和服务权。这种双重职能双重权力的概念，往往容易使直线部门（人员）与参谋机构（人员）产生矛盾。因为在直线与参谋的关系上，他们考虑的多是各自的职权和责任的重要性，更多地强调自己位置及其权力的重要性和有效性。因此，使统一指挥与参谋（职能）管理职权之间适当平衡并能充分发挥他们各自的作用，是处理好直线职权与参谋职权关系需要重视的问题。

处理好直线职权与参谋职权的关系应该注意以下问题。

（1）明确直线职权与参谋（职能）职权的范围和二者的关系。把多少决策权给予职能参谋方能保持组织的统一领导与协调一致，并没有一个可以绝对量化的精确比例。组织实践表明，以直线职权为主，可以给予参谋职能人员以一定的或相当的决策权，但一定要明确职能职权的范围，同时务必使两种职权之间的关系清晰，才能使组织活动达到协调。

（2）直线主管与直线人员必须充分考虑参谋职能机构和人员的建议。参谋的建议和提供的咨询与服务有利于企业的计划、指挥和控制及改进完善经营管理。但是如果没有直线人员的合作与支持，参谋职权也不可能发挥其有效的作用。因此这里直线人员的态度在起决定作用。

（3）端正直线人员与参谋人员的态度，搞好协调。由于区分直线职能和参谋职能的主要依据就是他们对直接达成组织目标做出的贡献程度，那么这两种职能自然就有了明确的主辅之分，但是在实现组织目标的过程中两种职能却不可偏废任何一方，必须互相支持，互相配合，才能形成高效的管理体系。

第四节　影响组织设计的权变因素

组织设计除了要考虑组织的结构变量外，还要考虑组织的情境变量，即环境、组织战略、技术、组织的规模、组织的生命周期等因素的影响。

一、战略对组织设计的影响

战略是指组织为应对和参与竞争性环境所做出的纲领性的总体谋划，包括对达成目标所需要的资源分配和活动方案的规划与描述。企业战略具有纲领性、全局性、长远性和对抗性的特点。

（一）战略与组织设计的关系

一个组织为了在竞争中取胜和占有优势，就要选择与自己条件相适应的战略，并在组织结构上与之配合，使组织战略能更有效地执行。一般来说，战略可以在两个层次上影响组织结构：①不同的战略会决定或影响到整体组织结构设计；②战略重点的改变会导致组织结构的局部调整，即战略重点的改变会导致组织业务活动的重心转移和核心职能改变，从而使各部门、各职务在组织中的相对位置发生变化，相应地要求调整组织结构。

一些学者对战略与组织设计关系进行研究，分析战略对组织设计的影响，并提出与不同战略相适应的组织设计。20 世纪 60 年代，美国学者弗雷德·钱德勒通过对企业的大量研究得出结论："公司战略的变化先行并导致公司结构的变化。"钱德勒发现组织建立之初仅仅拥有单一产品或产品生产线，因此企业的战略自然比较简单，简单的战略要求一种简单的、松散的结构形式与之配合，决策主要集中在高层管理者手中，组织的复杂性和正规程度都很低。当组织成长后，战略变得更有雄心，结构也变得复杂化了（表 7-3）。

表 7-3　钱德勒的战略—结构示意图

时　间	T	$T+1$	$T+2$
产品多样化战略	低	中	高
相应的组织结构	简单型结构	职能型结构	部门化结构

（二）战略对组织设计的影响

组织战略可以从不同的角度划分，本书只选取具有代表性的战略模型分析对组织设计的影响。

1. 波特的竞争战略模型下的组织设计

迈克尔·波特通过大量的企业研究提出了总成本领先战略、差异化（标歧立异）战略和集中化（目标集聚）战略的分析框架。集中化战略又进一步分为集中低成本战略和集中差异化战略（图 7-5）。

1) 成本领先战略（低成本战略）对组织设计的影响

成本领先战略试图通过依靠比竞争对手更低的成本来增加市场份额。该战略主要关注稳定性，而不是冒险或寻求创新和成长的新机会。采取成本领先战略需要考虑成本优势的来源和获取成本优势的手段、等于或低于产业平均水平的价格等。成本优势的来源主要有规模经济、专有技术、优惠的原材料、低廉的劳动力、先进的设备、研发费用的分摊、高水平的管理与控制等。企业通过高效的设施、低廉的成本、严密的控制方法、高于竞争对手的生产效率等手段来获取低成本。

图 7-5　波特的竞争战略类型

与成本领先战略相适应的组织设计必须体现出以下特征：专业化分工较细；生产具有标准化的操作程序；高度集权的管理，严密的控制，员工执行常规任务；高效率的采购和分销系统。能够采取低成本战略的组织一般为机械式组织。

2）差异化战略对组织设计的影响

在差异化战略中，组织试图使其产品或服务与同行业中其他组织的产品或服务相区别。其战略目标是通过产品的标歧立异来增加市场份额。这种战略一般是面向那些对某些产品的价格不十分敏感的顾客。采取差异化战略需要考虑差异化赖以建立的基础，如何使经营具有独特性和价格的确定。

差异化赖以建立的基础主要是产品本身、销售交货体系、营销渠道等一系列因素。组织通常利用广告宣传、个性化产品、附加的服务或者新技术（技术含量），甚至是高价位，使其产品在顾客看来具有独特性。比如，美国安利公司就是典型的采用差异化战略组织经营的企业。美国星巴克公司的总裁霍华德·舒尔茨曾运用差异化战略，使公司从过去的日常商品销售店转变成了一个拥有高价值品牌的企业。

与差异化战略相适应的组织设计主要应体现出以下特征：组织的灵活性和宽松的行为，采取强有力的横向协调；突出研究开发部门的作用；营销组织体系的创新等方面。能够采取差异化战略的组织一般为有机式组织。

3）集中化战略对组织设计的影响

将目标集中在一个特定的区域市场或购买者群体。在选定的较窄范围的市场上，努力地取得低成本优势或者差异化优势。因此，集中战略又可以分为集中差异化战略和集中低成本战略。在组织设计上，可以参照成本领先战略和差异化战略。

2. 迈尔斯和斯诺的战略模型与组织设计

美国的迈尔斯（R. E. Miles）和斯诺（C. C. Snow）对战略的研究建立在与外部环境相匹配的基础上，《组织战略、结构和程序》一书划分出四种组织战略类型，即防守型战略、进攻型战略、分析型战略、反应型战略，并提出与之相适应的组织结构类型。

（1）防守型战略的组织。选择该战略的组织一般所处环境相对稳定，因此企业通常在某一狭小的细分市场内经营有限的系列产品，其竞争力主要来自低成本、产品价格优势或高品质的产品。企业关注稳定甚至收缩，力求保持现有市场与顾客，使自己得到稳定的发展。一些处于成熟期的企业通常采用此战略。

与防守型战略相匹配的组织结构的特点是：效率导向；严格的成本控制；高度的集权；规范化程度较高，严密的监督与控制；复杂的正式沟通渠道。

（2）进攻型战略的组织。选择该战略的组织往往处在动态的环境或成长的环境中，因此要在动态的环境中不断开发新产品和开拓市场，企业着眼于创新、冒险、寻求新的机会及成长。许多高科技企业通常采取进攻型战略。

与进攻型战略相匹配的组织结构的特点是：学习导向；组织结构应体现灵活、机动和高度的适应性，分权结构，规范化程度较低；强大的研发能力。

（3）分析型战略的组织。选择该战略的组织一般既有比较成熟稳定的产品和业务，也有处在动态环境中或具有成长性的产品业务。该种战略往往采取兼顾维持与创新的做法，即区分不同业务分别采用保守型战略和进攻型战略。例如，宝洁公司曾经采取分析型战略，对企业的知名品牌采取维持业务稳定的战略；同时推动公司开发诸如家用干洗剂之类的新产品。

与分析型战略相匹配的组织结构也具有保守型和进攻型两类结构的特点，即一部分相对稳定，另一部分具有柔性、灵活性、高适应性，具有一定的研发能力与创新性。

（4）反应型战略的组织。它实际上不能被称作战略，因为企业只是以一种随机的方式对环境的威胁和机会做出被动的反应。

二、环境对组织设计的影响

（一）组织的环境领域

组织是一个开放的系统，必然与周围的环境发生密切的关系。组织环境是指存在于组织边界之外，可能对组织的总体或局部产生影响的所有要素。组织的环境领域按其对组织活动与目标所产生的直接或间接影响，可以分为一般环境和特定环境两部分。

一般环境是指那些对组织的活动与目标产生间接影响的各种环境要素，包括经济环境、政治环境、社会环境、技术环境和自然环境。

特定环境是指组织与之发生直接的相互作用，并且对组织实现目标有着直接影响的那些环境要素，主要包括产业环境和竞争环境，具体包括诸如竞争者、供应商、制造商、服务商、顾客与客户、人力资源、国际环境等要素。

（二）环境的不确定性

对于组织来说，环境中存在不确定因素是必然的，关键在于人们如何认识环境的变化及不确定性，通过组织设计与变革组织来应对环境的不确定性，以取得满意的效果。

环境是如何对组织产生影响的，在此介绍邓肯关于环境不确定性的分析。邓肯在早期权变理论学者研究的基础上，综合探讨了环境的不确定性与组织结构问题。他从组织的变化性和复杂性两个层面来研究组织面对环境的不确定性情况，并且将环境的变动性分为静态和动态，将环境的复杂性分为简单和复杂。

环境的变化程度是指环境变化速度及可预见的程度。环境要素突变也属于变化程度。受国际汇率等因素的影响，外贸生产企业通常处在变化的环境之中，而在金融危机发生之际，企业环境的变化速度则更快，并且难以预测，因而其环境变化程度比内贸企业要高。

环境的复杂程度是指与组织运营有关的外部环境要素的数量与不相似的程度（也称环境的异质性）。一般情况下，一个组织要与之打交道的顾客、供应商、竞争者及政府机构越多，并且环境要素不相似的程度越高，组织面临的环境的复杂性就越高，反之就会相对简单一些。比如，制药企业与生产食糖和食盐的企业相比，制药企业的环境复杂程度要相对高得多。

（三）组织对环境不确定性的反应对策

邓肯构建了一个四方格的模式，横轴表示环境的复杂性（简单和复杂），纵轴表示环境的变动性（稳定和不稳定），每个方格表示不同程度的环境不确定性，即低不确定性、低中度不确定性、中高度不确定性和高度不确定性。在每一种环境不确定状态下，其组织结构应该与环境相配合，采取适当的应对策略。组织对环境不确定性的反应对策具体如图 7-6 所示。

图 7-6 组织对环境不确定性的反应对策

三、技术对组织设计的影响

广义的企业技术是指企业在把原材料加工成产品并销售出去这一转换过程中所涉及的有关知识、工具和技艺，包括机器设备和装置、厂房、工具；员工的知识、技能、方法；工作程序、生产技术、管理技术等。制造技术可以指传统的制造过程，也可以指新的以计算机为基础的制造系统。

技术与组织设计之间存在十分密切的关系。研究技术对组织设计的影响，目的就是设计出能适应和促进生产过程的组织结构，提高生产效率、管理效率和组织效率。

（一）伍德沃德的研究

20 世纪 50 年代，英国工业社会学家琼·伍德沃德（Joan Woodward）最早对工业生产技术与组织结构的关系进行了卓有成效的研究。她根据技术复杂程度对制造企业进行分类，分为单件小批生产、大批量生产和连续生产三类。在此基础上，伍德沃德指出，每一种有着类似目的和类似技术复杂程度的生产系统，都有其独特的组织模式及管理特征。技术复杂程度与组织的结构特征之间的关系见表 7-4。在此研究基础上得出结论：结构特征可以归结为有机式和机械式两类管理系统。单件小批生产和连续生产类型的组织采用有机式结构，大批量生产类型的组织则采用机械式结构。后来的研究结果与她的发现是一致的。

表 7-4　技术复杂程度与组织结构特征之间的关系

结构特征	技术类型		
	单件小批生产	大批量生产	连续生产
管理层次数目	3	4	6
主管人员的管理幅度	23	48	15
直接工人与间接工人的比例	9 : 1	4 : 1	1 : 1
管理人员占全体员工的比例	低	中等	高
工人的技术熟练程度	高	低	高
工作流程的规范化程度	低	多	低
集权程度	低	高	低
口头沟通的数量	多	少	多
书面沟通的数量	少	多	少
总体的结构形态	有机式	机械式	有机式

资料来源：理查德·L. 达夫特 . 2003. 组织理论与设计 . 王凤彬，张秀萍，等译 . 北京：清华大学出版社：233

（二）阿斯顿小组的研究

在伍德沃德的研究之后，英国伯明翰阿斯顿大学的一个研究小组把研究领域扩展到了服务业，通过用技术特征对制造业和服务业的操作进行评价，提出制造业和服务业在技术特征上存在差别的结论。这些技术特征上的差别将影响到组织结构特征，他们进一步对服务业与制造业的组织结构特征进行了比较研究（表 7-5）。

表 7-5　服务技术与制造技术在组织结构方面的比较

组织结构特征	技术类型		
	提供服务	提供产品和服务	提供产品
1. 地区上的分散性	是	一般	否
2. 任务界限	不严格	一般	严格
3. 技术职员专业化程度	高	中等	低
4. 技能的重点	人际关系	技术和人际关系	技术
5. 决策集权程度	低	中等	高
6. 规范化	低	中等	高

资料来源：郑明身 . 2007. 组织设计与变革 . 北京：企业管理出版社：276

如表 7-5 所示，服务技术与制造技术在组织结构的特征方面存在差异。一般来讲，采用制造技术的企业由于是生产性组织，其组织结构特征表现为生产工作场所相对集中，任务界限严格，技术职员专业化程度相对较低，制造业技能的重点主要是技术，一般采取纵向结构，因而集权程度较高，工作的规范化程度也很高。

采用服务技术的组织多是第三产业的组织，涉及的范围比较广。其组织结构特征表现为地区上的分散性，如酒店饭店、商业连锁企业、电信企业等，经营网点都呈现出分散的特征；与生产制造技术相比，其任务界限并不严格；技术职员专业化程度相对较高，如医生、教师、咨询人员、律师等职业，而生产企业一般从业人员的技术专业化程度则相对较低；服务行业大部分工作都要直接与服务对象和消费者接触，沟通十分重要，因而技能的重点倾向于人际关系；由于经营上的分散性，服务企业的集权化程度相对较低，其标准化、规范化的程度也比较低。

（三）佩罗提出的部门级技术与部门设计的关系

组织中依据职能划分的各个部门的技术是有所差别的，如大型的生产企业通常要设置技术、研究开发、生产制造、质量管理、广告、销售、人力资源、财务等几十个部门，各个部门的技术均有其特殊性。查尔斯·佩罗（Charles Perrow）首先对不同部门的技术加以分类，并确定技术的性质，进而提出部门技术的不同，使得结构和管理过程不同，管理者应该从满足特定技术的要求出发来设计他们的部门。佩罗从任务多样性和问题可分析性两个维度考察技术，并在此基础上区分出四种主要类型的技术：常规技术、手艺技术、工程技术和非常规技术。

任务的多样性是指工作中例外事件的数量，如果工作中常有不可预料的意外，则可能面临许多问题，技术的多样性就高；如果日常工作任务是重复性的，并且很少有意外发生，技术的多样性就低。例如，文秘、打字员、银行出纳员、装配线工人等从事的工作，其工作技术的多样性属于比较低的，而像外科医生、研究开发人员所从事的工作，其工作技术的多样性就比较高。

工作活动的可分析性指技术在工作过程中可被分析或分解的程度。有的工作能够被分解为机械步骤，有些工作却不能被分解。例如，一架钢琴由 8000 多个零件组成，构造如此复杂，因此钢琴调音师和钢琴修理师的工作显然难以分解。

佩罗在对技术的分析中发现，在部门中可分析性和多样性通常是相关联的，多样性高的技术往往可分析性比较低，即属于非常规技术；而多样性低的技术通常有较高的可分析性，即工作技术比较简单，是可以被分解的常规技术。这样，将可分析性和多样性结合在一起，就可以被合并成一个单项目的维度——常规技术—非常规技术。

在对技术分类和确定技术性质的基础上，就可以确定与之相适应的结构。在进一步分析了与部门所采用的技术相联系的结构特征后，佩罗把部门的整体结构概括为有机式的和机械式的两类：①常规技术往往与机械式的结构和过程相关联，通常标准化、规范化程度较高，高度集权，管理跨度较宽，较少的培训及经验，采用正式的沟通；②非常规技术与有机结构相关联，部门管理的灵活性较高，大多数结构特征与常规技术下的机械式结构相反。比如，财务部门和生产部门的机械式特征的典型性就比较突出，而研发和销售部门则是有机式特征比较突出。

按技术要求进行部门设计是组织设计中十分重要的部分，研究表明，部门结构和沟通方式如果没有反映出技术的要求，这一部门就倾向于是低效率的。部门的低效率终将导致整个组织的低效率。

（四）计算机集成制造技术与组织设计的关系

在伍德沃德的研究之后，出现了若干新的制造技术。计算机集成制造是一项新技术，它的采用将会给组织设计及管理带来较大的影响。目前有关计算机集成制造技术与组织特征间关系的研究还不多。

计算机集成制造系统（computer integrated manufacturing system，CIMS）是在信息技术和工业自动化的基础上，将企业的经营、管理、计划、产品设计、加工制造、销售及服务等环节与人力、物力、财力等生产要素集成起来，构成一个高效益、高柔性的智能制造系统，包括计算机辅助设计（CAD）、计算机辅助制造（CAM）和集成信息网络。与传统的大批量生产技术相比较，在使用计算机集成制造技术的企业中，组织结构的特征项表现出以下特点：管理幅度较宽、层次少，任务具有适应性、手艺性特征，专业化分工程度低，倾向于分权，整体上表现出有机式和自我调控；同时以团队形式为主，个人掌握的技术应该是较宽泛的。

四、组织的规模与生命周期的影响

（一）组织规模对组织结构的影响

组织的规模对其结构具有明显的影响作用。对企业规模认定可以通过不同指标加以衡量，常见的有员工人数、资产总额、年生产（销售）能力等指标，但在组织设计中通常以人数来衡量组织规模。一般认为，规模大的企业首先表现在业务量增大且复杂，人数增多（但人数与规模之间不一定始终呈线性变动），与之相对应的就是劳动分工协作关系深化，部门和管理层次增加，给控制带来难度；需要有更加完善的管理制度，规范化程度提高；集权与分权的关系更加复杂；组织趋向于纵向层级、机械式的复杂的结构。因此，在组织设计时必须考虑规模的影响。大型组织与小型组织在组织结构特征项方面的比较见表 7-6。

表 7-6　大型组织与小型组织在组织结构特征项方面的比较

组织结构特征项	小型组织	大型组织
规范化程度	规范化程度较低，松散的管理，具有较强的适应性和灵活性	规范化程度较高，健全的制度和控制标准
集权化程度	较高	高度—中度
复杂化程度	专业分工较粗、部门较少、管理层次少、扁平化倾向	专业分工细、部门较多、管理层次较多、纵向层级及纵向关系
人员结构比率	管理者相对较少，企业创办初期常常有兼职管理者	规模经济将会导致高层行政管理人员的比率实际上相对比较低；办事员、职能辅助人员的比率会随大型、复杂的组织对专业技能有更大的需要而提高
结构类型	有机式、简单的结构	机械式、复杂的结构

（二）组织生命周期对组织结构的影响

组织生命周期的概念最早是葛瑞纳（Larry E. Greiner）在 1972 年提出的，他认为组织的成长如同生物的成长一样要经过诞生、成长和衰退几个过程。后来奎因（Quinn）和卡梅隆（Cameron）把组织的生命周期进一步划分为四个阶段，即创业阶段、聚合阶段、规范化阶段和协作阶段，并且每个阶段都由两个时期组成——组织的稳态发展时期和组织的变革时期。

事实上呈成长状态的组织都会从生命周期的一个阶段演进到另一阶段，组织的演化成长呈现出明显的生命周期特征，即组织结构、内部控制系统及管理目标在各个阶段都可能不同。对组织生命周期特征的认识可以帮助管理者正确理解组织每一阶段不同目标下的组织特征、面临的问题，并采取积极有效的措施应对问题，有助于组织顺利、良性地发展到生命周期的下一阶段。

由于在组织的发展过程中，组织的规模、目标、生产经营范围等在不同时期会有所不同，因而组织结构、控制系统、高层管理风格、组织行政化的程度等也会呈现出不同的特征。组织在不同阶段的发展特点与组织结构特征可以概括如下。

1. 创业阶段

创业阶段的企业规模小，以生存为主的简单目标，单一的产品或服务。

组织结构特征表现为组织的管理规范化程度低，非正规的结构，高层管理者制定组织结构框架并控制整个运行系统，控制系统是人治的、家长式的，创业者一个人全权指挥，组织是非行政化的。随着组织的成长和生产经营的扩大将导致对职业经理人的需求。

2. 聚合阶段

聚合阶段的组织发展特征体现在当组织进入成长期之后，目标已由生存转向寻求持续的增长。但产品和服务还是相对简单，以一类主导产品为主，但有了一些改变。

组织结构特征表现为企业的正规化程度有所提高，开始出现了一些正规的制度，但组织结构基本上仍属于非正规。控制系统基本上还是人治的，集权化程度很高。高层管理体现超凡魅力的特征，组织呈现出前行政化特征。

3. 规范化阶段

规范化阶段的组织发展特征体现在随着组织规模的扩大，当组织发展到了基本成熟的阶段之后，目标转变为追求内部稳定和实现市场扩张；产品或服务比较成熟，形成一个系列，并开始有了独立的创新研究机构。

组织结构特征表现为开始出现行政式机构特征。制定了大量的规范化程序和制度、自上而下正规的控制系统；劳动分工深化，明确的层级制、增设职能专家；控制之下的授权，集权化特征比较明显。

4. 协作阶段

协作阶段的组织发展特征体现在步入成熟期的组织规模很大，其目标主要是追求企业地位、声望和更加完善的组织；生产经营不断扩大，形成多个产品或服务系列，并形成制度化的研发部门。

组织结构特征表现为组织呈强行政式机构特征。由于组织规模巨大，官僚化和高度集权，如果继续演化会导致企业步入僵化，给企业的运行带来困难。因此，组织的管理者会试图在组织内部发展某种团队工作思想，或在部门当中采取小企业式的思维，以防止进一步的行政机构化。管理当局也可以对行政式机构进行变革，使之精简和流程化，为组织发展再创活力。

<h2 style="text-align:center">本 章 小 结</h2>

组织职能是管理职能中的核心职能。与传统的组织职能相比，现代组织职能的研究领域有了进一步的发展，不仅研究组织内部的结构形态和活动协调方式，同时关注到组织系统的开放性，引入权变理论，重视结构变量（复杂性、规范性、集权性）与情境变量（战略、环境、技术、组织规模、组织所处生命周期阶段）对组织设计与变革的影响。在组织设计中，围绕组织目标所进行的部门划分、管理层次与管理跨度、集权分权等方面的设计安排形成一定的组织框架，同时还必须规定各级机构和各级管理人员的职责和权力，确定纵向横向协调关系，使组织形成一个能够正常运作的有机整体。

案例 G公司的组织分工与协调

某香精香料（广州）有限公司（本案例简称G公司）是世界十大香料供应商之一的跨国企业的中国分公司。该公司拥有一支富有国际经验的知名调香师团队，他们为公司的四个主要产品应用领域研制香精香料。创新能力、产品的高质量高安全标准以及客户导向，让该公司拥有一批忠实的国际知名化妆品及日化产品客户。作为一家国际化的公司，G公司拥有自己的创意中心，其调香师基于对当地客户需求和品位的深入研究，从广泛的当地原材料中择选优质的香精香料为客户提供更高性价比的产品。

G公司现有的组织结构是在总经理、常务总监的领导下"前端—后端＋支持职能部门"的组织结构，前端组织主要包括与前端市场接触的销售部、市场部和产品应用部；后端组织主要包括调香部/研发部、评香部、生产部、质检部；支持职能部门包括行政部、人事部、财务部、信息技术部、采购部、跟单部、保洁部。其组织结构如下图所示：

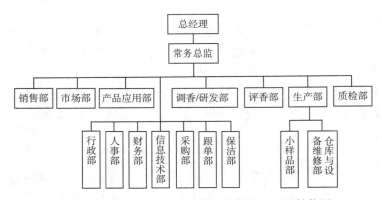

G公司的"前端—后端＋支持职能部门"组织结构图

从G公司的组织结构图中可以看到，小样品部、仓库与设备维修部是隶属于生产部管理的下属部门，因此，生产组织具有组织层级比较复杂、组织成员众多的特点。

"前端—后端＋支持职能部门"的组织结构模式下，后端生产部假如设计不当，容易出现部门交叉工作项的分工不尽合理、不明确等问题，这些问题往往会严重制约企业生产部门组织绩效的提升，影响企业组织结构设计与部门职能划分。

G公司的后端生产部组织绩效不高的原因主要是生产部与隶属于生产部管理的两个部门之间的关系没有理顺造成的。该公司的生产组织现行的运作及存在的问题如下：

1. 后端组织的纵向管理层次和横向部门分工比较混乱

企业的实际运作现状：企业要求后端组织由生产部统一管理小样品部、仓库与设备维修部；生产部和小样品部、仓库与设备维修部三个部门各自分别由部门主管管理，形成了一种三部门分别管理的模式。生产部经理在三个部门之间的管理处于一种较松散的管理模式。

企业现行存在的问题：三个部门各自有主管负责的机制弱化了生产部经理管理的权威性，公司确定的小样品部、仓库与设备维修部隶属于生产部管理形同虚设，生产部貌似与两个隶属部门同级，不能统一管理，提高管理成本。由于生产部经理在三个部门间的管理处于一种松散的管理模式，因而三个部门之间存在较严重的信息沟通不畅问题。生产部经理对于各个部门的管理状况无法及时地了解与控制，不利于将需要三个部门配合完成的项目任务信息快速地传达给隶属部门，更因各部门各自为政，资源无法及时整合而可能影响到生产任务的顺利完成，导致绩效水平下降。

2. 后端组织对协作性活动的协调没有形成制度化

企业的实际做法是：各个部门各自为政，都有管理本部门的相应的管理权，相互之间的工作交叉项的协作没有明确的制度性的规定。

企业现行存在的问题：各个部门各自为政，相互之间的工作交叉项互相推诿、无人负责，例如，经常会遇到同时涉及几个部门之间的工作协调不力，出现问题不知道谁来负责，找不到相关的人能够负责处理和决策，无人负责部门之间交叉工作的协调。最终可能导致三个部门不协作或协作效率低下，严重地影响整个后端生产和组织整体绩效的提升。

资料来源：根据华恒智信案例研究中心资料进行整理。

http://www.chnihc.com.cn/research—center/research—case/

【思考题】

1. 根据所学组织理论，为该公司提出后端生产组织层次间分工模式调整方案。

2. 该公司三个相关生产部门之间的交叉工作较多，应由谁负责整合这些交叉工作及临时的协作事项？

3. 当组织规模过大，组织协调工作出现的频度高时，为分担上层管理者的负担，又应如何解决？

复习思考题

1. 试比较传统组织与现代组织的组织设计目的的要求有什么区别？为什么？

2. 组织设计的内容主要有哪些?

3. 组织设计一般应依据哪些原则?

4. 说明管理层次和管理幅度的关系。影响管理幅度的因素主要有哪些?

5. 影响集权与分权程度的主要因素是什么?

6. 简述影响组织设计的权变因素。你认为研究这些权变影响因素有实际意义吗? 为什么?

第八章

组织设计(下)——组织结构模式

本章学习目标

1. 掌握基本组织结构的特点、优缺点及适用条件。
2. 掌握矩阵结构、动态网络结构的组织形式和适用条件。
3. 根据组织面临的不同情况进行组织结构的适当选择。

组织目标的差异,决定了组织结构设计上的差异性。下面介绍几种常见的组织结构模式:职能型结构、分部型结构、混合型结构、矩阵型结构、动态网络型结构。

■第一节 职能型、分部型和混合型结构模式

一、职能型结构

(一)职能型结构模式

职能型结构简称 U 型结构(unit form)。职能型结构是以组织的活动为主来确定结构,即按照组织的职能划分部门,在此基础上,将职能导向加以扩展,使之成为整个组织的主导形式。图 8-1 所示为典型的职能型组织结构。

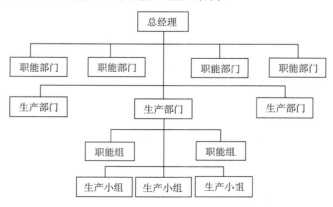

图 8-1 典型的职能型组织结构

（二）职能型结构的优缺点

职能型结构的优点如下。

（1）有利于职能部门内部实现规模经济。职能型结构将同类知识和技能集中于同一部门，专业分工有利于获得规模经济性，避免组织资源的重复配置，减少浪费。

（2）有利于促进部门内知识和技能向精深发展，提高效率和专业化管理水平。

（3）管理权力高度集中，便于高层对整个组织的严格控制。

职能型结构的缺点如下。

（1）部门之间的横向协调差。各职能部门常常会因为追求职能目标而忽视整体目标，没有一项职能对最终结果负全部责任。部门之间缺乏交流合作，且容易导致矛盾冲突增多。

（2）组织的高层领导负担重。与第一个缺点相联系，职能型结构在组织部门之间出现的问题，往往总是将决策推到高层才能使涉及多部门的问题得到解决，因而会增加高层领导协调与决策的工作量及难度。

（3）对环境变化的反应迟钝。由于各个职能部门关注的是职能目标与本部门的活动，不直接与市场发生关系，因而导致整个组织对市场变化的反应慢，适应性差。

（4）不利于培养出高层通才管理者。由于各职能部门主管具有一定的专业职能分工，因而限制着他们扩展其知识、技能和经验，并且养成了注重部门工作与目标的思维方式和行为习惯，使他们难以胜任高层领导职务。

（三）职能型结构适用的条件

职能型结构是一种集权程度比较高的组织形态。组织初创阶段，往往规模比较小，产品品种（服务）单一或仅有少数几种产品，市场环境比较简单，这时组织需要更多的集权，在此情况下适合选择职能型结构。

二、分部型结构

（一）分部型结构模式

分部型结构简称 M 型结构（multidivisional form），亦称事业部制组织结构、多分支公司结构。由通用汽车公司和杜邦公司在 20 世纪 20 年代首创。分部型结构设计和建立自我包容的单位，实行"集中政策，分散经营"的管理原则。每个事业部一般都是自治的，由分部经理对全面绩效负责，拥有充分的战略和运营决策的权力，具有产品的研发设计、原材料采购、生产、销售等权力，独立核算，自计盈亏或自负盈亏。

公司总部主要掌握人事、财务等方面的控制权，通过利润、成本、销售额等一些重要指标对事业部的经营进行控制；或者母公司凭借股权，通过董事会影响和左右子公司的经营活动，达到控制的目的。

在这种结构下，可以按照单项的产品或服务、产品组群、大型的项目或规划、业务或利润中心、业务所涉及的地区等多种形式的划分来组建事业部。图 8-2 所示为典型的事业部制组织结构。

（二）分部型结构的基本组织形态

按照事业部独立程度的高低，可以分为战略事业部和独立事业单位两种基本组织形态。

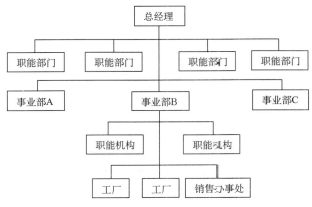

图 8-2 典型的事业部制组织结构

1. 战略事业部

战略事业部是一种独立的产品或业务经营单位。战略事业部如同设在大企业中的小企业，全面负责产品的研发、生产、营销等一系列工作的组织、规划和实施。一般以事业部或分公司的形式存在。

2. 独立事业单位

与战略事业部相比，独立事业单位是一种分权程度更高的分部式组织结构。这种组织的分部是作为母公司的一个具有独立法人地位的事业部（子公司）的形式存在，它有独立的经营机构和独立的经营自主权，不管其业务活动是否与母公司战略性业务相关联，独立事业单位必须对母公司承担利益责任。一般大型公司和大型跨国公司多采用这种组织形态。比如，美国强生公司是一家大型跨国公司，拥有 18 个独立的事业部，每个事业部都是独立注册的企业，在集团公司总部指导下开展业务。

分部型结构可以根据组织需要设置事业部，主要有按产品（产品系列）的独立性或重要程度划分和设置事业部，可称为产品分部型结构；按业务所涉及的地区划分和设置事业部，可称为地区分部型结构。图 8-3 所示为美国苹果计算机公司的地区分部型结构。

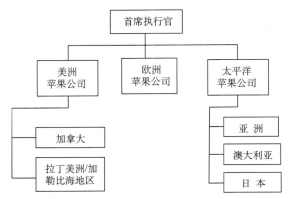

图 8-3 美国苹果计算机公司的地区分部型结构

（三）分部型结构的优缺点

1. 分部型结构的优点

分部型结构的优点如下。

（1）可以使最高管理层摆脱日常繁杂的行政事务，专注于公司的战略决策事务。

（2）扩大了事业部的分权，各部门可以更好地从自身业务特点出发，有效地整合资源，发挥事业部的主动性和积极性。

（3）事业部直接面向市场，产品责任和接触点明确会使顾客满意，提高对市场的敏感适应性，有利于适应不确定环境中的快速变化。

（4）有利于实现组织内部跨职能的高度协调。

（5）每个事业部都如同企业内部的一个小企业，有利于培养部门级的通才管理者。

2. 分部型结构的缺点

分部型结构的缺点如下。

（1）失去了职能部门内部的规模经济。

（2）导致产品线之间协调差，使跨产品线的整合和标准化变得困难。

（3）设计不当会导致管理成本上升和资源浪费。由于机构重复会造成管理人员增多和成本上升，同时也造成物质资源和人力资源的浪费。例如，青岛啤酒曾有过如下情况：各产品事业部都设有自己的销售公司，同一企业不同事业部的销售代表同时活动在某城市的同一条街上，因而造成企业资源的极大浪费。各事业部一般不愿意共享资源，都想控制全部资源。

（4）各部门本位主义倾向严重，限制了资源共享，因而会导致企业总体利益受损，并影响到企业长期目标的实现。

近年来，西方国家大型企业所出现的超事业部制是对战略事业部制结构的一种改进。这主要是企业规模过于庞大，事业部过多而导致管理幅度过大。因而在总公司与各个事业部之间又增加了一层管理机构——超事业部，目的是加强对各事业部活动的协调，进一步减少最高管理层的繁杂行政事务，使其能够集中于企业更重要的战略决策与指挥。

（四）分部型结构适用的条件

与职能型结构相比，分部型结构是一种分权程度较高或很高的组织形式。当企业规模扩大、经营多样化、环境复杂时，高度集权的体制不能适应组织和环境的发展变化，必须考虑采取分权的组织体制。事业部制适合于企业规模超过中等程度，已形成多个产品（系列）或服务，面对多个市场的情况下采用。

分权事业部制是美国通用汽车公司特定时期在组织管理体制上从集权化向分权化转化的一种改革。但是，一个企业对于强调集权还是强调分权并不是绝对的，一般视企业的需要和外部条件影响决定。在不同时期、不同条件下，企业的集权与分权的程度可能会不同，或根据需要进行必要的调整，以保证组织目标的实现。

三、混合型结构

现实中许多结构并不是以某种纯粹的组织形式存在的。为了适应当今复杂的商务环境，组织通常将各种组织形式的特点结合起来，形成一种混合型结构以适应特定的战略需要。常见的混合型结构，如公司将职能型结构与产品事业部结构结合、职能型结构与地区事业部结构结合、职能型结构与矩阵型结构结合等，形成混合型结构，这样可以更好地发挥不同组织结构的优点,克服其缺点,取得了很好的效果。而在实践中证明混合型结构具有更大的灵活性,因此可以较好地适应迅速变化的环境。图 8-4 所示为某石油制品公司混合型结构的应用范例。

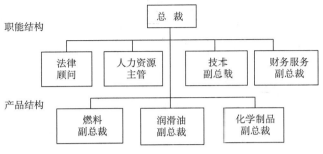

图 8-4　某石油制品公司混合型结构

第二节　矩阵型结构模式

一、矩阵型结构模式

矩阵组织是一种在 20 世纪 70 年代兴起的比较复杂的组织形式,因组织图与数学中的"矩阵"相似,所以被称为矩阵组织,如图 8-5 所示。矩阵结构是由纵横两套管理系统组成的矩形组织结构,一套是纵向的职能管理系统,另一套是为完成某项任务而组成的横向项目系统,纵向和横向的职权具有平衡对等性。该结构打破了统一指挥的传统原则,具有多重指挥。当组织面临环境的高不确定性,组织目标需要同时反映技术和产品双重要求时,矩阵组织是一种比较理想的组织形式。

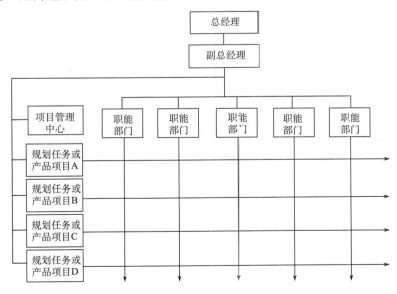

图 8-5　矩阵型结构示意图

组织中由于新课题或新规划项目的需要组成新的机构,形成一种横向的领导系统。

矩阵组织形式产生出双重的权力和职责，即职能经理有管理技术领域的权力；项目经理（横向领导系统的经理）有管理规划项目、新产品及产品系列的权力。

课题或规划项目所需要的人员在开展工作过程中，一般可以采取两种管理方式：一种是将调集的不同专业的人员组成若干新的机构，一般情况下他们接受双重领导，即在执行日常工作方面，接受原来部门的垂直领导，在执行项目任务方面，接受新机构负责人领导。另一种是不打乱原来机构人员的隶属关系，只是针对新项目进行松散的联系和协作来开展工作。

二、采用矩阵型结构所应具备的条件

矩阵型结构的基础是部门的界限不十分严格。人员可以根据需要加以调动，在一定时期同时从事两项甚至更多的工作，并同时服从横向系统和纵向系统的领导。但是，并不是所有组织都适合采用矩阵型结构，因为采用该种结构有一定的条件限定。现代组织理论专家达夫特（2003）认为，采用矩阵型结构主要有以下三个限定条件。

条件1：存在跨产品线共享稀缺资源的压力。这类组织通常只有中等的规模，拥有中等数量的产品线，这些产品线之间存在人力和设备灵活调用与共享的压力，但组织的规模还没有达到足以给每条生产线配备专用的人力资源或设备的时候，往往需要双重职权来进行协调处理。

条件2：环境压力使组织需要提供两个或更多方面的产出，如尝试的专业技术知识和知识不断更新的产品。这时组织就需要在纵向和横向两个方面保持权力的平衡。

条件3：环境不仅复杂而且充满不确定性。外界的频繁变化和部门之间的高度依存关系也要求组织在纵向和横向两个方面都具有较高的协调性和信息处理的共享。

概括地说，矩阵型结构适合于拥有多种产品线的中等规模的组织。

三、矩阵型结构的优缺点

（一）矩阵型结构的优点

矩阵型结构的优点如下。

（1）增强组织结构的协调性和弹性。矩阵型结构弥补了职能型和分部型结构的一些缺陷，打破了传统的一个人只受一个部门领导的管理原则，使垂直系统和横向系统的联系、集权与分权很好地结合起来，加强了各部门之间的协作与联系。

（2）资源的共享与使用具有更大的灵活性。矩阵型结构可以使专业人员和专用设备能够得到充分利用，将管理和技术人才集中于能产生竞争优势的关键业务活动环节。

（3）为职能和产品两方面技能的发展提供了机会。

（4）对环境的适应性较强。矩阵型结构可以适应不确定性环境中频繁变化和复杂决策的需要，灵活性较强。

（二）矩阵型结构的缺点

矩阵型结构在任务、部门的界限、权力线的划分、为完成工作任务和目标的资源分配等方面并不是泾渭分明的。如果企业的管理者素质及整体管理水平不高，员工又不理解该模式，则采用矩阵型结构形式往往带来以下两个问题。

（1）员工将面临双重的职权关系，容易产生无所适从和不知向谁负责的混乱感。

（2）在协调垂直系统和横向系统的关系方面容易出现问题。首先容易产生权力争斗的倾向，两个权力系统的管理者为领导权、资源分配和控制等问题容易引发争斗；其次因处理冲突需耗费一定的时间和精力，如频繁地开会协调问题；最后需要做出很大努力来维持权力的平衡。

因此，要求矩阵组织形式下的领导和管理者在管理意识、领导风格，以及管理水平等方面达到一个较高的水准和层次，员工方面需要接受人际技能方面的训练，以适应矩阵型结构形式下管理的需要。否则，采用这种结构形式的效果将会适得其反。

■ 第三节 动态网络型结构模式

一、动态网络型组织结构的概念

（一）动态网络型组织的产生

人们通常把传统企业组织形式称为实体型企业。实体型企业是工业时代的产物，它具有功能完备、科层制、边界分明的有形化或实体化等特点。自20世纪60年代起，由于买方市场的出现和人们消费观念的变化，与实体组织相适应的市场环境开始变得复杂起来。到了80年代，经济的全球化、信息化更加剧了企业竞争环境的变化。面临复杂多变的环境，实体型企业的组织形态逐渐显现出市场反应慢、应变能力差的缺点，以及企业由于追求完备而导致的资源分散、主业不突出、无法形成核心竞争力等问题也日渐突出，在此情形下，企业组织结构开始了变革，以动态分工和知识联网为特征的动态网络组织结构应运而生。目前越来越多的西方企业和中国企业开始借助于这种全新的组织形式迎接全球化竞争的挑战。

（二）动态网络型结构的概念

网络型结构是在20世纪80年代兴起的一种新型组织结构形态。它是一种协作型组织形式，企业内部只保留重要的、关键的、附加值最高的核心业务，其他业务通过与外部相关组织建立研发、生产制造、物流、营销等合作关系来完成。其发展的基础是正式合同、信息化和现代技术手段。

有些大型企业发展了网络结构，使网络结构的外延更加广泛。例如，美国电话电报公司将某些职能外包出去；许多图书出版商将编辑、设计、印刷和装订等活动全部外包出去；还有许多企业将人力资源管理中的工作分析、人才测评、薪酬设计等专业性比较强的职能外包给其他组织去做。

目前越来越多的企业采用网络型结构。美国耐克公司、美国锐步公司、日本SONY公司、美国思科系统公司等都在运用网络型结构进行运作与管理。世界知名的康柏计算机公司，为了快速进入自己不熟悉的个人计算机市场获得竞争优势，一开始便与微软等十几家知名的软件公司进行合作，所需大部分零件均采用外包加工的方式生产，康柏自己仅掌握快速的研发能力及营销网络。康柏凭借这种轻巧的高弹性组合，配合低价策略，快速地占领了个人计算机市场。

二、动态网络型结构的形态与特点

(一) 动态网络型结构的形态

从单体组织来看，采用网络型结构的组织自身只有很小的中心组织机构，以契约关系的建立为基础，将大量的制造、物流、分销、营销或一些其他业务外包给其他企业，依靠其他组织的协作来实现组织的目标。其组织结构图如图 8-6 所示。

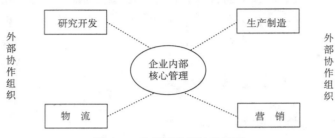

图 8-6   动态网络型结构简图

企业主要设立少量精干的机构负责监管公司内部开展的活动，同时协调和控制与外部协作机构之间的关系。被联结在这一结构中的各经营单位之间并没有正式的资本所有关系和行政隶属关系，只是以正式的协议契约书作为纽带，凭借一种互惠互利、相互协作、相互信任和支持的机制来进行合作。从本质上讲，网络型组织结构的管理者将大部分时间都花在协调和控制这些外部关系上。

从跨越组织边界的角度来看，网络型组织就是在企业之间建立起多种形式的合作关系，使组织自身成为企业外部网络的一个组成部分，成为外部产业供应链上的一个或多个关键"插件"，形成一个互相支持、互相合作、互相依存的企业组织群体。

(二) 动态网络型结构的特点

动态网络型结构具有以下几个特点。

(1) 网络组织强调整体性，即各个协作部分相互关系的协调性。

(2) 动态网络组织平面结构的特点导致企业领导在组织中的地位与功能发生了改变。与传统组织形态相比，动态网络组织是一个平面结构，是由若干个相互依赖、相互作用的部分（团队或机构）构成的，领导人更注重使自己处于事件发生的中心，而不是组织等级的上层，协调与达成一致意见比发布命令更重要。

(3) 组织结构的动态性。动态网络组织又是一个动态结构，其活动同样具有有序性，但网络结构的有序性都是动态的，在不断地与环境交换信息和能量（资源）的过程中保持和发展，它不断地建立、延伸、修改和变形，打破正式组织结构所形成的刚性的界限和领地。网络型结构其实已经超越了单体组织的结构范畴，它是跨企业的组织联系的一种形式。

三、动态网络型结构的优缺点

(一) 动态网络型结构的优点

动态网络型结构的优点如下。

(1) 网络型结构极大地促进了企业经济效益实现质的飞跃，主要体现在：①通过企业间的专业分工以达到生产经营成本最低，利润最大：②简化了机构和管理层次，可以大大降低管理成本，提高管理效益。

（2）网络型结构有利于企业对流行、时尚、多变的产品与市场需求做出快速反应。

（3）网络型结构有利于使组织集中精力做它们最擅长的事。在网络型组织结构中，组织的大部分职能都外包给相关协作组织，这给管理当局提供了高度的灵活性，并可以集中精力做好核心业务。比如美国的锐步（Reebok）公司，没有一家生产工厂，核心业务只致力于附加值最高的设计与行销，产品制造则主要由一些劳动力价格低廉的国家或地区承担。

（二）动态网络型结构的缺点

动态网络型结构的缺点如下。

（1）对制造活动缺乏传统组织所具有的紧密的控制力，质量有时缺乏保证。

（2）在与其他组织的协作中可能会出现一定的安全问题。如果对协作方的依赖程度太强，一旦发生意外情况，将会给企业带来不同程度的损失。

（3）创新产品交由其他组织生产与管理，容易泄密。

四、动态网络型结构适用的组织

最早出现的网络型结构组织多是一些劳动密集型生产行业，如服装业、钢铁、化工业等。随着电子商务的发展和服务外包的兴起，以及外部合作竞争的加强，更多的知识型企业依靠 Internet 等信息技术手段，并以代为加工（OEM）、代为设计（ODM）等网络合作方式取得了快速响应市场变化的经营绩效。目前，动态网络型结构已经从生产制造业扩展到金融业、电信业、图书出版业、文化娱乐等各行各业，并得到很好的运用与发展。

本 章 小 结

职能型、分部型、矩阵型、混合型、动态网络型等组织结构，是管理者和管理学者在长期的管理实践与研究中总结提炼形成的组织结构模式，可以为企业进行组织设计选择提供有益的借鉴。职能型结构在按照组织的职能划分部门的基础上，将职能导向加以扩展成为整个组织的主导形式；分部型结构是一种分权程度较高的组织形式，分为战略事业部和独立事业单位，适合于企业在规模超过中等程度、已形成多个产品（系列）或服务、面对多个市场的情况下采用。矩阵型结构是由纵向的职能管理系统和为完成某项任务而组成的横向项目系统组成的结构。该结构可以具有双重或多重指挥。当组织面临环境的高不确定性，组织目标需要同时反映技术和产品双重要求时，矩阵组织是一种比较理想的组织形式。动态网络型结构是一种新型组织结构形态。它是一种协作型组织形式，企业内部只保留重要的、关键的、附加值最高的核心业务，其他业务则通过与外部相关组织建立合作关系来完成。其发展的基础是正式合同、信息化和现代技术手段。

案例 8-1 某大型房地产公司组织结构优化

M 公司成立于 1999 年，是一家大型综合性的房地产企业。自成立以来，该公司经历了从单项目到多项目，从项目运营向片区运营、从区域到全国战略布局的发展，积累了丰富的开发和管理经验。目前企业的业务领域涉及地产开发、商业运营、酒店管理和物业服务四大板块，产品覆盖普通住宅、别墅、高档写字楼、酒店式公寓、综合商业及大型城市综合体。企业业务覆盖全国近 30 个重要城市，项目开发近 70 个。经过多年的发展，该企业已经走上了集团化、专业化、效益化、国际化的发展道路，企业商标也已经成为中国驰名商标。

在发展初期，企业根据各区域的业务特点，形成了符合各个区域服务特征的组织结构，这一组织结构在很大程度上促进了企业市场份额的扩大和经营业绩的提高。但是近年来企业管理者发现企业中出现了很多问题，例如经营业绩逐渐下滑、产品质量原地踏步、浪费和消耗严重、员工管理成本逐步增加、管理效率下降、员工满意度趋于下降、客户满意度与过去相比有所降低等，一些常年的老客户流失比较明显。

M 公司目前采用的是区域部门化为主的组织结构模式。公司总部下设三大服务区域，分别为长三角区域服务中心、珠三角区域服务中心以及环渤海区域服务中心，各个区域中心包括多个服务城市，各服务城市中安排专门的服务人员经营地产业务、酒店业务或者物业业务。各城市负责人和区域负责人每月向总部汇报计划和工作成果。其组织结构如下图所示：

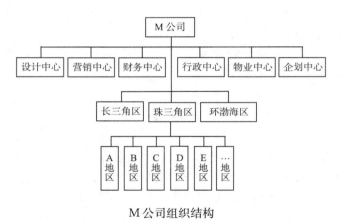

M 公司组织结构

咨询公司对 M 公司区域部门化组织结构进行调研分析，提出该种组织结构有一定的优点，采用行政划分的方式设置不同的服务区域，服务人员的服务范围固定，可以有更多的精力维护客户关系，促使服务人员更加贴近客户，满足客户需求，从而提高客户管理水平。同时，区域主管权力相对集中，决策速度快；服务人员的工作任务划分明确，责权清楚；地域集中，可以节省交通费用，另外区域管理可以提高服务人员的工作主动性，也可以避免产生员工争夺客户的恶性竞争。

经分析发现 M 公司的组织结构同时也存在一定的问题制约了组织发展。区域管理存在不足。一是由于区域设置数量增多，人工成本会随之增多，因此区域管理导致企业耗费了巨大的人工成本。二是随着信息化的不断完善、产品技术含量的逐渐提高,以及客户专业化水平的不断提升,客户对地产、酒店、物业等服务的要求也越来越高。这就对各个区域服务人员的技术水平提出了高要求,但对一企业而言,在每个区域中都配置具有专业技术的服务人员,成本和难度都太大。M公司当前的组织结构已经不适应组织的发展。

资料来源:根据华恒智信案例研究中心资料进行整理。

http://www.chnihc.com.cn/research-center/research-case/

【思考题】

1. 请为M公司重新设计以行业划分或者以专业性划分的组织结构,并说明其合理性。

2. 指出新的组织结构的优缺点。

3. 企业依靠唯一的、适合的组织结构能否获得持续的成功?给你什么启示?

案例8-2 蓝光广告公司的组织结构

蓝光广告公司拥有300余名职工。其广告业务的具体工作内容如下。

(1)与老顾客建立固定联系,搜寻新顾客。

(2)对承揽的广告业务进行文字创作和艺术创作。

(3)对广告内容进行电视制作、电台制作、报纸制作、杂志制作或路牌制作,以及其他制作。

(4)调查各种新闻媒体的性质、栏目、时间、版面、价格,决定整段时间、整段版面、整段地段购买,还是分别购买,并与新闻媒体保持联系。

(5)帮助顾客设计陈列方式、包装样式或商品分配办法。

(6)帮助顾客调查市场、估计潜力、确定广告影响等。

【思考题】

1. 请结合蓝光广告公司的工作内容,为其设计出两种组织结构模式,并用组织图表示。

2. 试分析每种组织结构模式的利弊,以提供给总经理选择。

复习思考题

1. 比较职能型结构和分部型结构的形式和优缺点,说明各自适用的条件。

2. 采用矩阵型结构应具备哪些条件?

3. 分析动态网络型结构的特点与优缺点,说明其适用于哪些组织。

第九章

人员配备工作

本章学习目标

1. 了解组织中人员配备的主要工作内容与人员配备原则。
2. 重点了解管理人员的选拔程序与方法，以保证人员配备的正确性。
3. 正确掌握考核标准与考核方法，加强对人员的控制与激励。
4. 重视人员培训的内容及方式的针对性与实用性，保证管理者素质的不断提高。

人是组织活动中的主体。组织中的人员配备是组织工作的一个重要组成部分。人员配备一般应包括组织中所有人员（管理人员、技术人员、作业人员）的配备。在管理学中泛泛地研究全部人员的配备意义不大，而研究管理人员的配备更具代表性，因为一个企业整体素质及经济效益的高低，与管理人员有着密不可分的关系。本章简单地介绍组织中的人员配备，重点介绍管理人员的配备。

第一节 人员配备的工作内容与人员配备原则

人员配备是指组织在职务分析的基础上，将合适的人员安排在组织设计所规定的岗位上，承担一定的工作职务，以保证组织正常运转并实现组织目标的职能活动。人员配备包括人力资源计划、选拔、任用、调动、考核、评价、培训等一系列的工作。

一、人员配备的主要工作内容

组织中的人员配备一般应包括一般管理人员、技术人员、操作人员的配备。其主要工作内容包括以下四个方面。

（一）通过工作分析确定职务数量、类型及工作岗位定员

工作分析又称职务分析，是全面收集某一项职务的工作信息，对该项职务的工作内容和职务规范（任职资格）进行描述，制定出职务说明和职务规范的系统工作过程。

组织要通过职务分析来确定必须设立多少配备各类人员的职位；这些职务（工作）的性质、内容、任务、环境条件；不同的职务所需人员数量；承担各项工作的人员应具备什么样的知识、能力、技术、心理、生理特点。因此，工作分析实际上是人员配备工

作的首要内容，只有先确定了职务数量、类型及工作岗位定员，才能进行人员配备的后续工作。

（二）选择配备人员

选择配备人员就是根据工作说明书职务描述所提供的资料，通过内部选拔和外部招聘，按照科学适当的选拔程序和方法，择优选择合适的人选，将其安排到相应的工作岗位。

工作说明书的职务描述部分较详细地拟定了工作资格，列举并说明适合从事某一职务的人员所必须具备的个人特质条件与所受的训练，包括知识、技能、经验、能力、体格及特性，供企业内部选择配备人员和供外部招聘员工使用。

（三）员工培训

员工培训是指组织通过对员工进行有计划、有针对性的教育和训练，使其能够改进目前知识、技术、能力和工作态度，达到组织的工作要求的一项连续而有效的工作。

组织依据不同时期的工作任务及要求，确定培训目标、培训对象和培训内容，选择适当的培训方法对员工进行培训。一般情况下，员工培训的依据主要是工作说明书中对每一职务的有关工作方面的标准与要求。

（四）对员工工作绩效进行考核与反馈

工作绩效考核与评价，就是检查和评定职工对职务所规定的职责的履行程度，以评定其工作成绩，是对员工在一定时期内对组织的贡献做出评价的过程。对员工工作绩效的考核评价是组织中人力资源管理的一个重要组成部分。

工作绩效考评主要包括确定考评内容、确定评价标准和评价指标及指标体系、选择适当的评价方法、对评价结果进行反馈和将评价结果记入个人档案。

二、人员配备的一般原则

企业配备管理人员一般根据职务的实际需要，结合对预选人员的功能测定，将其安排到合适的岗位上。对管理人员的配备一般应遵循以下原则。

（一）因岗配人原则

根据一定的职位需要配备相应的合适的人员，这是因事择人，也是人员配备的一般规律。一般情况下应杜绝因人设职。

（二）任职者与能级动态对应原则

任职者与能级动态对应原则包括两层含义：首先要求任职者的能力与工作相对应，是指量才用人；其次要求任职者的能力与能级动态对应。

量才用人要求根据职位对知识、技能和能力的要求配备合适的任职者，如此可以保证事得其主，人尽其才。如果人的能力大于工作的能级，其能力不能全部得到发挥，更谈不上潜能的挖掘，同时也是一种人力资源的浪费。反之，如果人的能力小于工作能级，力不能及，虽经努力终因自身水平能力的局限难以完成工作，不利于保证工作质量和效果。将人员安排到合适的职位上，可以充分发挥任职者的现实才能和潜在才能。

任职者的能量与能级动态对应则要求如果人的能量发生变化，所处的能级也应更换，将其提升到更高的职位上发挥其才能，或者原来能级的工作水平要求更高，而处于该职位的管理人员停滞不前，各方面已不能适应该能级的工作需要，就应降级使用。只有这样，才能保持组织最佳的管理状态和较高的管理效能。

（三）群体相容原则

组织中人员配备的群体相容是指分工协作关系适当，结构合理，人际关系相容。由于组织内部分工与协作关系比较复杂，在人员的配备上不仅要求分工合理，协作紧密，同时还要求群体成员之间的心理相容，这是人员配备需要重点考虑的问题。群体的相容度对人际关系、群体的士气、群体行为的一致性和工作效率具有直接影响。因此，在组合群体成员时，需要关注以下三个问题：①创造和谐的、健康的群体组织氛围；②注意成员之间性格的协调与相容；③注意成员的专业知识、经验、能力、年龄和性别等方面合理搭配，取长补短，从而形成最佳的人员组合。

■ 第二节 管理人员的选拔

一、选拔管理人员的标准

选拔管理人员应注意掌握一定的标准。一般可以将这些标准概括为两大类：一类是基本素质标准；另一类是知识能力标准。

（一）基本素质标准

基本素质标准包括政治思想素质、品行素质、业务素质和身体素质。

（1）政治思想素质。首先要求管理者应该具有较高的政治觉悟和思想修养；具有较强的事业心和责任感，不断进取；思维敏捷，观察力强，乐于接受新观念新方法，勇于创新改革，坚持科学发展观。

（2）品行素质。品行方面要求公正廉洁、大公无私、为人质朴、作风正派、实事求是；言必信，行必果，言行一致；心胸开阔，襟怀坦荡，知人善用，爱才求贤。

（3）业务素质。业务方面要求有较全面的知识和较高的业务技能，能在实际业务工作中发挥示范作用，有号召力。

（4）身体素质。身体应健康无恙，年富力强，精力充沛，能胜任繁重的管理工作。

（二）知识能力标准

知识能力标准包括对管理人员的知识结构和能力结构方面的要求。

（1）管理人员的知识结构。管理人员要精通本专业的业务，具有丰富的从事某项管理工作应具备的业务知识，同时，还应广泛涉猎社会学、经济学、人文科学，以及进行企业管理定量分析所需的数学、计算机应用、运筹学等学科的知识和方法。

（2）管理人员的能力结构。管理人员的能力结构主要包括在一定知识水平和基本素质的基础上，综合处理和解决各种行政、技术、业务、人际关系问题的能力。这些处理各种问题的能力对一个管理者来说在某种程度上甚至比管理人员的知识更重要。但是，各种能力的发挥一般要以具备一定的知识为前提。二者互相结合，互相促进，可以收到相得益彰的效果。

二、管理人员的选聘方式

管理人员的选聘方式主要有两种，即内部安排和外部招聘。

（一）内部安排

内部安排管理人员是指从组织内部选择条件合适的人员来充实组织中的各个空缺位置。它包括两种情况：一种是平调安排管理人员，另一种是由较低职位提升到较高职位。

实行内部安排一般要求人事部门建立管理人员和主管人员的日常工作考核档案，建立对非管理人员中重点培养对象的工作表现的观察纪实档案，以便在需要调动或选拔提升时有据可考，发现合适的人选。内部安排既有优点，也具有一定的局限性。

1. 内部安排的优点

内部安排的优点主要如下。

（1）人事部门对组织内的管理人员和重点选拔对象有较详细可靠的考核记录，便于评价选择，量才用人，适当安排。

（2）内部提升可以激励组织成员不断充实提高，努力进取，为个人发挥才能提供极大可能或使之变为现实。

（3）内部安排或提拔的人员对组织内部各方面情况比较熟悉，能很快进入角色，有利于管理人员迅速开展工作。

（4）组织中平调的人事变动可以使一些人有变换工作的机会。平调是指同一等级上的工作变动，它提供的机会主要体现在工作岗位的重要程度或岗位工作与人员专业特长的匹配上。如果变动适当，可以调动任职者的积极性和主动性。

2. 内部安排的缺点

内部安排的缺点主要如下。

（1）备选人员来源的局限性。其来源只能来自组织内部，具有人员来源的局限性，同时正是由于人员来源的局限性，决定了人员的专业、水平、能力等方面的局限性。

（2）容易产生"近亲繁殖"的现象。一个组织的领导及管理人员的工作作风和管理方式往往存在传承、沿袭、效仿、近似等习惯性的做法。如果组织都选用内部人员担任主管工作和领导工作，则不可避免地会产生由"近亲繁殖"导致的负效应，不利于组织在管理方面更新观念，吸收先进的管理方法进行大胆创新。

（3）可能发生"任人唯亲"的情况。虽然人事部门对管理人员的提拔、变动有档案记录，但在若干人选的条件基本相同的情况下，不排除候选人与领导的个人关系的亲疏将起到决定作用。

（4）引起未被提升人员的不满，使其积极性受到挫伤。每一次人事变动中，由一般作业人员提拔到管理人员、由管理人员升为主管人员的这种机会不可能落到每一个人身上，而多数人都有努力向上的愿望，那么被提升的人受到激励，未被提升的人则可能受到挫伤。因而每一次重大的人事变动之后，企业都应注意到人员的情绪波动和反应。

（二）外部招聘

外部招聘，是指根据组织需要，按照国家的有关政策规定，以公开或半公开的形式，通过全面考核与严格答辩，择优选择管理人员。

1. 外部招聘的途径

外部招聘首先要向外部社会求职人员发出组织的公开或半公开招聘管理人员的信

息。外部招聘可以通过广告、就业服务机构、校园招聘、组织内部员工推荐、网上招聘等途径来完成，而对高管人员和特殊技术人才的招聘，猎头公司不失为一种比较有效的途径。

2. 外部招聘的优点

外部招聘的优点主要如下。

（1）候选人员来源广泛，具备各类条件和不同年龄层次的求职人员有利于满足企业选择合适人选的需要。

（2）有利于组织吸收外部先进的经营管理观念、管理方式和管理经验，内外结合不断开拓创新。

（3）对外招聘管理人员在一定程度上可以缓解内部候选人竞争的矛盾。当有空位置时，一些人往往会自我"打分"，评价自己能被入选提拔的希望。在参与竞争者的条件大致相当，竞争激烈，但却又都不太合适的情况下，如果从外部选聘，则可以缓解这一矛盾，使未被提拔的双方或数个候选人心理暂时得到平衡。

3. 外部招聘的缺点

外部招聘的缺点主要如下。

（1）应聘者的条件不一定能完全代表其实际水平和能力，招聘就职之后，不称职者会占有一定比例或相当比例。

（2）应聘者入选后对组织的各方面情况需要有一个熟悉的过程，不能迅速进入角色开展工作。

（3）如果组织中有的人未被选用或提拔，外聘人员的做法会挫伤组织员工的积极性。如果形成外聘制度，则更需慎重决定，因为其影响面可能更大。

以上分析了内部安排和外部聘用的优缺点，究竟哪一种方式选聘管理人员对组织更适合，这就要对人事变动的具体情况进行分析而定。在实际工作中，组织通常采用内部安排与外部招聘相结合的方式配备管理人员和主管人员。

三、管理人员的选聘程序和方法

在组织运行过程中，根据需要会有一定的人事变动、补充空缺位置和提拔主管人员。因此，实施选拔的组织与管理就是一项非常重要的工作。选拔的程序和方法大致包括发布招聘信息、初选、对初选合格者的测定和考核、择优确定入选管理人员。

（一）发布招聘信息

公开招聘是向组织内外公布招聘信息。半公开招聘是只对组织内部公布补充空缺位置的信息。内部选择一般由人事部门主持，公开招聘可由人事部门负责全部工作，也可为此成立临时性的机构。选聘工作机构应通过适当的媒介，公布待聘职务的数量、选聘职务要求的条件、给予聘用者的待遇、报名时间等信息，达到广开"才源"的目的。

（二）初选

可以通过两种形式完成初选工作。

1. 对报名应聘者进行初步资格审查

内部选拔人员可根据对重点培养对象和管理人员的日常工作业绩的考核档案，由人事部门和领导初步决定候选人。外部招聘要根据回收的应聘者的表格资料进行资格审查，初步确定合乎招聘条件的候选人。

2. 面谈

面谈是一种直观的初步鉴定评价人员的形式。根据人事部门设定的谈话范围，目测候选人的仪表、举止、言谈，较直观地初步了解候选人的语言表达能力、逻辑思维和思维敏捷程度、知识广度和对问题的认识深度。面谈的好处在于可以淘汰掉明显不符合职务要求的应聘者，大大减少进一步选拔的工作量和费用。

（三）对初选合格者的测定和考核

对初选合格者可以通过测验、面试、竞聘宣讲与答辩，以及模拟处理实际工作的考核等不同形式来测定和考核其综合素质。

1. 测验

测验是通过考试和测试的方法评价候选人的智力、专业技术、适应性等基本水平和能力，主要包括知识考试、智力测验和个性测验等形式。

（1）知识考试。知识考试主要包括测定知识广度的百科知识考试；测定深度的专业知识考试；应聘者对应聘岗位相关知识的考试。

（2）智力测验。智力测验是通过对候选人的智商、知觉准确性、记忆力、敏感性、空间感等方面的测定，衡量其思想的灵敏度和观察及处理复杂事务的能力。

（3）个性测验。它是对被测评人的个性特征和素质的确定。在招聘中通过个性测验，了解一个人个性的某一方面，再结合其他相关指标考虑该应试者适合担任哪些工作。

2. 面试

面试是一种经过精心设计，在特定场景下以面对面的交谈与观察为主要手段，了解应试者素质状况、能力与个性特征及求职动机等情况，从而完成对应试者适应职位的可能性和发展潜力进行评价的一种十分有效的测评技术。

面试是现代人才测评中一种非常重要的方法，它有着其他测评形式不可替代的特点，因此，面试在人才测评与选择中日益受到人们的重视。

1994 年人社部要求全国各地、国家各部委公务员的录用与招聘按统一的程序与标准进行面试。随后，国家机关公务员录用过程中普遍实行面试考评方式。

组织通过面试了解的应试者的相关信息主要包括：个人信息、仪表、工作经验、知识的深度与广度、工作态度与求职动机、事业进取心、反应能力与应变能力、分析判断与综合概括能力、兴趣爱好与活动、自我控制能力与情绪稳定性、口头表达能力。

面试的基本类型主要有以下三种。

（1）操作综合式。操作综合式是以问答形式为基础，把阅读、辩论讨论、演讲、情景模拟、实践操作等结合起来的面试形式。

（2）结构面试（标准化面试）。结构面试即对整个面试的实施、提问内容、方式、时间、评分标准等过程因素，都有严格的规定，主试人不能随意变动。

（3）压力面试。压力面试的目标是确定应试者将如何对工作上的压力做出反应。在典型的压力面试中，主试提出一系列直率（或咄咄逼人）的问题置应试者于防御境地，使之感到不舒服。找到破绽，再进行提问，希望借此使之失去镇定，考察该人在压力环境下承受压力的水平。一般用于招聘销售人员、公关人员、高级管理人员。

3. 竞聘宣讲与答辩

竞聘宣讲与答辩实际上是一种口试形式，即对候选人的知识、能力等通过一种外在表现的形式进行测试。通过候选人的宣讲可以反映出其讲话的逻辑性、对问题的认识程度、知识面宽窄、语言表达能力等方面的水平。同时，也可以比较评价每个应试者的假定就职计划和打算。答辩则可以反映人的思维敏捷的程度、对问题反应的速度。这种测试方式一般仅仅适用于高层管理者的选聘或重要领导岗位人选的选聘。

4. 模拟处理实际工作的考核

模拟处理实际工作的考核是对候选人模拟参与实际工作的测试评价。组织不可能对所有候选人采取试用形式，但是又想了解候选人处理实际工作的能力如何，因此便可以采取人员模拟处理实际工作的方式。

情景模拟的方法很多，可根据具体的工作职务选择模拟形式，如处理公文模拟测验、推销工作模拟测验、商业谈判模拟测验、无领导的小组讨论测试、决策模拟等，都是针对各类工作设计的模拟测验。

（四）择优确定入选管理人员

择优确定人选要考虑两方面的评价，即既要考虑综合测试评价的结果，又要考虑民意测验的结果。民意测验结果对于评价内部选拔的人员具有实际意义，不应忽视这一方面的评价。

如果采用综合测试评价的结果评价候选人，还可以对每个人的分项测试结果分别确定权重得分，通过加权求和最后算出每个候选人的知识、智力、能力的综合得分，进而对候选人的成绩进行排序。综合测试结果和民意测验结果之后，最终决定选聘的人员。

第三节　管理人员的考评

一、管理人员考评的目的与作用

组织为掌握人力资源、人员素质、工作等现状必须对管理人员进行考核评价。其考评的目的与作用主要表现在以下四个方面。

1. 为调整管理人员位置提供依据

根据对管理人员的考评，可以发现他们是否称职、人员的条件及特点是否适合于现任工作。而这些在选拔聘用之初，不一定能全面掌握情况，须待到人员工作一段时间后才能发现问题，那么考评的结果就可以作为调整人员工作的依据。

2. 为提拔主管人员提供依据

选聘时管理人员的条件和测试成绩只是一个人担任某项工作时的起点水平。在任职期间，管理人员通过实践、学习、培训，会有不同程度的提高，定期考评可以掌握他们的发展变化情况，为选拔主管人员提供依据，做到既不埋没人才，又能使才职相当。

3. 为培训提供依据

企业培训是一项长期"工程"，哪些人及哪些方面需要培训，当务之急需要培训什么，需要通过计划安排来实现。而培训计划的一个重要的依据就是企业管理人员和主管人员现有水平的考评结果。

4. 为合理奖励提供依据

考评对于管理人员的工作来说既是控制，又是激励。考评的结果为提拔、重用、奖励、惩罚管理人员提供比较可靠的依据，并且考评结果越是客观真实，以此为依据的奖惩对管理人员的激励作用就越大，反之则会适得其反。

二、员工工作绩效评价指标

评价指标是指评价因素或评价项目。科学设定和选择评价指标是绩效评价工作的一个重要组成部分，它决定了评价工作是否具有可操作性和评价结果的真实可靠性。

由于组织成员各自担任的工作性质不同，因此评价指标也不尽相同。但一般情况下，组织对各类人员的评价与考核主要依据工作业绩、工作能力、工作行为、工作态度四个方面，并分别设定适当的评价指标。

1. 工作业绩考评

工作业绩考评是对员工担当工作的结果或履行职务的工作结果的评价。工作业绩的评价指标主要可以从工作任务完成情况、工作效率高低等方面加以评价，主要包括工作数量指标、工作质量指标、工作效率指标、成本费用指标等几个方面的指标，具体还可以将指标细化。这类指标属于客观性评价指标。

2. 工作能力考评

工作能力考评是对员工在履行职务工作中发挥出的能力的评价，即主要评价其能力是否符合所担任的工作和职务，通常通过决策能力、协调能力、组织能力、工作效率等指标进行考核。这类指标属于主观性评价指标。

3. 工作行为考评

工作行为考评是对员工在工作过程中表现出的相关行为进行的考核，衡量其行为是否符合组织规范和要求，以及是否富有成效。一般常用频率、次数描述员工的行为，并据此评价，属于客观性考核。具体可以采用出勤率、事故率、表彰率、违纪次数、访问客户次数、客户满意度、投诉率、合理化建议采纳次数等指标对员工的行为进行评价考核。

4. 工作态度考评

工作态度考评是对员工在工作中付出的努力程度的评价，即对员工的工作积极性的衡量。一般可用下列指标评价：主动性、敬业精神、进取精神、创新精神、团队精神、自主精神、责任感、忠诚度、事业心等。在评价工作态度时一般很难用量化指标反映，需要考评者对员工的工作态度做出评价，因此工作态度指标属于主观性评价指标。

在进行工作绩效考评时，应注意客观评价与主观评价的结合、定量指标与定性指标相结合，力求做到全面地、客观公正地评价员工的工作绩效。

三、考评的方式

对管理人员的考评方式主要有自我评定、他人评定、考试评定和 360 度绩效评估。

1. 自我评定

自我评定是被考评者本人根据人事部门的考评要求，定期对自己的工作情况进行评价。这种评定不一定能客观地反映出被评定者的工作情况和业绩，有较多的人高估或者低估自己的工作业绩。高估自己的工作业绩是因为担心别人低估自己的业绩，低估自己的工作业绩则是怕领导及人事部门认为自己不谦虚。因此这种评定方式一般不作为考评的主要依据。

2. 他人评定

他人评定包括上级评定、同级评定和下属评定三种方式。

上级评定视需要可以由被评定者的直接上级评定，也可以由被评定者的其他间接上级评定。直接上级如果不带有个人恩怨或成见，其评定一般是比较全面和客观的。而距被评定者越远的间接上级，因为并不直接接触被评者，故评定的客观性较差。因此，确定上级评定者的范围就显得比较重要，一方面可以提高工作效率，另一方面可以增强评定结果的客观性。

同级评定的评定者包括同部门同级别人员和其他部门同级别人员。同级评定实际可以得到更为准确的业绩信息，但同级评定往往容易产生互相防范和否定的情况，需要引起足够的重视。

下属评定的评定者主要是本部门下属，他们与被评定者关系比较密切，因而对被评定者的素质、能力、工作业绩等一般会有一个全面的、公正的评价。但要注意克服群众不负责任、缺乏客观公正性、充好人等非正常做法。

3. 考试评定

考试评定是通过笔试或口试的形式，对被评定者的知识水平和理论水平进行测定评价。这种方式有一定的局限性，只能了解被评定者的一个侧面的水平，而不是实际工作水平，如果将这种方式与其他考评方式结合起来使用会收到更好的效果。

4. 360 度绩效评估

360 度绩效评估又称多方评估者评估法，包括直接上级、间接上级、同级领导、下属和自己的评估，通过对不同评估指标的设计构成一个全方位的评估体系。

在 360 度绩效评估中，不同方位的评估者可以从不同角度对被评定者进行比较全面、客观的评价。被评定者能够受到来自各方对其工作业绩的肯定，有利于增强工作信心；同时也能够吸纳各方面的意见，有利于弥补工作中存在的不足。

人事部门对管理人员考评之后，更重要的是将考评结果通知被评定者，而不是不声不响地记入人事档案。这样做一方面是使考评工作对被评定者起到激励和促进作用；另一方面可以提高考评工作的透明度，使之做到公正合理。最后人事部门根据考评结论，正式将考评结果输入人事档案。

第四节　管理人员的培训

随着经济社会的发展和科学技术的进步，各类组织对员工的素质，尤其是对管理人员素质的要求将越来越高。组织对员工培训的目的主要是提高员工队伍的素质，以满足组织目前和将来的工作需要，促进组织的发展。对管理人员培训的目的主要在于提高管理者素质与能力，进而提高其科学管理水平。

一、管理人员培训的内容

管理人员培训是企业全员培训的一个重要组成部分。对管理人员需要进行哪些方面的培训，这是首先要明确的。根据现代组织管理的要求，对管理人员的培训主要包括加强政治思想教育、更新与补充知识、提升业务能力的培训和法律知识的培训。

（一）加强政治思想教育

具有较高的政治素质是对每一位管理人员的基本要求。无论管理人员的政治及品行素质原来如何，都需要再提高。因为客观社会环境会不同程度地改变人们原来的思想意识和行为方式，或向更高境界转化，或受消极因素影响使之向不良方向转化。使管理人员保持较高的政治觉悟和端正的品行，对组织的发展至关重要。政治思想教育的内容包括不同时期党和国家的有关重要的方针政策及法律法规、重要的经济理论、道德行为准则等。

（二）更新与补充知识

现代科学技术的快速发展，使得知识老化的速度加快，周期缩短。管理人员从业前在学校学到的知识和从业后在企业里学习和掌握的知识及技术会不断发生老化，因而更新知识就成为企业人员培训的核心内容。

知识更新的内容，既包括经济理论和管理理论，又包括相关的专业技术。更新的含义不仅是"以新代旧"，同时包含着在原有基础上不断补充完善和学习接受更先进的新理论、新技术和新的管理方式。例如，20 世纪 90 年代兴起的电子商务、供应链管理、客户关系管理、知识管理、收购与兼并、业务流程再造、战略联盟、品牌管理等一些新的管理理念、管理实践、管理技术与方法等，都需要管理者通过较系统的学习，了解或掌握，以便更好地运用于管理实践，提升自身管理水平与能力，进而使组织的整体管理水平得到提升。

（三）提升业务能力的培训

业务能力的培训主要是指实际工作训练和提高管理能力，不同职位上的工作具有不同的培训内容。对于还未到岗、在岗提高和准备重点培养提拔的储备人才应区别培训内容。主要从基本的管理职能出发，培训管理人员在实际工作中的分析问题、认识问题、解决问题的综合管理能力。

（四）法律知识的培训

随着我国法律制度的健全与完善，每一位管理者都需要很好地学习和掌握相关的法律知识。尤其是企业的经营管理人员，必须具备法律常识，知法、懂法、守法，依法管理，一方面不做违法的事情，另一方面能够运用法律保护企业的利益。培训的目的首先要使企业管理人员树立法律意识，其次要深入学习掌握有关法律法规。企业法律培训的重点是经济法律制度和其他与企业合法生产经营、履行社会责任有关的法律法规，如广告法、劳动法、商标法、环境保护法等。

二、培训的方式

针对不同的培训内容，需要采用一定的培训方式，以达到培训的目的。通常采用的培训方式有以下三种。

（一）在职培训

在职培训是指职工不脱离现任工作岗位，边工作边学习提高。对于一般的职工在职培训，多通过"传、帮、带"的方式完成，即让一些有经验的、技术水平高的、业务熟练的职工传授经验和技术，帮助并带好新上岗的和工龄短的职工。对于管理人员，在职培训的形式主要有工作轮换和通过在副职职位上任职的培训。

1. 工作轮换

工作轮换是使受训者在不同部门的不同主管位置或非主管位置上轮流工作。工作轮换包括非主管工作轮换和主管工作轮换。

非主管工作轮换的目的是使受训者通过在不同环节、不同位置上的工作实践，熟悉各方面的业务、知识和实际操作。

主管工作轮换是根据工作培养需要，让受训者有计划地依次轮流在指定的若干部门中承担一段时期主管工作，目的是在欲提拔某个管理者之前，让其熟悉几个相关部门的情况、主要工作及部门间的相互关系，为其下一步能尽快进入角色、更好地胜任高一级的管理工作做准备。

2. 将培训人员安排在副职位置上培训

安排副职岗位工作培训的目的是为提拔高层管理者做准备。一般通过在较高管理层次上设立副职或助理职务，让重点培训人员有机会接触较高管理层次的管理实务，熟悉高层管理工作的内容与要求，更加全面地了解企业情况，学习并吸收高层管理者处理问题的方式、方法和管理经验。即使这些助理和副职一时还不能被提拔，对于减轻正职的工作负担和为日后培养称职的管理者也有相当的益处。

（二）短期培训

短期培训主要通过脱产办各种短训班、专题研讨班、研修班等形式，每期学习解决一个专题，如解决会计电算化、电子商务、六西格玛管理、供应链管理、客户关系管理等问题。参加这类培训的管理人员，一般是在教师指导下，研究解决企业内部管理上所遇到的各种难题和经济体制改革中需要企业适应的法律、制度、政策，以及要求企业适应改革应改变的实际操作等。

（三）离职培训

离职培训一般是针对中高层管理者和特殊性培训而言的，因为这种培训方式的成本较高。管理者离开工作岗位一段时间，到专门的培训机构或到大学学习，目的是进一步深造提高。

脱产到专门培训机构培训主要是学习一些专业性较强的新技术和新方法。脱产或半脱产到大学学习主要是培养一些中高层管理人才，如通过 MBA（工商管理）或 MPA（行政管理）的学习，培养一些既懂管理理论，又有实践经验的部门经理和高级经理，以适应现代组织管理的需要。

<h2 style="text-align:center">本 章 小 结</h2>

人员配备是组织有效运行的基本保证。管理学中研究人员配备与独立的人力资源管理有所区别，其重点放在管理人员的配备上。其工作内容主要包括确定职务数量及类型、选择配备人员、培训、绩效考核与反馈，同时要依据因岗配人、任职者与能级动态对应、群体相容原则，使人员配备能够产生高效率。对于管理人员的选拔要参照基本素质和知识能力两方面标准，通过内外多种渠道和有针对性的一些测试方式选聘合适的人才。对管理人员是否称职及是否可以委以重任等情况的了解，需要设定工作业绩、工作能力、工作行为、工作态度方面的考核指标，通过自评、他评、考试、360 度绩效评估等多种方式进行考评，以获取较准确的评价结果，并产生一定的激励作用。此外，有针对性的培训可以大大提高管理人员的素质和技能。

案例 一次干部选拔"实验"

小张是 HB 医药股份公司人力资源部的人员调配业务主管，毕业两年来工作业绩突出，又是人力资源管理专业硕士，很受部门经理的器重，也得到公司上下员工的好评。一天，部门经理找他谈话，透露要提拔他作为经理助理。小张很清楚，现在人力资源部副经理职位空缺，如果做一段时间的经理助理，只要没有什么大问题，很快将被提升为副经理。但是，小张却说出了下面一段话："经理，谢谢您对我的器重，但是我认为换一种方式或许更好，比如可以采用公开竞聘上岗的方式。您也知道，在刚刚完成的员工调查结果分析中，80%的员工认为，公司的干部任命缺乏可信度，基本上是一个人说了算，被任命的干部也多为年龄偏大的员工，与任命者有着亲密的关系，工作能力和业绩却很差，所以大家很不服气，这也是公司工作效率低下的主要原因之一。尤其是这两年公司进了不少应届毕业生，通过一两年的培养，他们从能力和知识结构上完全可以胜任一些中层，甚至高层的领导职位。但目前这样的机制，他们看不到一点儿希望，这也是近期人才流失严重的原因之一。我想了很长时间，造成这样的局面恐怕有我们人力资源部的责任，人力资源部有义务给他们创造一个公平竞争的用人环境，而且总经理也多次提到改革用人制度，大胆起用新人。为什么不可以从我们人力资源部做起呢？可以将需求的职位向全公司公布，说明职位要求和条件，有意向的员工可以自由报名，并提交一份竞聘报告，人力资源部确定一个时间，公开答辩，然后由人力资源部现有成员投票选出。如果我们运作成功，将会推动公司用人制度的改革。"

人力资源部孙经理听后说："让我再想想。"其实孙经理也早有此意，只是有些担忧员工会不会存在种种顾虑，没有什么人报名，那样就会很尴尬。

几天后，公司的公告板上出现了"人力资源部经理助理竞聘通知"。小张很兴奋，认真写了一份职位申请交给孙经理。

按照通知规定的时间，在公司的大会议室如期召开竞聘答辩会。一共有五位员工递交了申请。主考是主管副总裁、孙经理、人力资源部员工，其他到场员工可以自由提问。问题提得很苛刻，但看得出，小张的回答还是令大家满意的，并以最高票数赢得经理助理职位。

会后员工们纷纷向小张的优秀成绩表示祝贺。面对这些，孙经理默默地计划着下一步如何将这样的方式推向全公司。

资料来源：张德. 2002. 人力资源开发与管理案例精选. 北京：清华大学出版社：781-790

【思考题】

1. 为什么小张的想法能够成功？你觉得这样的竞聘方式在我国国有企业中可以推行吗？为什么？

2. 请帮助孙经理制订一份可行性干部选拔计划。

复习思考题

1. 管理人员应具备哪些基本素质？

2. 人员配备的一般原则是什么？

3. 试比较管理人员内部晋升与外部招聘的优缺点。

4. 你认为对管理人员考评最不容易克服的难题是什么？结合教材，请你分别为财会人员和营销人员选择适当的考评指标和设计考评项目表，并阐明考评表的科学之处。

5. 简要说明管理人员培训的内容。

第十章

组织变革与组织文化

本章学习目标

1. 了解组织变革的动因与变革方式类型。
2. 研究组织变革的变量因素在变革中所起到的作用。
3. 重点掌握组织变革的管理，通过研究变革阻力，消除阻力达到变革的目的。
4. 讨论组织文化对组织发展的作用，并了解建立组织文化的过程。

　　组织设计和人员配备活动并不是一劳永逸的，组织在运行一段时间以后都可能面临变革问题。组织变革实际上是组织发展过程中的一项经常性的活动。组织变革是组织有计划的工作，所有的变革都应与整个组织的发展目标紧密联系在一起。组织要根据外部环境和内部条件的变化而适时地调整其目标与组织结构，这样才能更适应组织内、外环境变化的要求，提高组织运行效率和组织绩效。

■ 第一节　组织变革的动因与变革方式类型

　　组织变革是指为了适应组织未来发展的要求，根据外部环境和内部条件的变化，对组织中的要素及其关系进行结构性调整的过程。

　　组织变革需要综合运用组织理论和行为科学理论，研究群体动力、领导、职权和组织再设计等问题，通过组织内部的调整使之适应内部和外部环境的变化。

一、组织变革的动因

　　组织不可能一直维持原状不变，因而变革就成为一种必然趋势。组织变革是组织有计划的工作，所有的变革都应与整个组织的发展目标紧密联系在一起。实施组织变革可以提高组织运行效率和组织绩效。

　　组织变革的动力是指发动、赞成和支持变革并努力实施变革的驱动力。总的来说，组织变革动力来源于人们对变革的必要性及变革所能带来好处的认识。例如，企业内外各方面客观条件的变化、组织本身存在的缺陷和问题、各层次管理者（尤其是高层管理者）的忧患意识和创新意识，以及能鼓励革新、接受风险、赞赏失败并容忍变化和冲突的开放型组织文化，这些都可能形成变革的推动力量，引发变革的动机、欲望和行为。组织变革的动力，主要来自组织外部环境的变化和组织内部环境的变化两个方面。

（一）外部环境因素

推动组织变革的外部环境因素主要包括以下四个方面。

1. 宏观社会经济环境的变化

诸如政治、经济政策的调整，经济体制的改变，产业政策的调整，等等，都会引起组织内部深层次的调整与变革。

2. 科技进步的影响

计算机的应用、新技术的推广和使用、信息技术的发展及新的机器设备在生产过程中的应用、生产与办公自动化程度的提高等，这些都会对组织的固有运行机制、组织结构、管理体制等产生较大的影响。

3. 资源变化的影响

组织对资源，尤其是稀缺性资源有着程度不同的依赖，包括物资、技术、金融和人力等资源。所谓资源依赖性，是指组织既依赖于环境，又力争通过控制环境中的资源而减少这种依赖性。组织为了减少对稀缺资源的依赖，就会对组织进行变革，以改变目前的状况。例如有的企业如果想要掌握控制资源的权力以减少对其他组织的依赖，就可能对组织进行变革，通过扩大组织规模或改变原有战略的变革方式取得控制资源的主动权。

4. 竞争日益激烈

经济全球化和一体化进程导致了国内、国际间的竞争日益加剧，竞争方式呈现多样化和复杂化，同时竞争格局也发生了很大的改变。例如，许多企业之间的竞争由零和博弈转向合作双赢，因而采取战略联盟、并购等变革方式使组织能够更好地适应竞争的需要。

（二）内部环境因素

1. 组织目标与战略改变的影响

组织设置必须与组织目标与战略相一致。组织的目标与战略通常会随着产业环境的变化、获取资源的难易程度、市场竞争格局的变化等调整自己的目标与战略，随之引发的将是一系列的组织变革。

2. 组织规模的扩张与业务的迅速发展

组织的成长和发展，必然要求组织进行相应的变革。组织创建以后，由于外部竞争及资本追逐利润的要求，组织必然要争取成长、壮大。例如，小型企业成长为中型或大型企业；单一产品或业务的企业成长为业务多元化的企业；面向国内市场的企业，成长为参与国际市场竞争的企业。

3. 组织内部运行机制优化的要求

组织在长期的运行过程中往往会产生一些惯性与惰性，如机构变得日益臃肿、效率低下、人浮于事、权责不清、沟通不畅通等，这些问题都会严重影响组织的正常运行。只有对组织的管理体制、运行机制、管理方式等进行必要的变革，才能克服组织低效率并保障信息畅通，进而优化组织内部的运行机制。

二、组织变革的变量

为了研究和设计组织变革的策略和方法，首先要对组织系统本身加以研究。美国管理学家西奥多·李维特（Theodore Levit）认为，组织是一个多变量的系统，在此系统中，至少包含着四个最重要的变量，即任务、技术、结构和人员。

（一）任务

任务是指组织通过目标和计划所规定的主要活动（或工作）。组织有总体任务，各部门有其具体任务。任务是决定组织层次和部门设置的依据。当组织的运行目标和方向进行调整时，组织的结构也应该随之进行变革。例如，美国通用电器（GE）原来的任务主要是电器产品制造，后来制造业实现了转移或外包，它由制造业公司转变为服务业公司，其服务业所占公司业务比例已经由 1980 年的 15％ 上升到 1990 年的 67％，这种任务的改变势必引起组织变革。

（二）技术

技术包括的范围很广泛，是指企业在把原材料加工成产品并销售出去这一转换过程中所涉及的有关知识、工具和技艺，包括机器设备和装置、厂房、工具；员工的知识、技能、方法；工作程序、生产技术、管理技术，等等。组织系统中的技术因素包括设备、建筑物、工作方法、新技术、新材料、新的质量标准、新的管理技术控制手段等。这些技术因素都可能成为组织变革的变量因素，因此组织系统中的技术变革涉及的内容比较广泛。

技术因素的变革，可以直接促进组织技术条件与制造方法的改进，从而影响到组织人员与组织结构。例如，企业采用计算机集成制造系统，必然引起组织结构、人力资源、组织间关系等方面都发生重大变化，组织变革将不可避免。技术因素的变革，也可以间接地促进组织任务的改变。

（三）结构

组织结构，包括组织的职权系统和集权分权的程度、工作流程系统、协作系统、意见交流与信息反馈系统、人力资源管理等专业职能系统。组织结构变革就是通过改变现有的组织结构，建立新的规章制度，增加或撤销机构，重新界定权力分配，从而进一步明确工作内容与组织目标，使组织分工更合理、责权分配更明确、信息沟通更加快捷。

（四）人员

组织是由人及人与人之间的关系构成的。人员是组织变革中的一个重要变量因素，主要包括组织成员的态度、动机、行为、技术、文化素养、职业道德水准、人际关系、受激励的程度、组织文化与成员价值观念等。人员变革就是要改变组织成员的价值观、工作态度，提高修养、道德水平、文化素质和技术技能，从而改变他们的行为。任务、结构、技术、产品的变革不会自动发生，这些领域的任何变革都同时涉及人的变革。

李维特认为，这四个变量具有很强的依赖性和相关性，其中任何一个变量发生变化，都可能引起其他变量的变化。例如，技术的进步会要求人的素质的提高，而人的素质的提高，又会反过来推动技术进步、管理改善、结构的优化和运行方式乃至运行方向的改变，从而对组织的任务与目标做出调整。

因此，组织变革是一项复杂的系统工程，有时可能主要针对其中的一个变量，有时是借助其中一个变量的变革来影响其他的变量；有时也可能对组织中的几个变量同时实施变革。这就要求不能孤立地、简单地、片面地看待组织的变革，而应该有步骤、有计划、有系统地进行，这既是管理科学化的要求，也充分体现出组织变革的艺术所在。

三、组织变革方式的类型

变革方式是实现组织变革目的的手段。选择适当的变革方式对变革能否顺利进行和能否成功起着关键作用。对变革方式的选择主要取决于组织变革的规模、程度及变革要求的速度，是局部变革还是组织整体变革，是形式上的变革还是深层次的变革，是环境迫使变革还是主动适性变革等。组织需要根据所处的具体形势，坚持权变与适用的原则，选择具体的组织变革方式。

（一）量变式变革和质变式变革

1. 量变式变革

量变式变革是组织在运行发展到一定阶段时为解决机构臃肿、冗员、管理费用开支过大、管理职能强弱的调整等问题常常采用的一种变革，主要涉及组织中的表层问题的变革，是以组织机构和人员数量的增减变动为主的一种变革方式。它通常只涉及组织中的表层问题的变革。量变式变革最大的优点在于变革的操作比较简单，涉及的方面有限。

需要注意的是，量变式变革如果数量的改变到了一定程度，就会发生质变。比如一个 400 人的生产企业，要从 400 人增加到 600 人或 700 人的规模，可能会增加一些部门机构，这种改变还只是一种量变。但是如果从 400 人一下子变成 1200 人的企业，就会发生质的改变，如整体组织设计、集权分权、企业管理体制等都会发生质的改革。

2. 质变式变革

质变式变革是涉及组织的深层次问题的变革，它是使组织效能和内部关系发生根本变化的一种变革方式，其变革涉及基本价值观念和制度体系的根本改变。

按照质变的广度来区分，可以是局部性的，也可以是全局性的。局部性的质变，如组织内某个部门组织形态的质变（如生产部门采用贴牌生产等外包形式）。局部质变对全局质变的影响程度，不仅取决于这一部门在整个组织中所处的地位，而且取决于它同其他部门联系的紧密程度。全局性的质变，最终要涉及组织基本的价值观念和制度体系的改变。例如，1993 年，中国格兰仕公司通过大规模的产业结构调整，从一家以轻纺为主的企业转变为一家以微波炉生产为龙头的集团公司，这就是一次全局性的质变式变革。

（二）激进式变革和渐进式变革

1. 激进式变革

激进式变革是在较短时间内彻底打破组织结构和运行规则，然后迅速建立一种全新的组织结构和管理模式。该种类型组织变革不再是个别部门和组织局部的渐进式变革，而是跨部门、多层次、快速的全面变革。

激进式变革的速度快，内容广泛且深刻，对组织的影响是全面的，变革之后使组织以全新的形象出现，可见，其优点在于能够在短时间内为组织注入新的生机。这种变革方式的缺点也很明显，它将破坏组织原有的结构和运行规则，容易引起员工的社会心理震荡，并招致员工抵制，导致组织的平稳性差，甚至会导致组织大幅度的震荡，风险较大。例如，美国一家人力资源公司的总经理试图在一天之内推行无纸化办公。一天，总经理突然在工作人员的办公室宣布这项改革，并当场把所有纸质文件资料销毁，结果引起轩然大波，导致一些人当场辞职，变革也只好暂时中止。

因此，组织采用激进式变革方式一定要慎重，只有当组织面临危机或问题比较严重，变革迫在眉睫时，才有选择激进式变革方式的必要。

2. 渐进式变革

渐进式变革又称分段发展式变革，是指在对组织现状和内外条件的全面论断及综合分析的基础上，有计划、有步骤地逐个实现变革的分阶段目标，最终促成实现变革总目标的变革。它表现为一系列持续的改进，这些改进依然维持着组织的总体平衡，对组织的影响体现在局部上。

渐进式变革的优点在于它对组织整体的震动较小，有利于平稳实现变革，避免大的起落；通过组织内经常性的微调和局部变革，直至实现组织的变革目标，可以逐步释放变革可能引起的震荡，提高成员对变革的承受能力。这种变革的缺点在于变革的进程较长，见效慢，容易导致组织长期不能摆脱旧的组织结构和运行机制的束缚。

可见，渐进式变革一般适用于客观环境发生重大变故，需进行广泛、深入的组织变革，而组织内部承受能力却不能一下子适应外部环境的变化情况。采用这种变革方式要注意将组织变革过程划分为相对独立而又彼此关联的若干个阶段，使每阶段的变革服务于组织总体变革的需求，最终保证变革总目标的实现。

（三）主动式变革和被动式变革

1. 主动式变革

主动式变革是一种有计划的变革，是人们预见到环境变化可能为组织带来的机遇和挑战，而主动对组织进行的系统变革。主动性变革一般集中于工艺、人员及技术等方面，其对象可以是个人、工作小组、部门或整个组织。例如，改变企业内的授权范围，使下级得到更大的自主权；将对员工的报酬由个人计件工资改为小组计件工资等。通常来说，重大的、成功的变革都是主动的、有计划的变革。

2. 被动式变革

被动式变革又称反应性变革，它是迫于外部压力或由于一些重大事件驱动而迫使组织产生的变革。这些外部压力主要来自经济危机、产业结构调整、宏观行政干预、政治环境等各个方面。在 2008 年以来国际金融及经济危机的情况下，许多国内外企业纷纷因为有效需求不足及其他多方面原因而进行减产并大量裁员，这些都是被动性应变的变革措施。

（四）强制式变革和民主参与式变革

按照变革方案的形成过程，组织变革可以分为强制式变革和民主参与式变革。

1. 强制式变革

强制式变革是指从变革的提出到变革方案的形成及推行，整个过程都由高层管理层进行决定，没有一般组织成员参与的变革方式。

强制式变革方案的制订过程中意见容易统一，时间比较短，变革成本相对较低。但由于组织中绝大多数人员尤其是利益相关者，他们对变革没有事先准备，因而推行中可能要面临很大的阻力。

2. 民主参与式变革

民主参与式变革的民主参与其实是分层次的。一个层次是广泛地动员各级各类人员参与，将改革的目的和目标广泛地向他们宣传，动员群众参与到改革当中。这一过程实际是对人们的思想观念有意识地加以引导，以便尽快地形成统一方案。另一个层次是组织中具有一定影响力或具有代表性的人员，如高层管理者和中层部门主管、企业中的高级技术人员、职工代表大会中的部分代表等。这部分人能够代表一些部门或一定层面的意见。经过各层级广泛讨论和集中意见的形式，使各种意见逐渐趋于收敛，最后达成统一，形成正式的改革方案。

民主参与式变革是在有关人员对变革有充分的思想准备后，才开始实施变革方案，因此推行中的阻力较小，但变革形成过程历时较长，因而整个变革的进程比较缓慢。

第二节　组织变革管理

当组织成长迟缓，内部不良问题产生，越来越无法适应经营环境的变化时，企业必须做出组织变革决策，对内部层级、工作流程及企业文化进行必要的调整和改进管理，以适应内外环境变化的需要，实现企业顺利转型或发展。

一般来讲，社会组织在下列五种情况下需进行组织变革。

（1）大规模危机出现。这可以成为动摇现状的一个震源，促使人们对组织现有的适应性产生怀疑。例如，发生令人吃惊的财务亏损、重大的决策失误，或者组织失去重要的客户。

（2）组织的主要职能表现出低效率，或不能发挥其真正的作用。

（3）组织决策迟缓、效率低下或常常失误，以致经常发生错失良机的情况。

（4）组织内部的意见沟通渠道阻塞，信息传递不及时甚至失真。

（5）组织缺乏创新，组织的管理人员普遍缺乏开拓精神，处于一种"维持"状态，"等、靠、混"严重。

一、组织变革的程序

对于组织如何有效实施组织变革，不同组织行为学家有不同的看法。其中较具影响力的组织变革过程模型包括：库尔特·卢因（Kurt Lewin）指出组织变革需要经历解冻、变革、再冻结三个有机联系的过程。美国行为学家戴尔顿（Dalton）总结了四阶段的组织变革模型，即制订目标、改变人际关系、树立职工的自我发展意识、变革动机内在化。约翰·科特（John Kotter）详细地分析了组织变革的过程，并制定了组织变革八阶段的流程模型，即确定变革问题、组织诊断、提出变革方案、选择变革方案、制订变革计划、实施变革计划、评价变革效果、反馈变革信息。

上述各种观点之间虽然存在一些分歧，但其主要内容却有许多相同之处。事实上，组织变革的程序虽无硬性规定，却大致上可以归纳为以下程序。

（1）确定问题。找出组织结构存在且需要变革的问题。一个组织是否需要进行变革及所要变革的内容必须结合组织的实际情况加以考虑。

（2）组织诊断。召集有关管理人员和管理专家收集各方面的资料和情况，对组织结构进行全面分析，以便查出问题原因。

（3）计划并实施组织变革。确定组织变革目标、内容、步骤并编制完整计划，如时间的安排、人员培训、人员的调动、资源的重新配置等。按照变革计划的目标和任务组织各部门的负责人员具体实施。

（4）组织变革的效果评估。评价组织变革效果就是检查变革计划实施后是否达到了变革的目的，是否解决了组织中存在的问题，是否提高了组织效能。要边变革边评价，及时调整、完善变革计划和方案，防止出现大的偏差。适时反馈变革信息，对组织结构变革过程中的正反两方面效果及时总结反馈，以保证变革的顺利进行。

二、组织变革的阻力

组织变革的阻力，是指人们反对变革、阻挠变革甚至对抗变革的制约力。阻力可能来源于个体、群体，或来自组织本身甚至外部环境。变革阻力的存在，意味着组织变革不可能一帆风顺，这给变革管理者提出了更严峻的变革管理任务。关注和研究变革阻力产生的原因和表现形式，是变革管理中的一个重要部分。

（一）组织变革阻力产生的原因

产生阻力的原因可能是传统的价值观念和组织惯性，也有一部分来自对不确定性后果的担忧。

1. 来自组织的惯性和惰性的变革阻力

组织变革意味着原有状态的改变，意味着破旧立新。对于变革，组织中的一些人必须放弃原有的价值观念、行为方式，以适应新的组织价值观念。而一般的组织往往不愿改变固有的价值观念，其主要原因来自组织的惯性和惰性。

组织的惯性包括以下两方面。

（1）体系惯性。它是指在组织运行过程中整体意义上形成的固定的、僵化的体系和程序。体系惯性存在于两个层次，即业务活动层次和管理体系层次：业务活动层次是指已形成的一套成熟的业务操作规范；管理体系层次具体包括组织结构体系、计划与控制体系、制度体系等。

（2）个人惯性。它是指个人在长期组织生活中形成的固定的观念、准则和思维方法、工作习惯等。它包括思维和情感两个方面：思维方面的惯性主要表现在一些成员的思想僵化，不易发现和接受新事物，对变革持消极抵抗态度。情感方面的惯性主要表现在人际关系方面，如人在长期工作和交往中形成的习惯、感情、处事的方式等，这种状态往往包含了许多非理性的成分在内。

体系惯性和个人惯性在一定程度内是有意义的，它有利于按照相对固定的组织活动体系及习惯的行为方式进行组织活动，可以提高效率、降低内耗。但是这种惯性超过了必要的限度，就会形成一种惰性，这种惰性也就是因循守旧，如宁愿抱残守缺，也不愿改变现状，向更加科学、进步、完善转变，因此也就会成为一种障碍。

2. 对变革不确定后果的担忧

对变革不确定后果的担忧是指组织成员无法预计变革可能会对自己带来的影响。他们担心变革威胁到原有地位、权力和既得利益，担心劳动强度加大、工作自由度减弱、失业、必须加强技术学习等方面问题会影响到个人利益。

组织变革的结果很可能影响到某些人的权力和自身利益，因而也就会引起来自个人或团体的阻力。例如，管理层次的压缩、机构的合并或撤销、职能型组织结构转变为矩阵型结构等，这些变革可能会影响到一些部门经理和管理人员的地位、权力和利益，可能会招致主管和管理人员的反对。

又如技术变革要求一些岗位采用新技术及方法进行工作，可能会引起技术操作、产量、质量等方面的变化，因而会给原岗位人员造成压力和紧张，害怕学不会新技术会被淘汰，担心产量定额会提升，担心劳动效率提高后会裁员等一些不确定后果的发生。这方面的变革阻力一般来自组织的一般员工。例如，在制造厂中引入采用复杂的统计质量控制方法，往往意味着许多质量检验员需要学习新方法。有些检验员可能担心学不会质检的新方法，由此对统计控制方法产生敌意或不配合的态度，并在要求他们采用这一方法时表现出无效的行为。

（二）组织变革阻力的表现形式

组织变革过程中，组织内可能存在一些反对变革的现象，意味着组织内部存在程度不同的变革阻力。

（1）有大量不利于变革的传闻和舆论。沟通不畅，正常的信息传递渠道阻塞，组织内到处散播着不利于变革的传闻和舆论，小道消息蔓延。员工或团体对组织变革的必要性感到疑惑，对变革的效果产生担心与怀疑。

（2）生产体系中员工士气低落，旷工、迟到，甚至破坏行为增加，导致对组织承担的义务减少，生产力下降。

（3）内耗严重，决策系统低效率。组织内部出现明显的两派势力，支持变革和反对变革的力量严重对立，部门或群体之间关系紧张，决策的制定过程缓慢，执行低效率，组织氛围较差，内耗严重，变革推行不顺利。

（4）对变革发起人的敌意增加。组织内相互联合的倾向增强，工会或其他隐蔽的活动比较活跃。

（5）反对变革行为的升级。由于缺乏沟通或沟通不畅，或者由于利益分配始终无法合理解决，反对变革已经发展到了对抗状态，出现集体或个体的怠工、罢工等极端形式。

（三）组织变革阻力的主要来源

一般来说，组织变革的阻力容易来自以下五个方面。

1. 工会

组织变革往往会涉及增加劳动强度或劳动时间、减薪、裁员、重新学习新技术等问题或要求，这通常与员工的利益存在某种程度的不一致，以至于成为根本矛盾。作为全体员工共同利益的代表组织，工会（尤其是西方国家）可能会成为阻碍变革的最主要力量。

2. 中层主管

不论是人员、任务还是技术上的变革，都涉及组织中人的权力和地位的变化。享受一定权力的中层主管，担心变革会威胁既得利益，会以各种形式抵制对其地位和权力具有一定威胁的变革。

3. 部门或团体

组织结构的改变会对整个组织系统产生影响，组织结构的变革必然导致资源的重新配置，而组织某些权力的重新分配，可能会触及某一部门或团体的利益，这些部门或团体就可能会阻碍变革。

4. 在群众中有影响力的人物

在群众中有影响力的人物往往是组织中非正式组织的"领袖"，他们如果不认同组织变革，将直接导致非正式组织与组织变革对立，从而形成组织变革中的阻力。

5. 资格老、对组织投入多、贡献大的老员工

变革会威胁到人们为取得现状所做的投资。一般而言，对现有体制投入得越多的人反对变革的阻力就越大。因为他们担心失去现有的地位、权势、收入、友谊、个人便利或其他他们看重的福利。一般而言，这些资格老的员工对现有系统的投资更多，因而调整到变革状态后失去得可能更多。因而也可以说明为什么资格老的员工比年轻员工更加反对变革。

三、降低组织变革阻力的策略

组织变革目标一经确定，消除变革阻力或使阻力降至最低是实施变革过程中最为重要的事情。管理者应注意组织变革中的艺术性，通过宣传、沟通、为员工提供技术培训等方式积极地创造条件，消除阻力，保证组织的变革顺利进行。降低组织变革阻力可以采取以下五点策略。

（一）通过宣传使员工明确组织变革的必要性和重要性

组织变革要想得到组织成员的认同与支持，一定要使变革具有公开性和透明度。通过宣传使员工了解组织运行的现状、面临的困难与机遇，变革可以使组织有哪些改变或转机，说明变革的必要性和重要性，使员工对变革有一个清楚的认识，上下达成共识，以求得广大员工的认同与支持。宣传工作可以通过开大会、专题报告会、讨论会、发简报、内部网络等形式进行宣传，使改革信息的传递更加公开、准确、顺畅。

（二）吸收组织成员广泛参与形成群体动力

变革过程中，应将组织、团体和个人的目标结合起来，增强员工的归属感和群体的凝聚力。只有组织成员积极参与组织变革计划的制订和实施，并对变革有发言权，才可以更有效地发挥群体智慧，使变革措施更切合实际。组织变革目标真正内化为员工个人的自觉行动和群体之间的支持和协调，组织才能达到为共同的目标而努力的最佳状态。

（三）通过沟通减少组织变革给员工带来的压力

组织成员反对变革的一个主要原因就是对变革不确定后果的担忧。要想减少变革给

员工带来的这种压力，除了宣传之外，还需要加强与员工之间的沟通。管理当局如果能够实事求是地向参与变革者解释他们担心的一些问题，减轻其不必要的恐惧，阻力则会减少。例如，使参与变革者认为此种变革将减少而不是增加他们的负担，变革计划不会使他们的自主权与安全受到威胁等。如果能与反对变革者增进交流，了解反对变革的正当理由和潜在理由，做一些耐心细致的解释和说服工作，也会收到一定的效果。

（四）加强培训提高员工对变革的适应性

在变革中，无论管理者还是操作人员，对于工作中采用新技术及方法（尤其复杂技术）的变革都会有一定的担忧。员工这方面的压力主要通过培训来解决。除了高度复杂的技术外，凡通过学习能够胜任的工作，应由原有员工承担保持不变，以减少变革阻力和震荡。

（五）注意变革时机

选择恰当的时机和变革的切入点，是实施变革需要认真谋划的问题。首先要注意时机是否成熟。其次要把握全面启动的时机，比如一所大学要进行组织结构的重大调整，启动的时机就非常重要，究竟选择寒暑假之前调整，还是之后调整，变革的效果（至少是近期效果）是有所不同的。

第三节　组织文化

组织的有效运行除了依赖规章制度的健全和实施外，还要求正式组织和非正式组织的有机整合。组织文化正是这种黏合剂，它以无形的"软约束"的形式成为组织有效运行的内在驱动力。

一、组织文化的概念及其特征

（一）文化和组织文化的概念

文化的产生是社会发展到一定阶段的产物。在西方，"文化"一词源于拉丁文"cultura"，有栽培、培养、照顾的意思，是指通过人工劳作，将自然界的野生动植物加以驯化和培养，使之成为符合人类需要的品种。后来，这个词又扩展到对个人的技能、人格、品行及人际关系的培养等意思。

关于文化的定义不下几十种。著名人类学家泰罗（Dr. E. B. Taylor）认为文化就是由作为社会成员的人所获得的，包括知识、信念、艺术、道德法则、法律、风俗及其他能力和习惯的复杂整体。中国的《辞海》认为文化有广义与狭义之分。广义的文化是指人类在社会历史实践中所创造的物质财富和精神财富的总和；狭义的文化是指社会的意识形态，以及与之相适应的制度和组织结构。一般来说，文化是指人类在社会历史实践中所创造的物质财富和精神财富的总和，包括一系列的习俗、规范和准则的总和。

组织文化是指组织在长期的实践活动中逐步形成的共同的价值观、信念、行为准则和物质的总和，这种文化为组织的成员普遍认可和遵循，并且具有本组织的特色。

组织文化是整个社会文化的重要组成部分，既具有社会文化和民族文化的共同属性，又具有自身不同的特点。组织的自我意识所构成的精神文化体系，是组织特定历史的产物，当组织的内外条件发生变化时，组织文化的内容和形式会随之进行调整和更新。组织文化的任务就是努力创造这些共同的价值观念体系和共同的行为准则。组织通过塑造和发展组织文化，影响员工的工作态度及其行为方式，从而有助于实现组织目标。

（二）组织文化的主要特征

组织文化是共性和个性的统一，既有社会文化和民族文化的共同属性，也具有区别于其他组织的特点。组织文化的主要特征如下。

1. 实践性

组织文化是在组织运作的实践活动中逐渐产生，并在组织成员的社会实践过程中有目的培养和形成的。组织文化一旦形成，其价值观念和行为准则将会影响和指导组织成员的实践活动，使组织产生较强的凝聚力。

2. 独特性

每个组织的历史、性质、任务、规模、人员素质等因素都是不同的，因此必然会形成具有本组织特色的价值观、经营准则、经营作风、道德规范、发展目标等。在一定条件下，这种独特性越明显，组织的内聚力就越强。因此，在建设组织文化的过程中，一定要形成组织的个性特征。

3. 传承性与发展性

没有任何一个组织的文化是凭空产生的，文化总是在传承中不断发展与创新。组织文化的传承性体现在对国家和民族文化的历史传承性和组织在发展过程中对组织自身文化发展的传承性两个方面。组织文化的发展与创新体现在随着社会进步与社会变革，组织文化必须与社会的生产力发展水平和意识形态达到基本同步，组织文化的发展与进步往往是通过组织变革来实现的。

4. 综合性

组织文化包括了价值观念、道德规范、经营准则、传统作风等精神因素。这些因素不是单纯地在组织内发挥作用，而是经过综合的、系统的分析、加工，使其融合成为一个有机的整体，形成整体的文化意识。

二、组织文化的结构

研究组织文化的结构有助于人们认识组织文化构成及各构成部分之间的内在关系，加强组织建设。

1. 物质层文化

物质层文化是表层文化，是组织中凝聚着本组织精神文化的生产经营过程和产品总和，是形成制度层和精神层的条件。物质层文化是透过重视产品的开发、服务的质量、产品的信誉和组织生产环境、生活环境、文化设施等物质现象来体现的。通过物质层文化往往能反映出组织的生产经营水平、经营管理哲学、工作作风等。比如，海尔高质量的产品和高水平的服务，以及高信誉度等均可以表现出海尔集团拥有优秀的物质层文化。

2. 制度层文化

制度层文化是组织文化的中间层次，是指对组织和成员的行为产生规范性、约束性影响的部分，是具有组织特色的各种规章制度、道德规范和员工行为准则的总和。它集中体现了组织文化的物质层文化和精神层文化对成员和组织行为的要求。通过制度层文化可以把组织物质层文化和组织精神层文化有机地结合成一个整体。制度层文化规定了组织成员在共同的生产经营活动中应当遵守的行为准则，主要包括组织领导体制、组织机构和组织管理制度三个方面。

3. 精神层文化

精神层文化是组织文化的深层文化，是组织文化中的核心和主体，是本组织职工共同的意识活动和形态，包括组织哲学、价值观念、道德规范和组织精神等内容。它是组织文化的最深层结构，是组织文化的源泉，也是组织文化比较稳定的内核。

（1）组织哲学。它是一个组织的全体职工所共有的对世界事物的一般看法。组织哲学是组织最高层次的文化，它主导、制约着组织文化内容的发展方向。从组织管理史角度看，组织哲学已经经历了"以物为中心"到"以人为中心"的转变。

（2）价值观念。人们对周围的客观事物（包括人、事、物）的意义、重要性的总的评价和根本观点，包括组织存在的意义和目的、组织各项规章制度的价值和作用、对组织中人的各种行为及价值取向的认同等。

（3）道德规范。组织的道德规范是组织在长期的生产经营活动中形成的，人们自觉遵守的道德风气和习俗，包括是非的界限、善恶的标准和荣辱的观念等。

（4）组织精神。它是指组织群体的共同心理定式和价值取向。它是组织的组织哲学、价值观念、道德观念的综合体现和高度概括，反映了全体职工的共同追求和共同的认识。组织精神是组织职工在长期的生产经营活动中，在组织哲学、价值观念和道德规范的影响下形成的。

三、组织文化的功能

组织文化在组织管理中发挥着重要功能，主要表现在以下几个方面。

1. 导向功能

组织文化的导向功能，是指组织文化能对组织整体和组织成员的价值取向及行为取向起引导作用，使之符合组织所确定的目标。组织文化一旦形成，就会建立起自身系统的价值标准和规范标准。当组织成员的价值取向和行为取向与组织文化的系统标准产生悖逆现象时，组织文化将发挥导向作用。但这种导向通过组织文化的塑造来引导员工的行为心理，使人们在潜移默化中接受共同的价值观念，自觉地把组织目标作为自己追求的目标。

2. 约束功能

组织文化的约束功能，是指组织文化对每个成员的思想、心理和行为具有约束和规范的作用。组织文化的约束不是制度式的硬约束，而是一种软约束，这种软约束就是组织中的组织文化氛围、群体行为准则和道德规范。

企业文化是通过个体的内省过程，产生自律意识，自觉遵守组织的相关规章制度，而不是采取强制的手段约束员工。

3. 凝聚功能

组织文化的凝聚功能，是指当一种价值观被该组织成员共同认可之后，就会成为一种黏合剂，从各个方面把组织成员团结起来，从而产生一种巨大的向心力和凝聚力。组织文化是组织全体成员共同创造的群体意识，其中包含的价值观、组织精神、组织目标、道德规范、行为准则等内容，寄托了组织成员的理想、希望和要求，关系到他们的命运和前途。组织成员由此产生了"认同感"，使他们感到个人的工作、学习、生活等任何事情都离不开组织这个集体，将组织视为自己的家园，认识到组织利益是大家共存共荣的根本利益，从而以组织的生存和发展为己任，愿意与组织同甘共苦。组织文化的凝聚功能还表现在组织文化的排外性上。这种对外排斥可以使个体凝聚在组织之中形成命运共同体。

4. 激励功能

组织文化的激励功能，是指组织文化具有使组织成员从内心产生一种高昂情绪和发奋进取精神的效应。组织文化强调以人为中心的管理方法，它对人的激励不是一种外在的推动，而是一种内在的引导。它不是被动消极地满足人们对现实自身价值的心理需求，而是通过文化的塑造，使每个组织成员从内心深处产生为组织努力的奉献精神。

组织文化的激励功能主要体现在：①良好的组织文化环境氛围对成员产生高昂情绪的激励；②成员对组织文化共同的价值观、信念、行为准则产生认同感、归属感及安全感，起到相互激励的作用；③员工通过与组织所倡导的文化内容相对照，找出差距，可以产生改进工作的内驱力。

5. 辐射功能

良好的组织文化不仅对内部成员会产生积极的影响，对外也会产生辐射作用。对外表现在将组织文化优秀的部分向社会辐射和传播，起到树立组织的公众形象和促进社会文化良性发展的作用。比如，海尔集团、京东集团、科大讯飞科技有限公司、青岛港前湾集装箱码头公司等许多企业都通过自己的产品和服务，宣传其价值准则、企业精神、职业道德、经营管理理念，把自己企业的经营理念、企业精神和企业形象昭示于社会，对社会产生了巨大的影响。

四、组织文化的建设

(一) 组织文化的影响因素

组织现行的惯例、传统、做事情的一般方式，在很大程度上都是由它以前的努力，以及这些努力所带来的成功所决定的。其中，许多是创始人最初的想法，甚至是偏见与员工附和的结果。譬如组织的决策方式、一些管理制度、人际关系交往习惯、薪资待遇与政策，甚至是员工的衣着等，都受到组织初创时期的影响而延续至今。

从传统上看，组织的创始人对组织的早期文化影响巨大，他们勾画了组织的发展蓝图，其个人价值观、道德取向、个性特征、行为方式、决策风格、经营理念等都给组织烙下了深深的印记。初创期的组织规模一般比较小，业务相对简单，因而创始人的想法很容易影响全体成员。正如罗宾斯所说，"一个组织的文化往往是以下两方面相互作用的结果：创始人的倾向性和假说（他想把企业办成什么样子）；第一批成员从自己的经验中领悟到的东西"。

具体来看，影响组织文化的因素主要包括以下几个方面。

1. 传统文化

对于一个有着悠久历史文化传统的国家来说，传统文化对于国内组织文化构建会产生重要的影响。本质上，一个国家中许多传统文化都是来自各个组织或群体的沉淀和积累，萃取于民族精神之精华。实践中，许多组织的文化理念就直接来源于传统文化思想。比如清华同方，其名称中的"同方"二字就是源自《礼记·礼行》一书中的"儒有合志同方"一句，"同方"乃"道义"之意。清华园最早的建筑——同方部，曾长期作为每年祭奠孔子的地方，其意为"志同道合者相聚的地方"。北大方正公司的名称也来自古代文学著作《汉书·晁错传》，原文是"察身而不敢诬，奉法令不容私，尽心力不敢矜，遭患难不避死，见贤不居其上，受禄不过其量，不以亡能居尊显之位。自行若此，可谓方正之士矣"。可见，古代传统文化对中国组织文化构建影响至深。

2. 经济因素

经济因素会对组织文化构建产生一定的影响。国民经济发展速度、宏观经济政策、利率、汇率、市场结构等都会对企业的经营战略、市场策略、发展模式产生一定的影响，从而也会间接地影响企业的思维模式乃至组织文化元素。经济因素对于行政组织及非营利组织的影响相对于企业来说要小一些，但在国家宏观经济政策改变的前提下，行政组织的某些理念和行为也会随之发生一定的改变。

3. 区域文化因素

在地域辽阔的国家内部，不同地域也积淀了各不相同的地区文化。比如在中国，东北地区具有粗犷、豪放和人际关系导向的地域文化，广东地区具有善于经营、富有商业头脑、开拓进取和敢于挑战权威的地域文化等。这些地域文化构成了当地组织所处的内外环境，对组织文化的形成具有举足轻重的作用。

4. 组织历史

历史是文化沉淀的基础，任何优秀的组织文化都需要对历史进行反思与提炼。组织从成立时起，就开始积累自己的组织文化元素。组织文化构建，最重要的方法是挖掘组织内部原有的文化基因。例如，中国重汽集团是在 20 世纪 50 年代原济南汽车制造总厂的基础上发展起来的国有企业。它率先生产出中国第一辆载重 8 吨的重型汽车，结束了中国不能生产重型汽车的历史。毛泽东和朱德曾参观该厂，朱德为该车题名——"黄河"汽车。1980 年前后，中国重汽集团面临前所未有的困难，濒临破产，然而，所有员工都没有放弃企业，他们牢记重汽集团"承载中国走向富强"的历史使命，艰苦奋斗，努力创新，终于在 2000 年扭亏为盈。现在中国重汽的产品已经远销国外，为我国的经济发展做出了巨大的贡献。其实许多企业与中国重汽集团一样，历史文化积累早已成为其组织文化内容不可或缺的一部分，也正是由于这些优秀的组织文化元素的积淀，企业才能不断开拓进取和发展，不断再创辉煌。

5. 组织成员的个人价值观和成员在组织中的地位

不同类型的人及他们的组合方式都会影响到组织文化的形成。每个人在成为组织成员之前，大都形成了自己的价值观。个人的价值观与组织的核心价值观相一致，还是互补或是互斥，组织的价值观能否为每一个成员所接受等，这些都是不确定的，而且会不同程度地影响到组织文化的建设。

另外组织成员在企业中的地位及与上下左右之间的关系也很重要，影响力大及人际关系好的成员对组织文化形成的作用就比较大。如果他们接受了组织的价值观，就可能带动一批员工，从而有利于促进组织价值观为全体员工所接受。

（二）组织文化建设的程序

组织文化建设的程序如下。

1. 研究与设立阶段

首先要调查研究组织的历史和现状，然后有针对性地提出组织文化建设目标的初步设想，经各有关部门审议之后，再向组织全体职工发起组织文化建设的倡议，并动员广大群众积极参加组织文化建设活动。

2. 培育与强化阶段

将组织文化建设的总任务分解成组织内部各部门、各环节的工作任务，使各部门根据自己的特点而有意识地激励本部门职工形成特有的精神风貌和行为规范，把组织文化建设变成具体的行动。

3. 分析与评价阶段

根据整个组织文化建设工作开展以来的信息和相关反馈，剖析各部门工作成绩和存在的问题，研讨深层次的原因，评价前阶段的成功与失误，具体应该考察组织文化建设的目标和内容是否适合本组织实际需求，以及各基层机构的风气、精神面貌是否体现了组织文化建设的宗旨。

4. 确立与巩固阶段

确立与巩固阶段主要包括处理问题与归纳成效两部分内容。前者是在评价的基础上摒弃原来组织文化中违背时代精神的内容；后者是将符合时代精神的组织文化建设经验加以总结，并加工成通俗易懂的、有激励作用的文字形式，以便进一步推广。

5. 跟踪与反馈阶段

随着组织经营环境的变化，组织文化也要适应这种变化。反馈是指现有业已确立的组织文化是否能及时地适应环境变化，不应依靠组织管理者的主观判断，而应依靠来源于基层实际情况的反映。但检验组织文化适应性的反馈信息必须是经常性和系统性的。跟踪一方面可以保证及时解决组织文化应变问题，另一方面也是组织文化建设下一轮循环的基础和起点。组织文化由此经过循环往复达到更高的层次。

（三）组织文化建设的主要方法

在上述五个阶段的组织文化建设过程中，必须配合适当的具体塑造方法。组织文化建设的方法有多种，一般而言包括以下五种。

1. 示范法

示范法是总结宣传先进模范人物的事迹，发挥党员、干部的模范带头作用，表扬好人好事等。通过该方法为广大职工塑造直观性强的学习榜样。榜样的事迹和行为成为组织文化中关于道德规范与行为准则的具体样板，可以把组织拟建立的文化意识告诉给广大职工。

2. 激励法

激励法是运用精神激励与物质激励方法，具体包括开展竞赛活动、攻克业务技术难关活动、提口号、提目标、提要求、评先进等各项活动。精神激励可使组织员工的事业心得到充分的满足，从而自觉努力工作。同时，从生活方面关心职工，通过不断改革分配制度满足职工物质利益上的合理要求。

3. 感染法

感染法是运用一系列的文艺活动、体育活动和读书活动等，培养职工的自豪感和向心力，使之在潜移默化的过程中形成集体凝聚力。

4. 自我教育法

自我教育法是运用谈心活动、演讲比赛、达标活动、征文活动等形式让员工对照组织的要求寻找差距，进行自我教育，从而转变价值观念和行为。

5. 灌输法

灌输法是通过讲课、报告会、研讨会等宣传手段进行宣教活动，把组织想要建立的组织文化目标与内容直接灌输给职工。

本 章 小 结

组织变革实际上是组织发展过程中的一项经常性的活动。组织变革通过对任务、技术、结构和人员四个重要变量进行调整得以实现，提高组织对环境的适应性、运行效率和绩效。组织变革一般按照确定问题、组织诊断、计划并实施变革、变革效果评估等基本程序来实施。在变革过程中，往往伴随着来自个体、群体或组织的阻力。为了有效地降低组织变革过程中的阻力，组织可以选择适合的策略管理变革。

组织文化是组织成员在认识和行为上的共同理解与认可，它贯穿于组织的所有经营管理活动，决定着组织中全体成员的精神风貌和整个组织的基本素质与行为。它是一个包含物质层、制度层和精神层三个层次的自组织系统，具有导向功能、约束功能、凝聚功能、激励功能和辐射功能。组织只有充分关注环境因素的变化，建立合适的组织文化，才能更有效地促进组织目标实现。

案例　华为 20 年——向"变"而生

1. 今天的华为处于最危险的时候

近 30 年来，互联网和全球化，已深刻影响到了人们的思维方式，影响到组织形态、组织文化和行为方式，并给商业模式和教育模式带来巨大的冲击。具体表现在：

一是对行销模式的冲击。比如阿里巴巴以电子商务为重点，向各传统行业大幅度的推进和渗透是特别值得关注的一个现象。海尔、格力等传统电商，都在跟阿里巴巴探讨合作。可以预计在五年之内，各个传统行业的行销模式，都将发生一些根本性的改变。华为背后的电子商务流也在快速推进，甚至将可能渗透到华为公司之外。

其次是组织形态的改变。像新希望、华为、海尔、格力等工业型组织，普遍受到互联网文化的影响。这种冲击与影响，在不久的未来将会以规模型的形态展现出来。

还有，就是产业的变局。即开放战胜封闭，免费打败收费，软件定义网络，终端牵引未来。比如360公司，颠覆了信息安全产品的传统商业模式，靠免费颠覆了行业传统，使同行都受到很大挑战。

在过去的20年，许多巨无霸的西方百年企业，比如摩托罗拉、诺基亚等逐渐走向衰落与溃败，令人惊惧。比如今天的华为已经是大公司，华为2015年在财富世界500强里排名第228位，2017年已经大幅上升到第83位，营业收入高达78510.8百万美元，利润5579.4百万美元。华为2016年世界500强品牌排名第81位，其品牌年龄为29年。但今天的华为可能是最危险的时候。危险主要体现在以下几个方面：

（1）对过往成功路径的过分依赖，或许成功也会成为失败之母。

（2）组织肥胖症：对内外变化反应迟钝。

（3）组织中年疲劳症：初次更年期。30年的初次更年期，如人到中年的活力与激情降低，变得懒惰、消极、疲惫。此时往往是从大公司到伟大公司的生死界。而懒惰倦怠是组织之癌，是任何组织的头号敌人，将可能使组织毁于一旦。所以组织需要变革与再变革。

任正非认为：华为公司的最低目标是活下去，最高目标还是活下去。当公司做大，未必等于做强。即使做大做强了，照样充满危机。所以，变革才成为全球范围内各类组织过去20年喊得最响的一个口号。华为设有一个变革委员会，专门研究华为如何开展组织变革。

2. 回顾华为过去20多年的变革历程

（1）绝大多数的变革指向，是融合与激发活力。大企业的共同特质一般是控制性越来越强，组织活力递减。1996年，因为变革而发生的华为市场部上千员工大辞职，在内部没有引起任何震动，人人上台讲演，慷慨激昂，表示为了公司的未来不在乎自己的面子重要与否。

此后10多年来，华为很多干部能上能下，几经上下，大多数人经受住了各种浮沉的考验。同时，削弱了山头文化，避免了组织内部的办公室政治、内耗甚至分裂企业的行为。2007年再次变革，在公司工作满八年的7000员工集体辞职，六个月之内也可以再申请回到公司。重新续聘后，大家的岗位大调整，让更年轻、有才华、有活力的年轻人登上公司的中高级管理位置。在公司内部没有一起投诉，整个过程进行得很平静。这样变革的结果是：让更有饥饿感的新生代更有成长的空间，在公司内部形成普遍危机感。

（2）自我批判是变革的先导。20多年来，华为从小到大，始终坚持了两个点。一点就是核心价值观，即以客户为中心，以奋斗为本，长期坚持艰苦奋斗。另外一点是长期坚持自我批判。从几十个人到今天的企业规模，自我批判从来没有间断。自我批判是一个组织一个企业经常使用的一种工具，一种手段。但是，即使经常进行自我批判，也免不了会在企业在发展中，随着时间的演变，出现一些大病症。那么，当大的病症出现的时候，要使用变革这把手术刀。

（3）渐进是变革的核心方法论。华为的渐进变革道路，首先是从研发开始。因为研发是当时华为最薄弱的环节；华为当时的技术薄弱、产品短缺，研发也正是华为最急需变革的部门；研发部门相对简单、人员相对好管理，所以先从研发切入。研发变革结束以后，就是供应链、人力资源，然后是财务体系的变革，直到今天才开始触及市场体系的变革。为什么市场体系的变革排在最后？原因在于：华为市场团队的作战能力一直超越竞争对手；市场体系的变革如果搞不好，将会影响到当前业务的发展，影响到"作战机会"。所以到今天，整个公司的多数变革都基本完成，才触及市场体系的变革。

（4）普遍持股的文化基因。员工普遍持股是华为文化的基因，是华为管理知识型劳动者的一个核心的手段。所以，华为在发生巨大的变革的时候，总能够做到风平浪静，因为每个人都是老板。

（5）变革发动前的蓄势期。华为发动一场变革之前，是要经过反反复复的前期准备，包括理念的形成、顶层设计等。做到从思想云到思想雨，充分利用好华为的务虚会制度。

（6）变革前期。变革前期要特别强调这样几个方面：一是华为很重视外部专家和部门的作用。华为有一个国际咨询委员会，是一批战略顾问。每一次的变革，都要请外部专家，请顾问和公司的高层进行精心的顶层设计。二是要建立强而有力的变革执行团队。三是让阻挠变革者离开。不能让那些自以为比专家还聪明的人进入变革的执行团队，要削足适履，而不是向反对变革的人妥协；然后把那些很有能力但反对变革的人，坚决果断地调离与变革相关的部门。

（7）变革中期坚持试验哲学。即使华为研发体系的变革，也不是一下子全推开，而是先在某一个项目部或小组试点后，再逐步推开。一个变革试验点获得成功后，再把试验点的成功经验向整个相关的研发部门推广，随后是与研发相关的财务部门、行政部门、供应链等，然后对团队中高级干部逐渐进行培训。

（8）变革后期强调培训再培训。试验点经验的延长与推广复制，需要更多的培训，华为培训人数最多的时候，涉及六七千人。变革后期要广泛达成共识，才能保证全面变革推开。

（9）赎买政策。面对变革需要的成本，华为20多年来屡试不爽的手段就是赎买政策。20多年来，华为搞了一系列的变革，为什么每个变革触及了很多人的利益，最后却都成功了？一个关键点就是物质利益，或用别的利益去赎买一些人手中的权力。变革之路就是要让制度和流程取代个人的影响力，取代个人的过多权力。华为就是用物质赎买政策和权力，用制度和流程取代权力过渡。

没有不断地换血和输血，企业的活力是无法持续的。企业当然希望所有的创始老人都能够始终有活力、有激情，能够与公司一起并肩前进。但是，事实上这是不可能的，只有极少数人有使命感，他们像永动机一样地思考。而大多数的追随者，到了一定的段，就会产生惰性和倦怠，产生组织疲劳、管理者疲劳和领袖疲劳。

变革是绕不过的选择。为什么很多民营企业早期也都拥有这个奋斗的基因，但时间久了就变形了，扭曲了？很重要的因素有两个：第一是这个组织缺乏一种自我批判精神。第二是当基因发生扭曲、变形的时候，没有及时采取有效的变革。企业都当引以为鉴。华为20多年来，就是持续不断地激发这个组织的最原始的艰苦奋斗的基因，并保证让这个基因不变形、不走样。

3. 华为当前的变革趋势

（1）向基层释放更大权力。让听得见炮火的人指挥炮火，破除官本位文化，让少将连长脱颖而出。

（2）改革薪酬体系。用物质激励满足团队对物质渴求的饥饿感，最大限度地激发千万追随者的欲望，培育雄心，遏制野心。

（3）发挥战略愿景的精神牵引力。大公司与伟大公司的最重要区别就在于，伟大公司是有价值观与愿景牵引的，任正非就是不断给员工展现未来的梦想家。从之前全球"三分天下"到"我们要敢于超越美国公司"，任正非为自己的团队描绘出一个远大的梦想。并且，以华为这些年的技术储备、人才储备、技术能力完全有可能实现。

（4）进一步强化以财务变革为核心的管控体系。要求各个基层的单元都有财务总监（CFO），做好管控，形成组织正副手及 CFO 三位一体的平衡。

资料来源：根据华恒智信案例研究中心资料进行整理。
www. chnihc. com. cn

【思考题】

1. 请查阅华为 2007 年发生的 7000 名职工自愿离职的"华为辞职事件"的相关资料，并对华为的这一变革方式进行评价。

2. 你怎样理解"任正非认为：华为公司的最低目标是活下去，最高目标还是活下去"这种观点与组织变革的关系。

3. 你如何理解华为正在进行的变革的意义。

复习思考题

1. 一个组织为什么要进行变革？
2. 组织变革方式的类型主要有哪些？说明不同变革方式适应何种组织变革。
3. 组织变革过程包括哪些阶段？
4. 组织变革可能会遇到哪些阻力？如何克服这些阻力？
5. 简要说明组织文化及其特征。
6. 如何塑造企业文化？

第四篇　领　　导

　　领导在组织管理过程中就如同乐队的指挥一样，起到统一与协调的作用。领导工作的主要任务是通过正式权力和非正式权力所产生的影响力影响组织成员，通过指导、沟通与协调、激励等手段，调动员工的积极性，统一意志和行动，保证组织目标的实现。

　　本篇主要介绍领导基础、领导理论、领导艺术；管理沟通过程、有效沟通的障碍及障碍的消除；有关激励的理论与激励方式。

第十一章

领　　导

本章学习目标

1. 了解领导与领导者的概念及构成领导活动的基本要素。
2. 辨别领导者与管理者之间的差别和了解领导权力的来源。
3. 重点掌握不同类型领导理论的主要内容及其对领导者的启示。

在整个管理过程中，领导职能是计划、组织、人员配备及控制等各项管理职能实施的保障，是实现组织目标的关键。它通过对组织成员的有效管理，实现对人力资源、物力资源、财力资源和信息资源的优化配置与整合，从而完成组织任务，实现组织目标。领导能力与水平的高低直接决定着组织的生存与发展。因此，在管理学的学习中，对领导理论进行研究具有十分重要的意义。本章主要介绍领导的含义与领导的作用、领导理论与领导艺术。

■ 第一节　领导的含义

一、领导的含义与领导的作用

（一）领导的含义

"领导"一词具有名词和动词两种词性。名词的"领导"即领导者。对于动词的"领导"的解释却各有不同。虽然定义的表述上有所不同，但对于领导本质的认识基本一致。领导是指领导者通过正式的和非正式的权力，影响个体和群体得以实现目标的活动过程。这一过程包括指导下属的活动、通过各种方式激励下属、协调组织活动等。因此，领导的本质是一种影响力，由此而产生一种追随关系，人们往往愿意追随那些他们认为可以为其提供实现愿望和要求的人。同时，领导也是一个过程，是一个具有目的性地对被领导者施加影响的过程。通过下面的阐释可以进一步理解领导的含义。

（1）领导活动是通过领导者来实现的。领导者是领导活动得以完成的必要条件。领导者可以是一个人，但是在更多的情况下，它是由若干人组成的领导集体。

（2）领导必须有领导对象，即部下或组织成员。领导活动的实质是下属的追随，因此，没有追随者的领导者不是真正意义上的领导。正如彼得·德鲁克说的那样，"领导者的唯一定义就是其后面有追随者"。在管理学的研究中，领导者的追随者是组织成员，他们是完成领导过程、实现组织目标的人力资源保障。

（3）领导者能够影响部下或组织成员。领导者要影响部下或组织成员必须拥有一定的影响力，这些影响力可以来自组织赋予的正式权力，也可以是领导者个人所具有的知识、技术或人格等方面的影响力。

（4）领导过程中需要实施一些领导手段。在管理活动中，领导与沟通、协调、激励密切相关。

（二）领导活动要素

1. 领导者

领导者是指能够实现领导过程的人（领导个体或领导集体），他们能够把群体中的成员吸引到自己周围并使其追随之。领导者不应站在群体的后面推动或鼓励，而是应当站在群体之前，带领一个群体尽其所能地去实现目标。领导者是领导活动得以完成的必要条件。

2. 被领导者

被领导者是领导活动的客体，是领导者组织、协调和指挥的对象，但领导者不是被动的作用对象，而是能产生创造性、能动性的力量，会对领导者产生反作用。被领导者应该积极配合领导者做好领导工作，对领导者指示的工作任务和工作方法给予支持。

3. 领导环境

领导环境是领导活动的现实基础，包括对领导活动产生影响的政治、经济、历史、文化传统等社会大环境和具体的工作小环境；领导者必须审时度势，正确认识和利用客观环境。

（三）领导的作用

领导工作在实现组织目标过程中发挥着重要的作用，主要表现在以下三方面。

（1）指挥作用。任何有组织的活动都离不开指挥。指挥对于协调组织活动、帮助下属成员认清组织所处的环境与形势、指明组织活动所要达到的目标与任务、规划完成任务所需要的途径，具有十分重要的意义。

（2）协调作用。组织成员的个人背景、工作能力、工作态度等存在较大的差异，因此在实现组织目标的过程中会产生各种各样的分歧，甚至会出现偏离组织目标的情况。这样，就需要组织的领导者来及时协调组织各部门、各级别工作人员的关系，使组织内部形成合力，以便更好地实现组织目标。

（3）激励作用。领导者通过各种可能的方法，充分调动员工的积极性，以促使其更加努力地工作，在实现组织目标的同时实现其个人目标。

二、领导者与管理者的区别

在组织中人们常把领导者和管理者混为一谈，但其实他们之间有着明显的区别，是两个不同的概念。

领导者对他人的影响，从本质上来说是一种追随关系。人们往往去追随那些他们认为可以满足其需要的人，也正是由于人们愿意追随，其才成为领导者。因此，领导者既可以存在于正式组织中，也可以存在于非正式组织中。而管理者则只存在于正式组织中，是组织中具有一定的职位并担负责任的人。具体来看，领导者与管理者有如下区别。

（1）管理者与领导者发挥作用的方式不同。管理者是被任命的，在现有的职位上他们有权对下属进行奖惩，这种影响力是由其职位所赋予的正式权力。而领导者则可能是组织正式任命的，也可能不是正式任命的，有些情况下领导者是在群体中自然产生出来的，他可以不运用正式权力来影响他人的活动，而是以其自身的魅力来影响下属。

（2）管理者强调理性及控制，采用有组织的规范的方法来解决问题，主要依靠规章制度、规范和标准约束下属的行为；而领导者除了依据制度和规范等对下属进行领导外，更多的则是采用灵活的方法和运用领导艺术，影响和激励下属朝某个方向努力。

领导者和管理者的具体区别见表 11-1。

表 11-1　领导者和管理者的具体区别

管理者	领导者
强调的是效率	强调的是结果
接受现状	强调未来的发展
注重系统	注重人
强调控制	培养信任
运用制度	强调价值观和理念
注重短期目标	强调长远发展方向
强调方法	强调方向
接受现状	不断向现状挑战
要求员工执行标准	鼓励员工进行变革
运用职位权力	运用个人魅力
避免不确定性	勇于冒险

三、领导权力及其权力来源

领导者之所以能够实施领导，其基础是领导权力，即领导者影响或改变被领导者心理及行为的能力，是使人信服的力量和威望。领导权力主要来自两个方面：一是职位权力，二是非职位权力。

（一）职位权力

职位权力是指领导者在组织中担任一定的职务而获得的权力，它由组织正式授予管理者并受法律保护。这种权力与特定的个人没有必然联系，只同职位相联系，个人的权力随着任职职位的变动而变动。职位权力是管理者实施领导行为的基本条件。职位权力主要包括以下权力。

（1）法定权。法定权是指组织赋予组织等级体系中各管理职位的合法性权力。这种合法性权力又可以分为由国家相关法律规定的法定权力和由组织内部规定的正式权力。

比如，我国有限责任公司和股份有限公司的董事长职权就是由《中华人民共和国公司法》（以下简称《公司法》）明确规定的。而公司总经理的职权一方面由《公司法》规定，即经理对董事会负责，行使《公司法》所规定的职权，如主持公司的生产经营管理工作，组织实施董事会决议；组织实施公司年度经营计划和投资方案；拟订公司内部管理机构设置方案等各项职权。另一方面总经理还具有《公司法》中规定的"公司章程和董事会授予的其他职权"。公司章程是公司根据《公司法》的规定另行起草形成的本公司的章程。

（2）强制权。强制权指领导者对下属进行各种惩罚的权力，这种权力的基础是下属的惧怕。在组织中，当下属人员意识到违背上级的指示或意愿会导致某种惩罚，如降薪、扣发奖金、降级、调离、免职等，就会被动地遵从其领导，这种权力对那些认识到不服从命令就会受到惩罚或承担其他不良后果的下属比较有效。

（3）奖励权。奖励权指决定对下属给予还是取消奖励报酬的权力。这种奖励包括物质的，如奖金、晋职等；也包括精神的，如表扬等。奖励权建立在利益性遵从的基础上，当下属认识到服从领导者的意愿能带来更多的物质或非物质利益的满足时，就会自觉接受其领导，领导者也因此享有了相当的权力。

（二）非职位权力

非职位权力是由领导者自身的素质和行为造就的影响力。这种影响来源于下属服从的意愿，有时会比正式权力显得更有力量。当下属或追随者对其领导产生崇拜心理时，这种非正式权威的影响力是比较大的。非职位权力主要来源于以下四个方面。

（1）专长权。专长权指领导者具有各种专门知识和特殊技能或学识渊博而获得同事及下属的尊敬与佩服，从而在各项工作中展现的对下属的影响力。

（2）感召权。感召权指领导者由于具有优良的领导作风、思想水平、品德修养，而在组织中树立德高望重的影响力，这种权力是建立在下属对领导者承认的基础之上的。

（3）背景权。背景权指领导者由于以往的经历而获得的权力。

（4）感情权。感情权指领导者由于与被影响者感情比较融洽而获得的权力。

总之，作为一名领导者，应该注意将职位权力和非职位权力有机地结合起来，以达到有效实现领导的目的。领导只关注职位权力而不注重非职位权力的建立，会在下属心目中失去亲和力，使下属惧而远之，职位权力也难以长久。同时非职位权力也必须与前者结合起来，没有职位权力支持的非职位权威必然是有限的，甚至存在是否合法的问题。

第二节　领导理论

领导活动的有效性是决定一个组织能否实现既定目标的关键。长久以来，众多的学者和实践家，就如何成为优秀的领导者、如何实施有效的领导，进行了不断的研究和探索，形成了具有不同特点的领导理论。本节主要介绍领导特质理论、领导行为理论和领导权变理论。

一、领导特质理论

领导特质理论是研究领导者的心理特质与其影响力及领导效能关系的理论。心理学家们首先研究了领导者个人素质与领导成败的关系，他们根据领导效果的好坏，找出好的领导者与差的领导者在个人素质方面的差异，然后由此确定成功的领导者应具备哪些素质，进而再根据成功领导者的素质要求，考察并选拔领导者，这就是对领导者特质（素质）的研究。领导特质理论按其对领导特性来源所做的不同解释，可以分为传统领导特质理论和现代领导特质理论。

（一）传统领导特质理论

20 世纪 50 年代以前，学者们试图分析领导者的个人品质、特性，并以此描述和预测其领导成效，认为领导者与被领导者之间存在个性品质的明显差异，并且提出领导者的品质是与生俱来的，只要是领导者就一定具备超人的素质。传统的特质理论把着眼点放在领导者所具有的生理特性上，认为素质主要是由先天遗传决定的。

吉普（Gibb）提出，天才的领导者应具备下列品质：善言谈、外表潇洒、智力过人、具有自信心、心理健康、较强的支配欲望、外向而敏感。

斯托格第（Stodgill）比较了成功的领导者与被领导者的特质差异，指出有几项特质与有效领导相关，包括较高的智力水平、主动性、人际交流能力、自信、愿意承担责任及诚实正直。

（二）现代领导特质理论

现代领导特质理论认为领导者的基本素质是在社会实践中形成的，能够通过教育训练培养形成并得到提升。

美国管理学家彼得·德鲁克认为，有效的领导者应具备五方面的素质：①善于处理和利用自己的时间；②努力方向明确，注重贡献；③善于发现别人的长处，并能用人所长；④能分清工作主次，集中精力于主要工作；⑤能听取不同意见，做出准确判断并果断进行决策。

美国管理协会对在事业上取得成功的 1800 名管理人员进行了调查，发现成功的领导者一般具有以下 20 种能力：工作效率高；有主动进取思想，总想不断改进工作；逻辑思维能力强，善于分析问题；有概括能力；有很强的判断能力；有自信心；能帮助别人提高工作能力；能以自己的行为影响别人；善于用权；善于调动别人的积极性；善于利用谈心做工作；热情关心别人；能使别人积极而乐观地工作；能实行集体领导；能自我克制；能自行做出决策；能客观地听取各方面的意见；对自己有正确估价，能以他人之长补自己之短；勤俭；具有技术和管理方面的知识。

日本企业界把领导者的素质归纳为十项品德和能力：十项品德是指使命感、责任感、依赖感、积极性、忠诚老实、进取性、忍耐力、公平、热情、勇气；十项能力是指思维决策、规划、判断、创造、洞察、劝说、对人的理解、解决问题、培养下级和调动积极性方面的能力。

领导特质理论强调了良好的个人品质对于开展领导工作与提高领导效能的重要意义，有助于选拔和培养领导人才。但该类理论也存在一定局限性，一些学者认为领导者的特性与非领导者的特性没有本质差别，同时领导者的特性与领导效果之间的相关性并不大。

二、领导行为理论

由于领导特质理论在解释领导的有效性问题上出现了困难，于是学者们将研究重点转移到领导者行为上，试图从领导行为的特点来说明领导的有效性，这一理论被称为领导行为理论。

(一)基于不同权力运用方式的领导行为

早期对领导行为的一些解释是根据领导者运用权力的方式来分类的。美国衣阿华大学的勒温（Lewin）教授认为，领导者采取的基本作风有三种：专断独裁式领导、民主式领导和自由放任式领导。

1.专断独裁式领导

专断独裁式领导者倾向于把所有权力集于一身，通过职位、对酬劳的控制和高压统治来获取权力，表现特点如下：①独断专行，不考虑别人的意见，几乎所有的决策都是由领导者自己决定的。②下属没有参与决策的机会，只能察言观色，奉命行事。③主要依靠行政命令、纪律约束、训斥和处罚手段来约束员工的行为，偶尔也采用奖励的手段。④领导者很少参与下属活动，没有感情交流。

2.民主式领导

民主式领导者给予他人权力，鼓励他人参与，依靠下属的知识和能力来完成任务，通过赢得下属的尊敬来获得影响力，表现特点如下。

（1）多数政策是领导者和下属共同研讨决定的，是领导者和下属共同智慧的结晶。

（2）领导者分配工作时能尽量考虑下属员工个人的能力、兴趣和爱好。

（3）下属在工作中有较多的工作自由、选择性与灵活性。

（4）领导者主要运用非职位权力，而不是单纯依靠职位权力使员工服从。

（5）领导者积极参加下属活动，与下属没有心理上的距离。

3.自由放任式领导

自由放任式领导者一般极少运用他们手中的权力，主要依靠下属来确定自己的目标和实现目标的方法。该类领导认为，他们的主要任务就是为下属提供信息，充当群体与外部环境的联系人，以此帮助下属进行工作。

勒温对这三种不同的领导行为的效果进行了比较。结果表明，民主式领导工作效率最高，所领导的群体成员在工作中积极主动，不仅达到了社交目标，也达到了工作目标；专断独裁式领导借助严格的控制，达到了工作目标，但人际关系比较紧张，组织成员的消极态度和对抗情绪不断增长，工作中缺乏主动性；自由放任式领导工作效率最低，所领导的群体在工作中只达到了社交目标，而没有达到工作目标。

(二)四分图理论

美国俄亥俄州立大学工商研究所自 1945 年开始对企业领导行为进行了一系列研究。核心学者是斯托格第（Ralph M. Sdogdill）和沙特尔（Carroll L. Shartle），研究的目的是希望找出领导行为的各种维度。他们用问卷测试方式调查了许多团体，把所测的结果进行因素分析，得出两个基本的领导行为维度，即以工作为中心和以人为中心，研究者将其分别称为定规和关怀。

定规，是以工作为中心，强调的是组织的需要。领导者通过给职工提供目标、计划和政策、规章制度、程序等方面的规定，使下属能有效地完成工作任务。

关怀，是以人际关系为中心，强调职工个人需要。领导者注重与下属搞好关系，互相信任、尊重下属意见、关心下属的工作与生活。

斯托格第等的研究发现，定规和关怀这两个维度的领导行为并不是互相排斥的，而单有其中一种维度的领导行为则不能实现高效率的领导，应该把二者结合起来，于是便可以产生多种结合的情况。一个领导者必须在组织的要求和员工个人需要、以工作为中心的领导行为和以人为中心的领导行为之间加以调节，找出最恰当的领导方式。他们用四分图来表示定规和关怀这两个维度的结合情况，如图 11-1 所示。

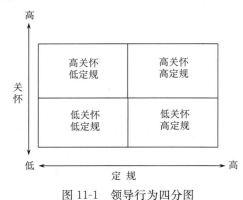

图 11-1 领导行为四分图

在图 11-1 中，定规和关怀双低的领导行为的效果最差，会带来更多的旷工、事故和怨言。定规和关怀双高的领导行为对人和对工作的关心程度都很高，领导行为的效果最好。这种领导行为一般认为关心人为主和关心组织为主的领导方式是相互联系的。一个领导者只有把两者结合起来，才能进行有效的领导。

（三）管理方格法理论

美国行为科学家罗伯特·布莱克（Robert R. Blake）和简·穆顿（Jane S. Mouton）于 1964 年提出了管理方格法。该理论的提出主要是为了避免在领导管理工作中趋于极端的方式——或者是科学管理，或者是人群关系；或者以工作为中心，或者以人为中心；或者以 X 理论为依据，或者以 Y 理论为依据。积极的办法是采取不同的综合领导方式。

他们认为，企业中的领导方式一种是对人的关心，另一种是对生产的关心，而这两种领导方式存在不同程度的结合，可以用管理方格图来表示（图 11-2）。

图中横坐标表示领导者对工作的关心，纵坐标表示领导者对员工的关心。整个方格图共有 81 个小方格，代表

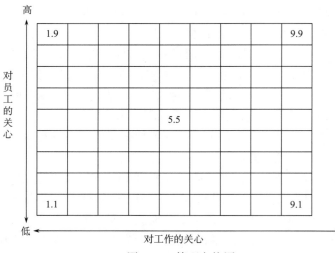

图 11-2 管理方格图

81 种对"对生产的关心"和"对人的关心"这两个基本因素以不同比例结合的领导方式。

在管理方格图中，主要分析五种典型的结合方式。

（1）1.1 贫乏型领导方式，对员工和工作都漠不关心，只以很少的努力来完成必须做的工作。这种管理方式是一种罕见的极端情况。

（2）9.1 任务型领导方式，对工作的关心程度高，对人的关心程度低。领导者更关注组织的任务，注重计划、指挥及控制员工的工作，以便达到企业的生产目标，并不关心员工的发展和工作积极性。

（3）1.9 乡村俱乐部型领导方式，只支持和关心员工的要求，努力创造一种舒适和睦的组织气氛和工作节奏，认为只要员工心情舒畅，工作就一定能完成，但对任务给予的关心不够。

（4）5.5 中间型领导方式，对员工的关心度和对工作的关心度处于平衡。既比较注重计划、指挥和控制上的职责，也比较注重对职工的引导和鼓励，设法使员工的士气保持在满意的水平上，但缺乏创新精神，只求正常的效率和士气。

（5）9.9 理想型领导方式，对员工和工作的关心度都很高，这种管理方式能使组织的目标和个人的需要最理想、最有效地结合起来。管理者注意使员工了解组织目标，关心工作的成果，员工了解了组织的目的并认真关心其成果后，就能够实现自我指挥和自我控制，而无须领导通过命令的形式对他们进行指挥和控制。

三、领导权变理论

领导权变理论又称情境理论，重点研究影响领导行为和领导有效性的环境因素。这类理论认为，领导的效果不能单纯取决于领导者的个人行为，某种领导方式在实际工作中是否有效取决于具体的情境。在一种情境下能取得较好效果的领导方式，在另外一种情境下则可能是失败的。因此不存在一种普遍最好的和最有效的领导方式。

要使领导行为有效，除了要考虑领导者的素质、才能外，还要考虑领导行为所应用的情境，即被领导者的素质、工作性质等。因此，有效的领导行为应当随着情境的变化而变化，这个关系可用下面的公式表示：

$$S = f(L, F, E) \tag{11-1}$$

式中，S 为领导者的有效性；L 为领导者；F 为被领导者；E 为情境。

下面介绍三种具有代表性的领导权变理论。

（一）菲德勒权变领导模型

弗雷德·菲德勒（Fred E. Fiedler）是领导权变理论的创始人，他提出了第一个综合的领导权变模型。该模型指出，有效的领导绩效取决于领导风格和领导环境的合理匹配。

1. 领导风格的确定

菲德勒认为领导对下属和共事者的看法和感觉，会影响双方之间的关系。所以有必要了解领导者在对下属的看法和感觉方面属于哪种类型。为此，他设计出一种测定领导者的领导风格的调查表，称为 LPC（least preferred coworker）调查表，要求领导者对他目前的和过去的同事中最不喜欢的共事者做出描述。这个量表表面上看是领导在评价下属，实际上是说明领导者本人的一些情况。

问卷由 16 对意义相反的形容词构成，如"热心"对应"冷漠"、"好争"对应"融洽"、"自信"对应"犹豫"等，每对形容词都按照从 1（最消极）到 8（最积极）的等级排列，积极的一面对应较高的分数，消极的一面对应较低的分数。

LPC 得分高的人，多用赞许的词语评价他最不喜欢的共事者，是以人际关系为中心的，表明该领导关心的是建立良好的人际关系，并通过这种人际关系来维持自己的地位和满足自尊的需要。由此被确定为"关系导向型"的领导风格。

LPC 得分低的人，多用嫌弃的词语评价他最不喜欢的共事者，是以任务为中心的，更多地关心工作任务的完成，表明该领导重视的是通过完成任务来达到自尊心的满足。由此被确定为"任务导向型"的领导风格。

需要注意的一点是，菲德勒认为领导者的风格是与生俱来的，即一个领导者不可能改变领导风格去适应变化的环境。

2. 领导环境要素与分析

用 LPC 调查表对领导者的基本领导风格进行确定之后，需要再对领导环境进行评估。菲德勒列出了构成领导环境的三个关键要素。

（1）领导与下属的关系。领导与下属的关系，即组织成员对其领导者信任、喜爱及愿意追随的程度。下属愿意追随的程度越高，领导者的权力和影响力就越大，对其开展工作就越有利。研究表明，这是最重要的情境因素。

（2）任务结构。任务结构即对工作明确规定的程度。任务结构程度越高，对领导者开展领导活动就越有利。

（3）职位权力。职位权力是指组织赋予领导者的正式地位权力。地位权力的大小是由领导者对下属有多大的直接权力来决定的。一个领导者对其下属的雇用、工作分配、报酬、提升等直接决定性权力越大，其对下属的影响力就越大，越容易开展领导活动。

菲德勒用上面三个关键因素来评估环境对领导者是否有利。上下级关系或好或差、任务结构或明确或不明确、职位权力或强或弱，三个关键要素的不同组合，便构成了表 11-2 中的八种领导环境。

表 11-2　菲德勒的领导环境状态列表

三种因素	非常有利			中间状态			非常不利	
	1	2	3	4	5	6	7	8
领导—下属关系	好	好	好	好	差	差	差	差
任务结构	明确	明确	不明确	不明确	明确	明确	不明确	不明确
职位权力	强	弱	强	弱	强	弱	强	弱

环境 1 对领导者开展领导活动最有利，因为上下级关系良好、任务结构明确、职位权力较强。环境 8 对领导者最不利，其他情况介于两者之间。

3. 领导风格与领导环境的结合及其研究结论

菲德勒对 1200 个团体进行了广泛的调查，通过对领导者的 LPC 得分情况与上述八种环境因素结合起来进行研究，他认为从这些研究材料中可以得出两个结论。

（1）在最不利和最有利的环境下，任务导向型领导方式效率较高。处于中间状态环境，关系导向型领导方式效率较高。因此不能说哪种领导方式最好或不好，而必须综合考虑环境、领导者和下属的情况、工作类型等方面的因素。不同的情况适合于采用不同的领导方式。将菲德勒研究的结果综合于表 11-3。

表 11-3　菲德勒的不同领导环境下的有效领导类型

环境对领导的有利程度	非常有利				中间状态		非常不利	
领导—下属关系	好				差			
任务结构	明确		不明确		明确		不明确	
地位权力	强	弱	强	弱	强	弱	强	弱
环境类型	1	2	3	4	5	6	7	8
有效的领导风格	任务导向型				关系导向型		任务导向型	

（2）领导效率取决于两方面的因素：领导者的个性和领导方式；对领导者是否有利的情境因素。改变领导效率的途径：①改变领导者的个性和领导方式，改变 LPC 调查表的得分；②改变对领导者是否有利的情境因素，即改变领导者与下属的关系，如改变下属的组成，使下属在经历、文化水平、技术专长等方面同领导者更加适合；改变任务结构的明确程度；改变领导者的职位权力。

（二）领导方式生命周期理论

领导方式生命周期理论由美国俄亥俄州立大学的心理学教授卡曼（Karman）首先提出，后由赫塞（Hersey）和布兰查德（Blanchard）予以完善和发展。这是一个重视下属的领导权变理论。该理论把下属的成熟度作为关键的情境因素，并认为依据下属的成熟度水平选择正确的领导风格会取得领导的成功。

领导方式生命周期理论研究的四个要点如下。

1. 四种领导行为方式组合和四种领导方式

该理论使用的两个领导维度与其他一些学者的划分相同，即分为任务行为和关系行为，以四分图理论为基础，提出四种领导行为方式组合及其所对应的四种领导方式。由领导维度组合而成的四种领导方式概括见表 11-4。

表 11-4　领导行为方式组合及对应的四种领导方式

领导方式	领导行为方式组合
命令型	高工作—低关系
说服型	高工作—高关系
参与型	低工作—高关系
授权型	低工作—低关系

2. 将下属的成熟度作为影响领导方式有效性的权变因素

"成熟度"指的是下属对自己直接行为负责任的意愿和能力，包括工作成熟度和心理成熟度。工作成熟度是指一个人工作的知识和技能。一个人拥有的知识、能力和经验越丰富，其工作成熟度就越高，越能够独立完成工作而不需要别人的指导。心理成熟度则是指一个人做某事的意愿和动机。心理成熟度高的人不需要太多的外界鼓励，他们主要依靠自我控制和自我激励。随着下属成熟度的变化，领导者的领导风格也应当做出相应调整。

3. 将下属成熟度划分为四个阶段

下属成熟度变化往往经历一个由低到高的连续的过程，一般分为四个阶段。该理论对下属成熟度的四个阶段的定义是：第一阶段，下属人员对于执行某项任务既无能力又不情愿，他们既不能胜任工作又不能被信任。第二阶段，下属人员缺乏能力，但愿意执行必要的工作任务。他们有积极性，但目前缺乏足够的技能。第三阶段，下属人员有能力但却不愿意做领导者希望他们做的工作。第四阶段，下属人员既有能力又愿意做让他们做的工作。

4. 有效领导方式的选择方法

将领导方式与处于不同阶段上的下属成熟度相结合可以收到更为理想的管理效果。二者的结合以图示表示，如图 11-3 所示。图 11-3 上半部分是一个四分图，体现了"工作"和"关系"两个维度四种领导行为方式组合；下半部分体现了由不成熟到成熟的不同程度的成熟度。随着下属人员成熟度由低向高变化，与其相对应的能取得较好效果的领导方式也会出现类似"产品生命周期"曲线的变化。

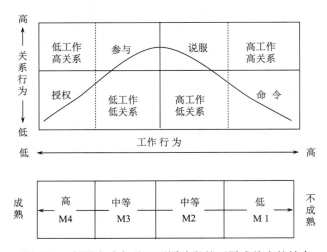

图 11-3　领导方式与处于不同阶段的下属成熟度的结合

该理论认为的领导方式可以与下属的不同成熟程度相匹配的关系可以概括为表 11-5。

表 11-5　领导行为方式组合、领导方式与下属成熟度结合关系表

领导方式	下属成熟度阶段	领导行为组合	领导者的行为方式
命令型	第一阶段 （成熟度低）	高工作— 低关系	领导者定义角色，可以采取单向沟通形式，告诉下属应该做什么、如何做及何时何地去做
说服型	第二阶段 （中等成熟）	高工作— 高关系	下属缺乏能力和技能，领导者要同时提供指导性的行为与支持性的行为。说服下属接受他所决定的工作任务和工作方法，同时从心理上增加下属的工作意愿和热情
参与型	第三阶段 （中等成熟）	低工作— 高关系	下属比较成熟，其工作能力渐强但工作意愿较低，领导者应该与下属共同决策，领导者的主要角色是提供便利条件与沟通，即通过双向沟通和细心倾听与下属进行充分的信息交流，支持下属按照自己的想法发挥工作能力
授权型	第四阶段 （成熟度高）	低工作— 低关系	下属具有较高的自信心、能力和愿望来承担工作责任。领导者应给予下属较充分的授权，工作和人际方面均提供较少的指导或支持

上述分析表明，随着下属人员的成熟度不断提高，领导方式也应该不断调整。因此，该理论同样说明，不存在一种普遍最有效的领导方式，而只有适用于某种特定情况的最有效的领导方式。

对领导方式生命周期理论各方学者具有不同的评价。这一理论常被作为主要的培训手段应用。例如，《幸福》杂志 500 家企业中的北美银行、IBM 公司、美孚石油公司、施乐公司等都曾采用此理论模型，它还为所有的军队服务系统承认，这说明这一理论具有一定的实用价值。但就目前的研究资料来看，对这一理论的结论应该持谨慎态度，在是否有证据支持这一理论方面没有统一结论。

（三）路径—目标理论

路径—目标理论是加拿大多伦多大学教授罗伯特·豪斯在 1971 年开发的一种领导权变模型，它把激发动机的期望模型和四分图理论结合起来，创造了这一模式。该理论认为领导者必须选择一种最适合于某一特定处境的领导方式。领导者的责任和作用是帮助下属达到目标，以确保下属各自的目标与组织的总目标相一致。为此领导要向下属讲清工作任务；承认下属对奖励的要求并对他们达到的成果实施激励；为下属完成工作提供必要的指导和支持，包括帮助下属排除障碍；协助下属找到达到目标的最佳途径。领导者的这种作用越大，对下属的激励程度越高，就越能帮助下属达到目标。

"路径—目标"理论主要包括以下三方面内容。

1. 路径—目标理论提出了可供选择的四种领导方式

路径—目标理论认为，有四种领导方式可供同一领导者在不同环境下选择使用。

（1）指令型领导方式。领导对下属发布具体的工作指示，决策时没有下级参与。

（2）支持型领导方式。领导对下级友善并关心，从各方面给予支持和帮助。

（3）参与型领导方式。领导者在决策时征求并采纳下属的合理化建议。

（4）成就导向型领导方式。领导者给下属提出挑战性的目标，并相信他们能够达到目标。

2. 影响领导方式选择的环境变量

路径—目标理论认为，下属的个人特点和工作环境两个变量决定着领导方式。

（1）下属的个人特点。下属的个人特点指下属的能力、技能、需要等因素，包括受教育程度、对成就的需要、领悟能力、愿意承担责任的程度、对独立的需要程度等。

（2）工作环境。工作环境包括：① 任务结构，指任务的确定性程度和复杂性程度；② 正式权力系统，包括领导者拥有的合法权力的大小，以及对下属行为的政治和法律约束（制度化）程度；③ 工作群体的特征，包括下属的受教育程度，以及人际关系质量。

3. 具体情境下领导方式的选择运用

与菲德勒的领导权变理论不同，豪斯认为领导者是弹性灵活的，即同一领导者可以根据不同的情境选择不同的领导方式，可以收到更好的领导效果。一般来说，当工作呈简单和高度常规的特点时，支持型领导会带来更高的满意度；反之任务是非常规的并且复杂性高，员工不知道应该如何做才能得到理想的结果，这时就需要领导给予明确的指示和具体指导，因而指令型领导方式的领导效果会比较好；当下属的受教育程度较高、经验丰富，独立、责任、成就等需要水平较高时，领导就应考虑采用成就导向型领导方式，为下属设置富有挑战性的目标，并期望下属发挥出自己的最佳水平，以提高员工的工作绩效水平。

以上只是列举了几种情境下领导方式的选择运用。管理者可以根据路径—目标理论，将不同的领导方式与不同的情境进行恰当匹配。

■ 第三节　领导艺术

领导工作是一门科学，也是一门艺术。领导者不仅要懂得领导科学原理，而且要将其转化为自己能够灵活运用的方法艺术，只有掌握和运用领导艺术，才能更好地履行领导职责，完成领导任务。所谓领导艺术，是指领导者在一定的理论、知识、经验和辩证思维的基础上，灵活地运用领导方法进行领导工作的技能、技巧。领导艺术是领导者智慧、学识、胆略、经验、作风、品格、方法、才能的综合反映。领导艺术体现在领导活动的方方面面，并随时发挥着作用，是影响领导效能的关键因素。通常来说，领导者应注意掌握以下方面的领导艺术。

一、"抓大放小"与合理授权的艺术

领导者的职责往往是负责全局的、战略性的、重要的或是综合性的决策和事务的处理，领导者没有必要并且也不可能事无巨细地亲自处理每一项事务。领导者要善于抓住事物的主要环节和关键环节，更多地关注组织的战略发展目标和进行组织的"宏观"决策。因此领导者必须掌握"抓大放小"与合理授权的艺术，领导者应该时刻记住自己的工作职责，不能把经历和时间浪费在不必要的事情上，使自己从琐碎繁杂的事务中解放出来。这就要做到不干预下一管理层次的事情，不越级指挥。所以合理授权、放手让下属努力完成工作任务是领导艺术中十分重要的一部分。凡是独揽所有权力，深陷于日常

琐碎事务之中的领导，都会感到时间与精力不够用，每天紧张忙碌却效率低下，这时他就需要好好思考如何抓大放小与放权了。

二、处理人际关系的艺术

处理人际关系是领导艺术的重要部分。这是由组织中人际关系的重要性和复杂性所决定的。处理好各种人际关系，有利于创造良好的工作环境和顺利开展领导工作；有利于增强领导班子的团结和组织的凝聚力，提升领导威信和塑造良好的领导形象；有利于创建一种良好和谐的组织氛围。一个组织内的人际关系主要体现在四个方面，即工作关系、利益关系、交往关系、心理关系。处理好人际关系的领导艺术主要应体现以下几个方面。

（1）在工作中真诚、平等地对待每一个下属，建立互相信任的关系。真诚对待下属是领导赢得民心的基础。在工作中，领导与下属的关系应该是引导、指导的关系和使用适当的人员做适当的工作，而不应该是一种利用关系。领导一定要切记这是两个不同的概念。"使用"是正常的工作指挥关系，而利用关系则包含了不真诚和不信任。另外，平等地对待每一个下属其实是对员工人格的尊重，也是处理好工作关系的一个重要因素。

（2）处理好组织中各种利益关系的艺术。这是所有领导都感到十分棘手和敏感的问题，利益关系处理是否得当与组织效率高度相关。需要领导者协调的各种利益关系包括：组织与成员个人之间、个人与个人之间、部门与部门之间的利益关系。利益关系可以具体表现为薪酬福利分配、股权收益分配、地位（提拔、晋升）、与地位相对应的各种待遇（如办公用车、在职消费等）等多种分配关系。领导者在处理利益关系时，应把公平原则放在首位，通过调查研究，建立科学合理的绩效考核体系和报酬体系，同时要加强利益分配结果的反馈，发现问题及时与下属沟通并进行有效的协调，提高员工的满意度。

（3）善于沟通与处理冲突。一般来说，领导者的水平和领导艺术往往能够通过处理各种矛盾冲突反映出来。组织成员在工作中和人际交往中都有可能发生各种冲突，即下属与部门主管或领导、部门与部门、部门与组织、个人与个人之间的矛盾冲突。领导者在对各种矛盾冲突的处理过程中，要发扬民主，尊重下属，重视调查研究和认清矛盾冲突的性质，区别对待，努力寻找有效措施，化解矛盾冲突，妥善解决问题，使双方或多方达到满意。

在化解矛盾冲突过程中，良好的沟通是最重要的手段。当人们通过沟通能够对工作中存在的问题与分歧达成一致的理解，矛盾也就解决了。领导与下属、员工与员工之间的工作方面或者感情方面的冲突，也都可以通过沟通得到很好的解决。

三、有效激励的艺术

任何一个领导者，都必须依靠各级各类员工的分工，通过调动员工的聪明才智来实现领导的组织功能。但是领导者要更有效地激励下属，却不是借助他人的能力能实现的。

领导者实现有效激励最重要的就是从以下三个层次入手对下属进行激励，并认识到这三个层次激励的差别。这三个层次的激励即提高下属接受目标、执行目标的自觉程度；激发下属实现组织目标的热情；提高下属的行为效率，即下属为实现目标所做的贡献大小或能力发挥的程度。

在如何能使激励达到预期效果方面,最重要的就是领导者激励的手段、措施的科学合理及其公平性;对下属实施奖惩能否兑现的诚信度,领导者工作作风和行为的优良示范性。

本 章 小 结

领导是指领导者通过正式的和非正式的权力,影响个体和群体得以实现目标的活动过程。领导的本质是一种影响力,是一个具有目的性地对被领导者施加影响的过程。领导者的权威主要来源于职位权力和非职位权力。领导者在使用权威时,应该善于将二者结合。

按照研究的侧重点不同,领导理论主要分为领导特质理论、领导行为理论和领导权变理论。领导特质理论研究领导者的心理特质与其影响力及领导效能之间的关系,重点阐述领导者和非领导者的个人品质差异;领导行为理论试图找到最有效的领导行为类型,主要有四分图理论和管理方格图理论等;领导权变理论重点研究领导行为与环境的匹配问题,主要有菲德勒权变模型、领导生命周期理论和路径—目标理论。

领导者要将领导科学原理与领导实践相结合并提升为领导艺术,才能更好地履行领导职责,完成领导任务。

案例　欧阳健的领导方式

蓝天技术开发公司由于在一开始就瞄准成长的国际市场,在国内率先开发出某具有高技术含量的产品,其销售额得到了超常规的增长,公司的发展速度十分惊人。然而,在竞争对手如林的今天,该公司和许多高科技公司一样,也面临来自国内外大公司的激烈竞争。当公司经济上出现了困境时,公司董事会聘请了一位新的常务经理欧阳健负责公司的全面工作。而原先的那个自由派风格的董事长仍然留任。欧阳健来自一家办事古板的老牌企业,他照章办事,十分古板,与蓝天技术开发公司的风格相去甚远。公司管理人员对他的态度是:看看这家伙能待多久!看来,一场潜在的"危机"迟早会爆发。

第一次"危机"发生在常务经理欧阳健首次召开的高层管理会议上。会议定于上午9点开始,可有一个人姗姗来迟,直到9点半才进来。欧阳健厉声道:"我再重申一次,本公司所有的日常例会要准时开始,谁做不到,我就请他走人。从现在开始一切事情由我负责。你们应该忘掉老一套,从今以后,就是我和你们一起干了。"到下午4点,竟然有两名高层主管提出辞职。

此后蓝天公司发生了一系列重大变化。由于公司各部门没有明确的工作职责、目标和工作程序,欧阳健首先颁布了几项指令性规定,使已有的工作有章可循。他还三番五次地告诫公司副经理徐钢,公司一切重大事务向下传达之前必须先由他审批,他抱怨下面的研究、设计、生产和销售等部门之间互相扯皮,踢皮球,结果使蓝天公司一直没能形成统一的战略。

欧阳健在详细审查了公司人员工资制度后,决定将全体高层主管的工资削减10%,这引起了公司一些高层主管的辞职。

研究部主任这样认为:"我不喜欢这里的一切,但我不想马上走,因为这里的工作对我来说太有挑战性了。"

生产部经理也是个不满欧阳健做法的人，可他的一番话颇令人惊讶："我不能说我很喜欢欧阳健，不过至少他给我那个部门设立的目标我能够达到。当我们圆满完成任务时，欧阳健是第一个感谢我们干得棒的人。"

采购部经理牢骚满腹。他说："欧阳健要我把原料成本削减20％，他一方面拿着一根胡萝卜来引诱我，说假如我能做到的话就给我油水丰厚的奖励。另一方面则威胁说如果我做不到，他将另请高就。但干这个活儿简直就不可能，欧阳健这种'大棒加胡萝卜'的做法是没有市场的。从现在起，我另谋出路。"

但欧阳健对被人称为"爱哭的孩子"的销售部胡经理的态度则让人刮目相看。以前，销售部胡经理每天都到欧阳健的办公室去抱怨和指责其他部门。欧阳健对付他很有一套，让他在门外静等半小时，见了他对其抱怨也充耳不闻，而是一针见血地谈公司在销售上存在的问题。过不了多久，大家惊奇地发现胡经理开始更多地跑基层而不是欧阳健的办公室了。

随着时间的流逝，蓝天公司在欧阳健的领导下恢复了元气。欧阳健也渐渐地放松了控制，开始让设计和研究部门更放手地去干事。然而，对生产和采购部门，他仍然勒紧缰绳。蓝天公司内再也听不到关于欧阳健去留的流言蜚语了。大家这样评价他：欧阳健不是那种对这里情况很了解的人，但他对各项业务的决策无懈可击，而且确实使我们走出了低谷，公司也开始走向辉煌。

【思考题】

1. 欧阳健进入蓝天公司时采取了何种领导方式？这种领导方式与留任的董事长的领导方式有何不同？

2. 欧阳健对研究部门和生产部门各自采取了何种领导方式？当蓝天公司各方面的工作走向正轨后，为适应新的形势，欧阳健的领导方式又做出了什么改变，为什么？结合你所学过的相关理论加以解释。

3. 有人认为，对下属人员采取敬而远之的态度对一个经理来说是最好的行为方式，所谓的"亲密无间"会松懈纪律。你如何看待这种观点？你认为欧阳健属于这种领导吗？

资料来源：余敬.2000.管理学案例.武汉：中国地质大学出版社：162-164

复习思考题

1. 试比较领导和管理的区别与联系。
2. 领导风格对领导效果的影响程度如何？
3. 你怎样看待基于不同权力运用方式的几种领导行为？
4. 简述菲德勒权变领导理论的主要观点及对管理者的启示。
5. 简述领导生命周期理论的主要观点及对管理者的启示。

第十二章

管理沟通

本章学习目标

1. 了解沟通的概念及过程。
2. 了解沟通的作用，以使管理者在实践中能够充分重视管理沟通。
3. 了解组织中各类沟通形式，有利于正确选择沟通渠道。
4. 了解沟通的障碍，以便提高沟通的效率；重点掌握如何改善信息沟通。

沟通就是通常所说的信息交流。沟通可以是通信工具之间的信息交流，即机—机沟通，这是通信科学技术所研究的内容；可以是人与机器之间的沟通，即人—机沟通，这是工程心理学所研究的内容；可以是人与人之间、组织与组织之间的沟通，即人—人沟通，这是社会心理学、行为科学、现代管理学研究的内容。其中，人—人沟通又称管理沟通，比前面两种沟通要复杂得多，本章主要研究管理沟通。

■ 第一节　沟通的概念与沟通的过程

一、沟通的概念

沟通也称为信息沟通，是指在个人之间或群体当中，进行事实、思想、意见和情感等方面的传递与交流，使组织成员的理解与认识基本（或完全）达成一致的过程。沟通的目的是通过相互间的理解与认同来使个人或群体间的行为相互适应。

沟通是意义上的传递与理解。完美的沟通，如果存在的话，应该是经传递之后被接受者感知到的信息与发送者发出的信息完全一致。这说明意义的传递与理解二者同样重要。如果说话者没有听众，或写作者没有读者都不能构成沟通。因此，哲学问题"丛林里的一棵树倒下了却无人听到，它是否发出了声音"，在沟通的背景下，其答案是否定的。因此沟通就应具备如下两个基本条件。

（1）沟通必须有沟通主体与客体，即信息的发出方与接收信息的一方，涉及两个人及以上。这种人与人之间的沟通可以是面对面的沟通，也可以是信息发出者与信息接收者之间，通过其他媒介物有目的地进行信息传递的沟通。比如，开会、两位管理者个别交换工作意见都属于面对面的沟通，领导通过写信的方式发送到企业每位员工手中的新年贺年信也是沟通。

（2）要有一定的沟通媒介。人际沟通所要传递的意思和信息需要通过一定的沟通媒介，如语言、书面文字、电话、网络等沟通方式，才能实现沟通的目的。

二、沟通的必要性

管理中的沟通可以把组织抽象的目标和计划转化为能够激励员工行动的语言，使员工明白应该做什么和怎样去做。组织内部良好的人际沟通，可以使员工的社会需求得到满足，工作积极性高，提升组织的凝聚力，有利于更好地促进组织目标实现。具体说，沟通的作用有以下几点。

1. 沟通是统一思想、保持行动一致必不可少的手段

协调是一个组织保持内外平衡的重要条件。当一个组织需要做出某项决策，或者为了适应外部环境变化需要做出某些改革或重大变革的时候，组织成员之间的意见沟通有助于改变他们原有的态度，使他们能够表现出合作的态度。缺乏有效的沟通，组织内部就可能产生矛盾和纠纷。

组织各级各类成员所处的位置不同，利益、知识经验、掌握信息的数量等方面存在一定的差异，因而当面临重大问题时，组织成员对待决策或变革的态度是不一样的。为了使人们能够理解并愿意执行这些决策或变革，就必须进行充分有效的沟通，交换意见，统一思想，统一行动，明确任务，以达到组织目标。

2. 沟通是领导者和管理者实现管理职能的必要手段

沟通是领导者和管理者实现管理职能的必要手段，主要体现在以下方面。

（1）在组织中，管理者借助沟通向下属下达计划并实施控制。

（2）管理者通过沟通宣传组织目标与意图，同时也必须通过沟通，使组织成员的个人目标与组织目标达成一致。

（3）管理者通过沟通了解下属工作与生活方面的重要需求，给予下属必要的指导、帮助和支持，有针对性地对员工实施激励。

（4）通过沟通了解部门及员工的反馈信息，不断改进决策与管理。

3. 沟通是组织成员之间建立良好人际关系的"润滑剂"

一个组织的人际关系如何，主要是由沟通决定的。其作用主要表现在以下方面。

（1）人际沟通不仅能够促进员工之间的互相了解，同时，个人也会因为及时得到信息而心情舒畅，情绪稳定，使组织成员处于一种比较和谐的环境之中。

（2）沟通可以加强成员各方对问题的了解与理解，减少不必要的冲突，以达成工作上的共识，化解工作中的矛盾。

（3）沟通可以使上下级之间真实、准确地传递各自的事实、思想、意见、情感等，有利于增强工作中的协作与信任度。

4. 沟通是组织与外部建立联系的桥梁

沟通是开放的组织生存与发展的一个必要条件。在经济全球化与国际化发展的国际大环境下，组织间合作关系的强化使组织外部沟通的作用更加凸显。组织供应链、服务

外包、虚拟企业、战略联盟等合作形式，都是通过有效沟通来实现的。组织不仅需要从外部环境获取适时有用的信息，同时也在不断地、有目的地向外部发布表明组织意图的信息，通过项目合作谈判沟通、宣传及公共关系沟通、客户关系沟通，以及与政府、消费者、社会组织的沟通，达到组织发展壮大的目的。

三、沟通的过程

沟通是一个由发出信息方与接收信息方共同完成的过程。完整的沟通过程大致包括七个环节。

（1）沟通主体向外发出所要传递的信息。沟通主体即信息的发出者（个体或部门机构）有目的地向外发出所要传递的信息，即事实、想法、观点、资料、情感等。

（2）编码。编码即沟通主体采取怎样的形式来传递信息的内容。这是非常重要的一个环节。比如，一家国际化手机生产商，向消费者提供产品说明书时首先要考虑的是本国国内销售还是出口到其他国家销售，因此就涉及产品说明书采用何种语言文字的问题；其次采用销售对象与一般消费者都能理解的文字和图示对产品的性能及使用加以说明。如果公司只采用专业技术人士才能懂的语言表述，多数消费者不能理解其意，因而不能正确使用手机和掌握相关功能，这说明至少从编码环节就出现了沟通障碍。

（3）沟通媒体。沟通媒体即沟通渠道，一般包括口头沟通、书面沟通、非语言（声、光信号、肢体语言、语调等）沟通、电子媒介等。

（4）沟通客体。沟通客体即信息的接收者。

（5）解码。解码即沟通客体对接收到的信息所做出的理解和解释。

（6）做出反应。做出反应即信息接收者理解信息的内容之后体现出的沟通效果。

（7）反馈。

此外，在整个过程中，还易受到噪声的影响。噪声指的是信息传递过程中的干扰因素，如难以辨认的字、电话中的静电干扰、接收者的疏忽大意、生产现场中设备的背景噪声等。噪声可能在沟通过程的任何环节造成信息的失真。

在上述文字叙述沟通过程的基础上，将沟通过程通过图示进行直观的描述，如图12-1所示。

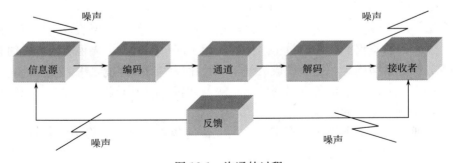

图 12-1　沟通的过程

第二节　沟通的类型与沟通渠道

一、沟通的类型

（一）按沟通的媒介划分

按沟通的媒介，沟通分为口头沟通、书面沟通、非语言沟通和电子媒介沟通。

1. 口头沟通

口头沟通指采用口头语言进行的信息传递，如交谈、讲座、座谈会、电话等。其优点为：传递速度快；由于是双向沟通，因而能及时得到反馈；信息量大，等等。口头沟通的缺点是没有书面沟通准备得充分，沟通范围有限、受时间限制、核实困难等。

2. 书面沟通

书面沟通指采用书面文字形式进行的沟通，如报告、备忘录、信件、文件、内部期刊等。其优点是具有清晰性和准确性，不容易在传递过程中被歪曲，可以永久保留，接收者可以根据自己的时间和速度详细阅读以求理解；缺点是缺乏反馈，难以及时了解接收者的译码是否正确。

3. 非语言沟通

口头沟通和书面沟通都是使用语言进行信息传递的，还有许多信息不是通过语言传递的。非语言沟通是指通过非语言的方式进行的沟通，有声调、音量、手势、体语、颜色、沉默、触摸、时间、信号等。其中，体语是指身体的姿态、面部表情等。颜色是指脸部的色调，如发红、发白等。沉默就是不说话、不表示，这也传递着某种信息。时间能够表明对某事感兴趣的程度，对某事马上做出反应和三周后再做答复，表明的态度是不一样的。信号指的是城市交通信号、铁路信号、海上信号、航空信号、空袭警报、上下课铃声等。

非语言沟通的优点是信息意义明确，内涵丰富，含义隐含灵活；缺点是传递距离有限，有时界限模糊。

4. 电子媒介沟通

电子媒介沟通指通过电子媒介进行的沟通，如传真、闭路电视、计算机网络、电子邮件等，是现代管理大量采用的沟通方式。电子媒介沟通具有其他沟通方式不具备的许多优点，即传递速度快、信息容量大、可远程传递并可同时传递给多人、沟通成本低等。

（二）按沟通中信息流动的方向划分

按沟通中信息流动的方向，沟通分为垂直沟通和平行沟通。

1. 垂直沟通

垂直沟通可以分为下行和上行两个方向。

下行沟通指上级向下级进行的信息传递。通常向下沟通用于指导、控制、激励和评价等目的。例如，将计划、决策、制度、规范等向下级传达，管理人员向下级布置任务，告诉下属该做什么，调动员工积极性等。下行沟通是组织中最重要的沟通方式。

上行沟通指下级向上级进行的信息传递，用于请示、汇报、建议、申诉等目的。例如，各种报告、汇报、报表、建议书等形式。上行沟通是领导者了解实际情况的重要手段，是掌握决策执行情况的重要途径。

2. 平行沟通

平行沟通也可以分为两类：一类是组织内的同事之间进行的沟通；另一类是正式组织中同级部门之间的信息传递，是部门之间同等职位的人进行的沟通（又称部际沟通）。平行沟通主要用于部门之间的衔接、协商问题的解决、信息交流等目的。平行沟通是在分工的基础上产生的，是协作的前提。

（三）按信息沟通的渠道分类

按信息沟通的渠道，沟通分为正式沟通和非正式沟通。

1. 正式沟通

正式沟通指通过正式组织的沟通网络，如组织层次联系、横向协作关系进行的沟通。正式沟通是组织内部信息传递的主要方式，大量的信息都是通过正式沟通网络传递的。正式沟通的优点是沟通效果好，严格可靠，约束力强，易于保密，沟通信息量大，具有权威性；缺点是由于依靠组织层次系统层层传递，沟通速度一般较慢。

2. 非正式沟通

非正式沟通指在正式沟通网络之外进行的信息沟通。非正式沟通是正式沟通不可缺少的补充，也是一个正式组织中不可能消除的沟通方式。非正式沟通的优点是传递信息的速度快，形式灵活，并能提供一些正式沟通所不能传递的内幕消息；缺点是传递的信息内容容易失真、易在组织内引起矛盾、较难控制等。

（四）按沟通是否需要反馈来划分

按沟通是否需要反馈，沟通分为单向沟通和双向沟通。

1. 单向沟通

在单向沟通中，信息的发送者与接收者的地位不改变，没有信息反馈。其优点是信息发送者不会受到信息接收者的询问，信息沟通比较有秩序，速度较快；缺点是信息可能不会被接收者完全理解，降低沟通效果。

2. 双向沟通

双向沟通指在沟通过程中信息的发送者与接收者经常换位的沟通。在这种沟通中，存在信息反馈，发送者可以及时知道信息接收者对所传递信息的态度，有助于协商和讨论，增进对信息的理解；但双向沟通一般比较费时，速度较慢，易受干扰。

二、组织内部的沟通渠道

组织内部的沟通渠道可以分为正式沟通渠道和非正式沟通渠道。

（一）正式沟通渠道

正式沟通渠道是指组织明文规定的信息沟通方式，它与组织结构紧密相关，有五种典型的信息沟通网络：链式、轮式、Y式、环式、全通道式。假定一个组织由五个成员组成，图 12-2 给出了这五种信息沟通网络。

（1）链式。信息链条式地顺序传递，并且传递速度较快，正确性较高，领导者的地位较突出，但其他成员的士气较低。这种方式能缓慢地形成相当稳定的组织。

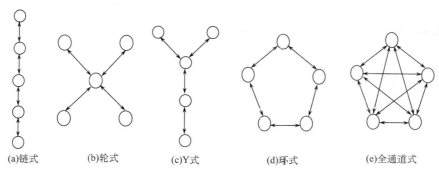

(a)链式　　(b)轮式　　(c)Y式　　(d)环式　　(e)全通道式

图 12-2　正式沟通的典型信息交流网络

（2）轮式。信息交流的中心人物居中，其他成员圈绕着中心人物来联系。信息传递速度快，正确性高，领导地位非常突出，其他成员士气很低。在这种方式下，能迅速地形成稳定的组织。

（3）Y式。信息交流也有一个中心人物，但其集中程度没有轮式高。这种方式兼有链式和轮式沟通的优点和缺点，信息传递速度较快，成员的满意度较低。

（4）环式。没有一个中心人物，允许每一个成员与邻近的成员联系，但不能跨越这一层次与其他成员联系。传递速度慢，正确性低，但成员的满意感较高。这种方式不易形成固定的组织。

（5）全通道式。允许团体中每个成员与其他成员直接进行信息交流，传递速度与正确性较高，没有领导者，团体成员的满意感较高。这种方式不易形成固定的组织。

管理者究竟采用哪一种信息沟通网络更适当，主要取决于沟通目标的定位。表 12-1按照领导的明确性、速度、准确性、成员的满意度、解决复杂问题和解决简单问题标准总结了各种信息沟通网络的有效性。

表 12-1　各种信息沟通网络的有效性归纳

标准	链式	轮式	Y式	环式	全通道式
领导的明确性	中等	高	高	低	低
速度	较快	快	较快	慢	快
准确性	较高	高	高	低	较高
成员的满意感	较低	很低	较低	较高	高
解决复杂问题				有效	有效
解决简单问题	效率较高	效率较高			

从表 12-1 中可以看出，没有一种模式在任何情况下都是最好的。在解决简单问题时，轮式和链式方式效率较高，而在解决复杂问题时，则以环式和全通道式最有效。

（二）非正式沟通渠道

群体中的信息传播，不仅有正式沟通渠道，而且也有非正式沟通渠道。非正式沟通渠道是由于组织成员感情上的需要而形成的，是通过组织内部的各种社会关系来进行的，这种社会关系超越了部门、单位及层次的限制。在组织中，有四种非正式沟通渠道，即单线式、流言式、偶然式、集束式，如图 12-3 所示。

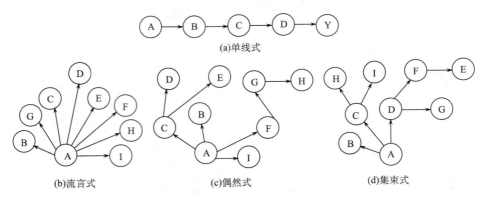

图 12-3　非正式沟通的信息交流网络

（1）单线式。单线式是通过一连串的人把消息传播给最终的接收者。而这一连串的人之间并不一定存在正规的组织关系。

（2）流言式。流言式是指信息发送者主动把小道消息传播给所有其他人。这种传播带有一定的目的性。

（3）偶然式。偶然式是按偶然的方式传递小道消息。每一个人都是随机地传递给其他人，信息通过一种随机的方式传播。道听途说就是其中的一种形式。

（4）集束式。集束式是把小道消息有选择地告诉与自己亲近的人或有关的人，而这些对象在获得信息后又传递给自己的亲近者。集束式又称葡萄藤式沟通系统。

在非正式沟通中，谁是信息发送者取决于所传递的信息内容。如果某个人对这一信息内容感兴趣，他就忍不住要告诉别人，如果不感兴趣，他就不会再进一步传播这一信息。戴维斯的研究结果证明，小道消息传播的最普通形式是集束式。小道消息的传播者往往只把消息告诉经过选择的对象，即按集束式传播消息。一般来讲，集束式传播速度最快、面最广，而单线式和偶然式传递速度最慢，失真的可能性也最大。

小道消息的传播者往往是固定的一些人。在任一群体中，总有这么一些喜欢闲聊并发布"新闻"的人。其他人不是从领导，而是从这些人口中得知群体中将要发生的事情，许多重要信息就是通过这一渠道传播的。

关于小道消息的传播存在不同的观点。一些人认为传播小道消息是散布流言蜚语，应加以禁止。另一些人认为通过非正式沟通渠道散布小道消息，也能在组织中起到一定的积极作用。应该说，非正式沟通是客观存在的，关键是管理者能否利用它为组织的目标服务。

■第三节　有效沟通的障碍与信息沟通的改善

一、有效沟通的障碍

有效沟通的特征是及时、充分和不失真，这也是沟通过程中要实现的目标。在实际沟通过程中，常常因为沟通要素的质量不高、沟道工具运用不佳、沟通网络状况不良等因素阻碍了有效沟通的实现。因此要使沟通过程顺畅有效，必须克服沟通中的各种障碍。

对沟通障碍产生的原因与影响一般可以从两个角度进行分析：一个角度是从沟通过程的环节进行分析，分析在哪一个阶段存在什么样的障碍；另一个角度是从影响沟通的因素进行分析，分析可能会形成沟通障碍的各种因素，即个人因素、人际因素、结构因素、技术因素、文化因素等。

本书主要从沟通过程的环节的角度进行分析，易于清晰明确地分析在不同环节容易产生沟通障碍的原因与对沟通的影响，由此避免沟通障碍，把握如何做才能更利于有效沟通。

（一）信息发送者的障碍

信息发送者的障碍是源发性障碍，即在信息发出的源头就产生了障碍。作为沟通过程的起始，发讯者对受讯者接收和了解信息的情况负有责任。在发讯者方面，造成信息障碍的原因主要可以归纳为以下四个方面。

（1）信息编码不准确。①发讯者没有清楚地传达所要表达的意图，使受讯者难以理解其真实意图，这主要是由于发讯者表达能力不足而产生的障碍；②发讯者欲表达的意图仅以自己所能理解的词语发出，没考虑使用双方能够共同理解的词语，使发讯者与受讯者之间产生误差。

（2）信息传达不全。发讯者有时缩减信息，使得信息变得模糊不清。例如，发讯者只向受讯者解释了六个步骤中的三个，他以为受讯者已经明白其余的三个步骤，而事实未必如此。

（3）信息传递不及时或不适时。发讯者有时会忽视信息沟通中时间的意义。信息传递过早或过晚，或者在不适当的时间发出，都会影响沟通的效果。因此，发讯者要想使传递的信息引起受讯者极大的关注，应该选择适当的时间传递。

（4）发讯者发出的语言信息与非语言信息产生矛盾。在这种情况下，受讯者往往更注意非语言信息表达的意思，如一个领导声称愿意听取员工意见，表情却表现出冷漠或不耐烦，一般会被理解为后者，而不会被理解为他在虚心接受意见。

（二）信息接收者的障碍

对于受讯者来说，沟通障碍产生的主要原因有以下三个方面。

（1）信息过量造成的忽视信息。人们处在众多的信息和刺激之中，有时难免只关注自己认为重要的信息，忽视其中的一些次要信息，这就使信息不能被全部接收和理解，形成一定的沟通障碍。

（2）信息译码不准确。一种情况是受讯者如果对发讯者的编码不熟悉，有可能误解信息的意思，甚至理解得截然相反。另一种情况是接收信息者的知识水平和理解能力较差，可能导致误解、曲解甚至不能理解信息的意思。

（3）拒绝接收信息。兴趣、情绪、信任、心理障碍等可导致拒绝接收信息。有时受讯者听到了也理解了信息，但却拒绝接受它。例如，某企业的主要领导在员工奖励兑现方面做得很差，经常失言。有一次企业为了赶一项重要的订单任务，该领导向大家提出要给予一定的奖励措施时，许多员工拒绝接收信息。当受讯者对信息产生不信任时，此时他们的心理障碍就成为信息沟通的重要障碍，拒绝接收信息的行为就会变得比较强烈。

（三）信息传递渠道中的障碍

信息传递渠道中的障碍主要有以下两点。

（1）发讯者选择的沟通媒介不合适。例如，对某部门经理任职的事情，本应该通过正式任职文件和口头宣布的方式传达，如果只用了口头宣布的方式，效果可能不佳，因为受讯者会认为口说无凭而不重视。

（2）沟通渠道过长。信息在传递过程中，同其他物体运动一样会发生损耗，这被称为信息过滤。信息从发送者到达接受者的环节越多，过滤现象就越严重，导致信息被忽略、失真、有意无意地被歪曲和篡改。研究表明，当信息连续通过 5 人时，多达 80% 的信息在沟通过程中丢失。

二、信息沟通的改善

减少信息沟通的障碍，改善信息沟通，需要信息发出者和接收者双方共同做出努力，改善沟通质量和改善信息传递过程中的质量。

（一）根据沟通交往的目的确定交往计划

发讯者发出信息究竟要达到什么目的，是想得到消息、采取行动，还是想要别人改变态度，发讯者沟通交往的目的决定发出或收取何种信息。管理者作为发讯者，应根据沟通的目的传递相关信息和设法提高接收者的兴趣能力，然后选择适当的时机、媒体、语言、语气和表达方式来为达到沟通交往的目的服务，这样可以大大提高管理沟通的效果。

（二）选择适当的信息沟通媒介

发讯者可以根据不同的事件和不同的场合区别使用书面沟通和口头沟通等媒介。必要时也可以综合使用各种媒介。每一个善于沟通的人，都会非常注意使用非语言媒介。

（三）发送信息力求准确及时

无论是向下沟通，如命令、指导、控制等，还是向上沟通，如发出报告、汇报、意见、建议、申诉等，都要注意使编码准确无误和传递信息及时与适时。发出的信息应具有针对性，言简意赅，语意明确、具体、通俗，尽量避免笼统含糊的语言和空话、套话、废话。

（四）创造一个相互信任、有利于沟通的组织环境

相互信任的组织沟通环境是有效沟通的平台。在一个组织中，有效沟通并不仅仅是某个领导或管理者的事情。因为领导和管理者与其下属之间建立起沟通的信任，是提高管理沟通有效性最重要的方面。要提高管理沟通的有效性，管理当局首先要取信于民，取得组织成员的高度信任，而不能失言、失信，或者欺骗、愚弄群众，否则就会像"狼来了"故事中的放羊孩子，他后来发出的信息就被别人拒绝了。

（五）缩短信息传递链

信息传递链过长，会影响信息传递速度，并造成信息失真。因此，要解决组织机构

重叠、层次过多的问题，缩短信息传递链，以利于信息畅通。

（六）提高受讯者接收信息的质量

受讯者无论是接收到书面信息、口头信息，还是电子信息，首先要认真对待传递来的信息，其次要提高解码环节的辨识能力。要想提高受讯者接收信息的质量，应注意以下三点。

（1）认真对待传递来的信息。①对口头信息的接收。对传递来的口头信息要注意听，认真记，必要时要用笔记下来。需要进一步向其他部门和人员传达的不能延误，并且要准确地传达。②对书面信息的接收。对书面信息要认真接收和处理，尤其是领导者接收下级报告、反馈意见等，管理者接收指令或计划等文件，要认真对待，及时处理，不能放置一旁不予处理或答复。需要转发的文件应及时传递。③对电子信息的接收处理。办公自动化已成为现代组织发展的趋势，网上办公和发布或传递信息已经比较普遍。但人们往往对组织通过网络发出的信息重视不够，认为不是领导和管理人员直接强调的事情和问题，可能并不重要；有一些人还没有习惯这种办公沟通方式，常常会出现漏接、漏阅信息的情况，严重影响到沟通效果。因此，改善管理沟通质量要求认真对待电子信息的接收和处理，重要的通知或文件要打印出来存档，同时加强对电子文档的保存与整理。

（2）提高解码环节的辨识能力。这就要求受讯者提高知识水平、理解能力和分析判断能力，增加管理经验，对上级传达的管理信息能够准确无误地接收并理解，实现完美的、有效的沟通。

（3）仔细聆听发讯者传来的信息。信息沟通是沟通双方互动的过程，在这一过程中，沟通双方或数方能够认真倾听他人所述问题或意见，可以减少或避免歧义和误解，从而减少沟通中的障碍。在聆听的过程中，受讯者要注意做到态度认真、诚恳，注意仔细倾听；克服心不在焉；领导要克服高高在上的态势，避免过早下结论；适当运用非语言暗示，比如首肯、鼓励、同情等。

本 章 小 结

沟通是指在个人之间或群体当中，进行事实、思想、意见和情感等方面的传递与交流，使组织成员的理解与认识基本（或完全）达成一致的过程。完整的沟通过程包括七个环节。

沟通在管理中具有十分重要的作用，沟通是协调组织活动和管理者实现管理职能必要的手段，有利于成员间建立良好的人际关系，也是组织与外部建立联系的桥梁。沟通的形式主要有口头沟通、书面沟通、非语言沟通、电子媒介沟通等，选择适当的沟通形式是实现沟通的必要条件。产生沟通障碍的可能大多发生在发讯者的编码与受讯者的接收和解码环节，以及信息传递渠道中的障碍，要使沟通过程顺畅有效，必须针对源发性障碍、接收者的障碍和传递中的障碍寻找措施，改善管理沟通的质量。

案例　迪特尼·包威斯公司的沟通管理

迪特尼·包威斯公司是一家拥有 12 000 余名员工的大公司，它很早就认识到与员工沟通的重要性。现在，公司的员工意见沟通系统已经相当成熟和完善。特别是 20 世纪 80 年代，面临全球性的经济不景气，这一系统对提高公司劳动生产率发挥了巨大的作用。

公司的员工意见沟通系统建立在这样一个基本原则之上，即个人或机构一旦购买了迪特尼公司的股票，他就有权知道公司的完整财务资料，并得到有关资料的定期报告。本公司的员工，也有权知道并得到这些财务资料和一些更详尽的管理资料。迪特尼公司的员工意见沟通主要分为每月举行的员工协调会议、主管汇报和员工大会三种沟通系统。

一、员工协调会议

迪特尼公司很早就开始试行员工协调会议，会议每月举行一次并公开讨论。在会议中，管理人员和员工共聚一堂，商讨一些彼此关心的问题。在公司的总部、各部门、各基层组织都举行协调会议。员工协调会议是标准的双向意见沟通系统。

在开会之前，员工可事先将建议或怨言反映给参加会议的员工代表，代表们将在协调会议上把意见转达给管理部门，管理部门也可以利用这个机会，将公司政策和计划讲解给代表们听，相互之间进行广泛的讨论。

要将迪特尼 12 000 多名职工的意见充分沟通，就必须将协调会议分成若干层次。实际上，公司内共有 90 多个这类组织。如果有问题在基层协调会议上不能解决，将逐级反映上去，直到有满意的答复为止。事关公司的总政策，一定要在首席代表会议上才能决定。总部高级管理人员认为意见可行，就立即采取行动，认为不可行，也得把理由向大家解释。员工协调会议的开会时间没有硬性规定，一般都是一周前在布告牌上通知。为保证员工意见能迅速逐级反映上去，基层员工协调会议应先开。

同时公司也鼓励员工参与另一种形式的意见沟通。公司在适当的地方安放了许多意见箱，员工可以随时将自己的问题或意见投到意见箱里。为了配合这一计划实行，公司还特别制定了一项奖励规定，凡是员工意见被采纳并产生显著效果的，公司将给予优厚的奖励。令人欣慰的是，公司从这些意见箱里获得了许多宝贵的建议。

如果员工对这种间接的意见沟通方式不满意，还可以用更直接的方式来面对面与管理人员交换意见。

二、主管汇报

对员工来说，迪特尼公司主管汇报、员工大会的性质，和每年的股东财务报告、股东大会相类似。公司员工每人都可以收到一份详细的公司年终报告。

这份主管汇报有 20 多页，包括公司发展情况、财务报表分析、员工福利改善、公司面临的挑战及对协调会议所提出的主要问题的解答等。公司各部门接到主管汇报后，就开始召开员工大会。

三、员工大会

员工大会都是利用上班时间召开的，每次人数不超过 250 人，时间大约 3 小时，大多在规模比较大的部门里召开，由总公司委派代表主持会议，各部门负责人参加。会议先由主席报告公司的财务状况和员工的薪金、福利、分红等与员工有切身关系的问题，然后便开始问答式的讨论。

有关个人问题是禁止提出的。员工大会不同于员工协调会议，提出来的问题一定要具有一般性、客观性，只要不是个人问题，总公司代表一律尽可能予以迅速解答。员工大会的议题通常事先充分准备，不过大会也接受临时性的提议。

公司每年在总部要先后举行 10 余次的员工大会，在各部门要举行 100 多次员工大会。那么，迪特尼公司员工意见沟通系统的效果究竟如何呢？在 20 世纪 80 年代全球经济衰退中，迪特尼公司的生产率每年平均以 10% 的速度递增。公司员工的缺勤率低于 3%，流动率低于 12%，在同行业最低。

资料来源：http://www.beidabiz.com/bbdd/alk/alk_gl.html

【思考题】

1. 根据迪特尼公司员工沟通取得的效果，谈谈沟通的重要性。
2. 试分析迪特尼公司的员工沟通特点及对我们的启示。

复 习 思 考 题

1. 简述沟通的过程。
2. 组织内部的正式沟通渠道主要有哪些？简要说明不同的沟通渠道的适用范围及其有效性。
3. 组织的沟通方式主要有哪些？
4. 有效沟通的障碍主要有哪些？如何改善信息沟通？

第十三章

激　励

本章学习目标

1. 理解激励的概念及激励的基本模式。
2. 了解不同类型激励理论的内容。
3. 运用各种激励理论解释管理实践中的现象。
4. 了解激励方式在管理中的运用。

"激励"一词译自英文单词"motivation"。早在汉朝司马迁所著的《史记·范雎、蔡泽列传》中，便有"欲以激励应侯"之语，意思就是激发使其振作。

激励是一种精神力量或状态，起加强、激发和推动作用，并且指导和引导行为指向目标。因而每个人都需要自我激励，需要得到来自同事、团体、组织方面的激励和相互之间的激励。而团体、组织和管理者为了实现既定目标，就更加需要激励全体成员，调动成员的积极性。本章主要介绍激励的基本模式、激励理论及激励的方法和手段。

■ 第一节　激励的概念与激励的基本模式

一、激励的概念与特点

（一）激励的概念

激励本来是心理学的概念，它是表示某种动机所产生的原因，即发生某种行为的动机是如何产生的？又是在什么环境中产生的？贝雷尔森（Berelson）和斯坦纳（Steioner）认为，"一切内心要争取的条件、希望、愿望、动力等都构成了对人的激励……它是人类活动的一种内心状态"。

人们通常把激励理解为单纯的外力刺激作用，如精神鼓励、物质奖励、提职、加薪等外部的刺激，这种理解是不全面的。一般情况下，激励表现为外界所施加的推动力或者吸引力，与个体自身的需要与动机结合，转化为自身的动力，使得组织目标变为个人行为目标。

一个人的行为，必须受到外界的推动力或吸引力的影响，这种吸引力和推动力通过个体自身的消化和吸收，产生出一种"自动力"，才能使个体由消极的"要我做"转化为积极的"我要做"。自动力越大，行为越积极，反之亦然。而自动力的大小固然与外力作用的强度有关，但是离不开个体自身的因素（需要与动机），同样强度的推动力与吸引力，对于不同的人可能会产生强弱悬殊的自动力，对人的行为产生不同的影响。自动力是一个内在变量，是内在的心理过程，它不能直接被观察，只能通过行为表现来衡量与推断。

激励就是指激发人的动机，使人产生一种内在的动力，朝所期望的目标前进的心理活动和行为过程。

行为科学家做过许多试验，证明经过激励的行为与未经激励的行为效果大不一样。有的试验结果说明了激励对绩效的作用，揭示了激励方式对行为的影响；有的研究反映出工作绩效不仅取决于工作能力，同时还取决于激励水平或激励的方式。

（二）激励的特点

为了进一步理解激励，还需要把握激励的以下特点。

（1）激励要有对象，激励的对象是组织中的个体。

（2）激励的对象有从事某种活动的内在愿望和动机，而产生这种愿望和动机的原因是对某种事物的需求。

（3）激励不是外在的推动作用，而是引导人们朝向目标活动的内在动力。

（4）激励效果的强弱是一种变量，不是固定不变的，判断积极性高低或激励效果强弱的标准是行为或工作绩效。

（5）激励对象的要求是多方面的，要满足这些要求，就必须采取多种激励措施。

二、激励的基本模式

心理学家认为，所有人的行为，都是为了达到一定的目的和目标。这种"目标—导向"行为又总是围绕着满足需求的欲望进行的。可以说某种未满足的需求是调动积极性的起点，是引起一系列导向行为的初始动机。由于这一活动是针对某一目的，目的达到时，需求满足，激励过程即告结束。因此，激励过程以未能得到满足的需求开始，以需求得到满足而结束，这是一种比较简单的关系。

事实上人的需求不仅具有多样性，而且也不会因为上一次的满足而终止，那么新的需求又会产生，并且反馈到下一循环过程中去。

行为科学家认为，个体行为的一般规律是：需要引起动机，动机支配行为，行为的方向则是寻求目标以满足需求。所以，动机是行为的直接原因，它驱动和诱发人们从事某种行为，规定行为的方向。动机是指引起与维持人的行为并将行为导向一定目标的原因或条件。当动机产生之后便会采取一定的行为达到所追求的目标。但并不是说通过某种行为就一定能达到目标。在完成"行为"向"目标"的转化之后，个体的行为还会延续，会有两种情况出现——达到目标或未达到目标：①当个体达到目标满足需要之后，又会产生新的需要；②个体未达到目标，即因未满足需要而受到了挫折，人们通常会采取两种反应，即采取积极行为和消极行为。但是不论个体需要是否得到满足，都会返回到下一次循环的起点，即又会产生新的需要。这个过程构成了基本的激励过程（图 13-1）。

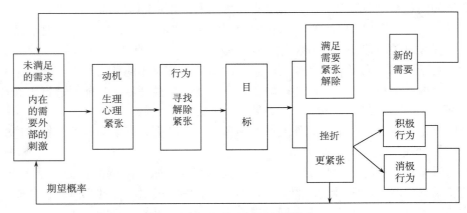

图 13-1　激励的一般过程模式

图 13-1 的模式反映了需求、动机、行为、目标之间的基本关系，同时也说明了得到满足和受到挫折之后采取的相应的积极行为和消极行为，可以增强管理人员对有关激励过程的了解。

由图 13-1 可见，激励具有一般规律：一切行为都是受到激励而产生的，而未满足的需求是产生激励的起点。人的需要总是处在一个周而复始的过程中，因而没有一个永恒的、一劳永逸的管理措施。作为一个领导者和管理者，应该是一个清醒的、对于人的心理处于唤醒状态的激励者。尤其是个人的一些行为表现往往比较复杂，不一定能轻易被推测和窥探到真正的动机。所以组织的管理者要对人的需要、动机、行为进行深入细致的研究，采用适当的激励方法，以收到管理的最大效果。

第二节　激励理论

行为科学形成以后，人们一直在应用心理学和社会学方面的知识去讨论如何通过满足人的需要去激发人的动机，从而调动人的积极性。针对激励的指导思想和原理的理论有很多，这些理论对管理实践有很强的指导作用。根据研究的侧重点不同，激励理论分为内容型激励理论、过程型激励理论和行为改造型激励理论。

一、内容型激励理论

内容型激励理论着重对激励产生的原因及起激励作用的因素的具体内容进行研究。主要有马斯洛的需要层次理论、赫茨伯格的双因素理论及麦克利兰的成就需要理论。

（一）需要层次理论

需要层次理论是美国人本主义心理学家和行为科学家马斯洛（Maslow）在 20 世纪四五十年代提出的。

1. 马斯洛把人类的需要归纳为五大类

马斯洛认为人类的五类需要之间密切相关，按照其重要性和发生的先后次序，可以排成一个需要等级，如图 13-2 所示。

（1）生理需要。生理需要指维持生存和繁衍后代必需的各种物质上的需要，包括衣、食、饮水、住房、性满足等方面的需要。这些是人们最基本的，因而也是推动力最强大的需要。这些生理需要在所有需要中占绝对优势。

（2）安全需要。安全需要指保护自己免受身体和感情伤害的需要，包括对安全、稳

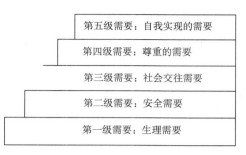

| 第五级需要：自我实现的需要 |
| 第四级需要：尊重的需要 |
| 第三级需要：社会交往需要 |
| 第二级需要：安全需要 |
| 第一级需要：生理需要 |

图 13-2　马斯洛提出的需要层次

定、依赖的需要；对免受恐吓、焦躁、混乱的折磨的需要；对体制、秩序、法律、界限的需要；对于保护者实力的要求等。

在现代企业组织中，安全需要表现为渴望有稳定的工作、安全的工作环境、医疗保险、养老保险、较优良的工作生活质量环境等。

（3）社会交往需要。社会交往需要指友谊、爱情、归属及接纳方面的需要。这类需要体现了人的群体性，人们希望归属于一个团体以得到关心、爱护、支持、友谊和忠诚，从而消除孤独感，在心理上产生一种满意的归属感。这类需求对于大多数人来讲是很强烈的，如果得不到满足，就会导致精神上的不健康。

（4）尊重的需要。尊重的需要可以分成两类：一类是自尊心、自信心、实力、成就、优越等方面的欲望；另一类是对于名誉或威信的欲望，包括名誉、名声、地位、名望、受人关注、尊严与感激。这类需要很少得到完全的满足，因为它是无止境的。

（5）自我实现的需要。自我实现的需要是最高一级的需要，指一个人需要做他最适宜的工作，发挥他最大的潜在能力，实现自己的理想，并能不断地自我创造和发展。这是一种追求个人能力极限的内驱力。

马斯洛对自我实现的需要的解释是，"一个人能够成为什么，他必须忠实于他自己的个性"。他认为在这一层次上，个人之间的差别是最大的。这种需要是通过胜任感和成就感来获得实现的。

2．对五类需要的进一步分析说明

马斯洛认为，需要的五个层次是逐级上升的，当下一级的需要获得相对满足后，追求上一级的需要就成了驱动行为的动力。但当较低级的需要受到威胁时，也会采取一种相反方向的选择。例如，当遇到灾荒时，就可能牺牲较高级的需要去追求基本的衣食等。

（1）人类的基本需要组成一个相对优势层次。排在前面的那些需要得到满足（相对满足），才能产生更高一级的需要，但也有许多例外情况存在。例如，哈马·甘地在争取印度独立时，便经常牺牲第一、二级的需要来使其他需要得到满足。他曾以绝食数周来反对政府的不公正政策，他便是只停留在自我实现阶段。

（2）同一时期，一个人可能存在几种需要，但总有一种占支配地位。在特定时刻，人的一切需要如果都未得到满足，那么最主要的满足就比其他需要的满足更迫切。

（3）未满足的需要才有激励作用。当某一需要得到满足时，激励作用就不再存在，

即只有未得到满足的需要才能对人的行为产生激励作用。

3. 评价

马斯洛的人类需要层次理论一经提出就受到人们的普遍关注，产生了很大的影响。他将人类千差万别的需要归为五类，揭示了一般人在通常情况下的需要与行为规律，以及人们的需要从低级向高级发展的趋势。管理者应该认识到，人的需要是多种多样的，而且是动态的。管理者必须了解员工的不同需要，给予物质上和精神上的满足，特别是基本生理需要得到满足以后，精神需要更为重要。因为满足人的高级需要将具有更持久的动力。

（二）双因素理论

双因素理论又称激励—保健因素理论，是美国心理学家赫茨伯格（F. Herzberg）于 1959 年提出的。

20 世纪 50 年代末期，赫茨伯格和他的助手们在美国匹兹堡地区的 11 家工商企业机构中，对 203 名工程师和会计师进行了调查访问。访问主要围绕两个问题：在工作中，哪些因素是让他们感到满意的，哪些因素是让他们感到不满意的。调查结果显示，使员工在工作中感到满意的因素与造成他们不满意的因素是不同的。使员工感到满意的因素都是属于工作本身或工作内容方面的，而使他们感到不满意的因素，都是属于工作环境或外界因素方面的。前者被赫茨伯格称为激励因素，后者被称为保健因素。两类因素的构成见表 13-1。

表 13-1　激励因素与保健因素

激励因素	保健因素
成就	公司政策和制度
承认	监督
工作本身	与上级的关系
责任	工作条件
晋升	工资
成长	与同级的关系
	个人生活
	与下级的关系
	地位
	安全保障

保健因素的满足对员工产生的效果类似于卫生保健对于身体健康所起的作用，只能防病，不能治病。保健因素包括公司政策、管理措施、监督、人际关系、物质工作条件、工资、福利等。当这些因素恶化到员工可以接受的水平以下，员工就会产生不满意感；当组织在这些因素方面能满足员工的需要时，员工的不满意感会消失，但是并不会产生由满意感所带来的积极性，也不会促进劳动生产率的提高。

激励因素是能使员工产生满意感和积极态度的因素，主要是那些能满足自我实现需要的因素，包括成就、赏识、挑战性工作、工作责任及成长和发展的机会。如果这些因素具备，员工就会产生满意感，从而提高工作热情和劳动生产率。

双因素理论的重要意义在于改变了传统的"满意—不满意"的观点。赫茨伯格把传统的"满意—不满意"的观点进行了拆解，认为传统的观点中存在双重的连续体，即满意的对立面不是不满意，而是没有满意；同样，不满意的对立面也不是满意，而是没有不满意。关于满意与不满意观点的对比如图 13-3 所示。

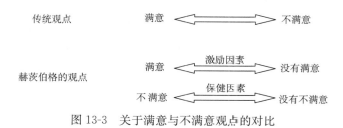

图 13-3　关于满意与不满意观点的对比

双因素理论对企业管理者的基本启示是：能让员工产生满意感的因素和不满意感的因素是不一样的，因此管理者要调动和维持员工的积极性，首先要注意保健因素的满足，防止不满情绪的产生。但消除工作中的不满意因素只能安抚员工，不能使他们产生满意感，也不会起到激励作用。要想真正激励员工努力工作，必须注重用激励因素去激发员工的热情，增加员工的工作满意感，从而提高其工作的积极性和劳动生产率。

（三）成就需要理论

美国哈佛大学心理学教授大卫·麦克利兰（David MaClelland）在大量调查的基础上，于 20 世纪 50 年代，提出了成就需要理论。麦克利兰认为，人们在生理需要得到满足以后，还有权力需要、归属需要和成就需要。

（1）权力需要。权力需要是指影响和控制别人的一种欲望和驱动力。权力需要较强的人喜欢负责和竞争，并希望取得较高的社会地位，权力需要是决定管理者成功的重要因素。

（2）归属需要。归属需要是指人们追求他人接受和友谊的欲望。归属需要强烈的人一般善于与别人协作和配合，希望得到别人的赞同，忠诚可靠，服从群体规范。

（3）成就需要。成就需要是指根据自己设定的目标追求卓越成功的一种内驱力。成就需要强烈的人事业心较强，喜欢挑战性的工作，能制订明确的目标，愿意承担责任和风险，把成就看得比金钱更重要，认为克服困难并取得成就是一种最大的乐趣，而报酬只是衡量成就大小的一种工具。

在大量研究的基础上，麦克利兰对成就需要与工作绩效的关系进行了推断：首先，在小企业中的经理人员和大企业中的相对独立部门的管理者中，高成就需要者往往会取得成功。其次，在大型企业或其他组织中，高成就需要者并不一定就是一个优秀的高层管理者，因为他们往往只对自己的工作绩效感兴趣，并不关心如何影响别人去做好工作。再次，归属需要与权力需要和成功的管理密切相关。麦克利兰发现，最优秀的管理者往往是那些权力需要很高而归属需要很低的人。最后，可以对员工进行培训以激发他们的成就需要。

　　总之，内容型激励理论强调人的内在因素，按照人的心理活动规律研究人的行为。其局限性表现为脱离社会生产方式孤立地研究人的需要，反映了以个人为中心的思想模式。事实上，在不同社会、不同国家、不同地区和民族条件下，人们需要的内容和结构必然会带有社会性。

二、过程型激励理论

　　过程型激励理论主要是说明行为的产生和怎样朝一定方向发展，如何使行为保持下去，以及怎样结束行为发生的整个过程。这里主要介绍期望理论、公平理论、综合激励模型。

（一）期望理论

　　期望理论是美国心理学家维克多·弗鲁姆（Victor H. Vroom）在 1964 年提出来的。期望理论认为，人们在预期他们的行动能给个人带来有吸引力的结果时，才会被激励起来去做某些事情以达到目标。

　　期望理论认为，一个人从事某项活动的动力（激励力）的大小，取决于"该项活动所产生成果吸引力的大小"和"该项成果实现概率的大小"这两项因素。期望模式可用式（13-1）表示：

$$M = V \times E \qquad\qquad (13\text{-}1)$$

式中，M 为激励力；V 为效价；E 为期望概率。

　　激励力，是指动机的强度，即一个人受到激励的程度。效价，是某项活动成果的吸引力，即目标对于满足个人需要的价值。其变动范围在 -1 到 $+1$ 之间，至于这种吸引力的大小，则因个人的主观评价不同而有所不同。期望概率，指一个人对某项活动导致某一成果的可能性大小的判断。期望概率的变动范围为在 0 到 1 之间。比如，一个人完成某项重大课题这项活动而导致职位提升这一成果的可能性有多大，就是期望概率。它是个人的主观评价，同客观上是否符合实际情况无关。主观判断的期望概率影响到对个人是否起激励作用及所起作用的大小。

　　上述关系可以表明，当效价与期望概率任何一项为零时，激励力为零，只有两项影响因素的水平都高时，激励力才可能提高。因而员工对待工作的态度很大程度上依赖于对下列三种联系的判断。

　　（1）努力与绩效的联系。员工首先会判断经过努力能否达到组织设定的目标。员工当然希望通过一定的努力能够达到预期的目标，如果判断通过一定的努力而达到预期目标的可能性比较大，就会激发出很强的工作动力。如果员工认为目标太高，即使怎样努力也不会有很好的绩效，就会失去内在动力，导致工作消极。

　　（2）绩效和奖励的联系。员工还会判断如果达到了绩效目标，自己是否能得到应有的奖励。这实际是员工对管理当局信用度的判断。如果员工认为取得绩效后能得到合理的奖励，就会努力工作实现绩效目标，否则工作就没有积极性。

　　（3）奖励与个人需要的联系。最后员工还要判断假如完成工作并且能够得到预期奖励，而这份奖励是否是自己所需要的。如果奖励能够满足个人需要，激励目标对个体的吸引力就大，反之目标对于个体则没有吸引力或缺乏足够的吸引力。由于员工在年龄、性别、资历、社会地位和经济条件等方面都存在差异，他们对各种需要得到满足的程度也会各不相同。所以不同的员工，对同一种奖励重要性的评价也是不同的。

这三者的关系可以用图 13-4 表示。

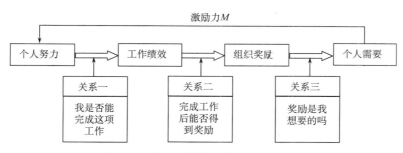

图 13-4　努力、绩效、奖励三者的关系

由于期望理论所阐述的激励理论更加贴近管理问题，该理论一出现就受到管理学家和实际工作者的普遍重视。在如何增强对员工的激励程度、提高员工工作积极性方面，期望理论给予管理者很大的启示。

从期望理论出发，管理者可以从提高目标效价和期望概率两个方面入手来提高员工的激励力。

（1）提高目标效价。目标效价的高低主要与目标执行者被两方面目标的吸引程度相关，即工作目标是否是目标执行者感兴趣并愿意做的；完成目标后的奖励对目标执行者的吸引程度。因此，要想提高效价，管理者首先要使工作目标能够对员工具有较强的吸引力，比如设置一些挑战性的目标调动员工的工作兴趣和积极性，为员工设定技术改造和技术创新等有一定难度的目标，调动员工更多地参与企业的活动；其次应该了解员工的主导需要，哪些奖励措施是员工更需要和感兴趣的，使目标效价更具吸引力。

（2）提高期望概率。影响被激励者期望概率高低的因素有两个：一是对自己能否完成工作目标的概率判断，二是对完成工作目标后是否能得到应有奖励的判断。因此管理当局要想提高被激励者的期望概率，必须做到：①设定的目标的高低、难易程度一定要适当，增强目标执行者完成工作目标的信心，同时要为员工完成任务提供必要的支持，如对其进行培训以提高工作能力、提供所需资源等；②组织应该遵守承诺，及时、公平、合理地向员工兑现奖励，以提高员工对于组织的信任程度。

（二）公平理论

20 世纪 60 年代中期，美国心理学家斯塔西·亚当斯（J. S. Adams）提出了公平理论，该理论也被称为社会比较理论，侧重于研究工资报酬分配的合理性、公平性及其对员工积极性的影响。

公平理论指出，职工的激励程度不仅受自己所得报酬的绝对额的影响，而且受到报酬的相对比较的影响。人们总会自觉或不自觉地将自己付出的劳动代价及其所得到的报酬与他人进行比较，包括与其他人比较（横向比较）和与自己过去在这方面的收支比率做历史比较（纵向比较）。亚当斯通过社会比较和历史比较的公式来说明这个问题。

1. 横向比较

横向比较的公式为

$$\frac{O_A}{I_A} = \frac{O_B}{I_B}, \ 或 \left(\frac{O_A}{I_A} > \frac{O_B}{I_B}, \ \frac{O_A}{I_A} < \frac{O_B}{I_B} \right) \tag{13-2}$$

式中，O_A 为员工对自己所获报酬的主观感觉；I_A 为员工对自己所做投入的主观感觉；O_B 为员工对比较对象所获报酬的主观感觉；I_B 为组织成员对比较对象所做投入的主观感觉。

报酬包括物质上的金钱和福利、精神奖励及工作安排等因素。投入包括个人的教育程度、所做的努力、用于工作的时间与精力和其他无形损耗等因素。

在公平理论中，员工所选择比较的参照对象是一项重要变量，一般可以划分出三种参照类型：其他人、制度、自我。

其他人，包括同一组织中从事相似工作的其他个体，以及其他组织中与自己工作相似、能力相当的人。员工通过各种渠道获取工资标准等信息，并在此基础上进行比较。制度是指组织中的考核、奖惩、晋升、薪酬等相关制度。自我是指自己付出与所得的比率。它反映了员工个人的过去经历及交往活动，受到员工过去的工作标准及家庭负担程度的影响。人们将通过比较来判断其所获报酬的公平性。经过比较会出现以下三种结果，见表 13-2。

表 13-2　比较结果

员工觉察到的比率比较	员工的心理感受
$\dfrac{O_A}{I_A} > \dfrac{O_B}{I_B}$	不公平（自己报酬高于比较对象）
$\dfrac{O_A}{I_A} = \dfrac{O_B}{I_B}$	公平（自己报酬等于比较对象）
$\dfrac{O_A}{I_A} < \dfrac{O_B}{I_B}$	不公平（自己报酬低于比较对象）

通过表 13-2 可以看到，员工经过比较后，心里可能会产生以下三种感觉，这三种感觉会导致员工不同的工作行为。

（1）当员工感到不公平（自己报酬过高）时，他可能会采取要求减少自己的报酬或是在工作中自觉地增加投入的做法。但自觉地增加投入往往不会持续太久，他会重新估计自己的技术、工作情况和审视他人而觉得报酬水平适当，于是工作效率便又会回到过去的水平。

（2）当员工对自己的报酬做比较的结果表明收支比率相等时，会感到受到了公平待遇，因而心理平衡，心情舒畅，工作努力。

（3）如果员工认为不公平（自己报酬过低）时，便会感到自己受到了不公平的待遇，产生怨恨情绪，影响工作积极性。

2. 纵向比较

纵向比较是同自己过去在这方面的收支比率做历史比较。纵向比较的公式为

$$\frac{O_A}{I_A}=\frac{O_L}{I_L} \text{ 或}\left(\frac{O_A}{I_A}>\frac{O_L}{I_L}, \frac{O_A}{I_A}<\frac{O_L}{I_L}\right) \tag{13-3}$$

式中，O_L 为员工对作为比较基准的自己在历史上某一时期所获报酬的感觉；I_L 为员工对作为比较基准的自己在历史上某一时期所做投入的感觉。

纵向比较的具体比较过程与结果可参照横向比较，在此不再赘述。

3. 对员工比较后产生的不公平感的纠正措施

当一个员工对自己的报酬进行社会比较与历史比较之后，如果公平，员工则满意，如果不公平，并且产生的不公平是由于自己所得甚少而引起，就会产生不满，影响工作积极性。通常员工会采取以下措施来纠正这种不平衡。

（1）改变付出。员工会通过减少努力程度、增加缺勤次数、降低工作水平或者停止工作来减少他们的付出。在所得不变的情况下，付出的降低会使员工感到公平一些。

（2）改变所得。员工会试图提高自己的所得来恢复公平。例如，薪水少的员工会要求提高工资或者改善工作环境以达到心理平衡。

（3）离职。那些有不公平感的员工期望在新的工作单位得到公平的待遇。

（4）改变参照对象的付出与所得。员工可以设法减少他人的所得，或者增加他人的付出以使自己恢复公平感。

（5）更换参照对象。所谓"比上不足，比下有余"，当员工无法用上述方法来恢复自己的公平感时，可以更换参照对象，将不如自己的他人作为比较对象以达到心理平衡。

4. 公平理论的运用及应注意的问题

公平理论对实际管理工作具有较强的指导意义。管理者在进行激励时应该尽量做到对员工的公平。另外，在激励过程中管理者要注意对员工公平心理的引导，使员工树立正确的公平感。绝对的公平是不存在的，因此，组织可以采取一些手段以避免员工产生不公平的感觉，如采用保密工资的办法，使员工相互不了解彼此的收入情况。

公平理论在解释员工激励问题上是有效的，但也存在一定的不足之处，即员工本身对公平的判断是相当主观的。因为人们总是倾向于过高估计自己的付出而过低估计自己的所得，但对被比较对象的估计则恰好相反。员工的这种行为特性对于管理者来说是个极大的挑战。因此，管理者在应用这一理论时应注意实际工作绩效和报酬之间的合理性。

（三）综合激励模型

综合激励模型是美国行为科学家波特和劳勒（E. E. Lawler）于 1968 年提出的一种激励模式，也被称为"波特—劳勒综合激励模型"。该理论在一般激励模式的基础上，吸收了期望理论和公平理论观点，构建了一种更加全面和完善的激励模式，如图 13-5 所示。

该模型比较全面地说明了整个激励的过程。从图 13-5 可以归纳出该模式的基本要点。

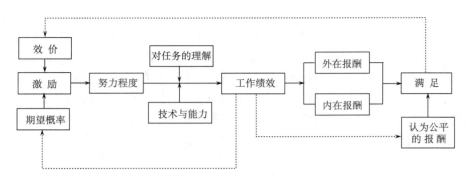

图 13-5 波特—劳勒综合激励模型

（1）员工的努力程度是由效价和期望概率决定的。因此，过去的经验、实际绩效及奖励的价值将对期望概率和效价产生影响，进而影响其努力程度。如果员工有较大的把握完成任务或曾经完成过任务并获得相当价值的奖励的话，他将乐意付出高程度的努力。

（2）工作绩效是由一个人的努力程度、对任务的理解和完成工作任务所需的技术能力三个因素共同决定的。对任务的理解是指一个人对自己所承担的工作职责的理解程度。

（3）一个人在做出了成绩之后会得到报酬，报酬分为外在报酬和内在报酬两类。①外在报酬是指工资、提升、地位、安全感等。外在报酬所满足的往往是一些较低级的需要。由外在报酬引发的激励往往难以持久。②内在报酬是指工作任务本身的刺激，即在工作进行过程中所获得的满足感，它与工作任务是同步的，如完成了一件有意义的工作、对社会做出的贡献等。内在报酬是对自我实现和其他高级需要的满足，因此会产生一种持久性的作用。

（4）报酬不仅直接同"满足"相联系，还受公平感的影响。个体要把自己所得到的报酬同他认为应该得到的报酬相比较，如果相符合，个体会得到满足，否则会因感到不满足而影响其以后的工作。

（5）新的效价和期望概率会重新调整员工的努力程度，员工的行为是在多种因素相互联系、相互影响下循环往复连续进行的。

波特—劳勒综合激励模式是一种更为全面的激励模式，该模式之所以全面，是因为在一般激励模式的基础上，吸收了弗鲁姆关于直接影响激励的两个重要因素——效价和期望概率；吸收了公平理论中个体对于公平的自我判定将直接影响到一个人的满意度的观点，而且满意度还会影响到下一次循环起始的效价的高低。而激励的一般规律只是认为行为达到了目标（获得奖酬）即得到了满足，没有自我公平感的评判。波特—劳勒综合激励模式可以为管理者实施激励提供比较科学、全面的理论依据。

三、行为改造型激励理论

前面的理论主要着眼于如何激发人的动机，使其产生组织所希望的行为，而行为改造型激励理论则主要着眼于如何引导和改造员工的行为，使其朝组织所希望的方向发展。

（一）强化理论

强化理论是由美国心理学家和行为科学家斯金纳（Skinner）、赫西（Hersey）、布兰查德（Branchard）等提出的一种理论，又叫行为修正理论。起初只是把该理论应用于训练动物，后来应用于人的学习上，经过发展，又将强化理论广泛应用于对人的激励和改造人的行为上。

该理论认为人的行为只是对外部环境刺激所做的反应，只要创造和改变外部的操作条件，人的行为就会随之改变。斯金纳说："操作条件反射的作用能塑造行为，正如一个雕刻师塑造一块黏土一样。"与其他的激励理论不同，该理论几乎不涉及主观判断等内部心理过程，而只讨论刺激和行为的关系。

斯金纳早期曾提出一种"操作条件反射"理论，认为人或动物为了达到某种目的，会采用一定的行动，当行为的结果对他有利时，这种行为就会在以后重复出现；当行动结果对其不利时，这种行为就会减弱或者消失。人类的行为可以用过去的经验来解释，人们会通过对过去的行为和行为结果的学习，来影响将来的行为。因此人们会凭借以往的经验来"趋利避害"。这种情形在心理学中被称为"强化"，人们可以用正强化和负强化的办法来影响行为的后果，修正其行为。

所谓强化，从其最基本的形式来讲，是指对一种行为的肯定或否定的后果（报酬或惩罚），它至少在一定程度上会决定这种行为在今后是否会重复发生。

根据强化理论，管理者可以通过不同的强化方式，对人们的行为进行引导和激励。强化可以分为正强化和负强化两种基本类型。

1. 正强化

正强化是指对那些符合组织目标的行为加以肯定或奖励，以使这些行为得到延续和加强，有利于组织目标的实现。正强化应该是管理者运用强化的主基调。

1）正强化的形式（刺激物）

正强化的形式（刺激物）主要有：物质性奖励；精神鼓励，如表扬、认可、充分的信任等；改善工作；安排具有挑战性的工作、提升重用，或给予学习的机会等激励方式及手段。为了能使正强化收到预期效果，必须考虑到强化的方式。

2）正强化的方式

正强化的方式主要有：①连续的、固定的正强化，即对每一次符合目标的行为都给予强化，或每隔一个固定的时间给予强化，如月度生产超额奖、每个月的满勤奖等就属于这一类强化方式。但随着时间的推移，人们会产生更高的需求，而这种形式、数量、时间都固定的奖励就会变成"保健因素"，其激励效果就会逐渐减弱，甚至消失。②间隔的、时间和数量都不固定的强化。根据需要和个人行为在工作中的反映，不定期、不定量地实施强化，使每一次强化都能收到较大的效果。这种强化方式与前一种强化方式相比具有更大的激励效果。

2. 负强化

负强化就是惩罚那些不符合组织目标的行为，以使这些行为削弱直至消失，保证组织目标的实现不受干扰。管理者需要适当采取一定的强化方式，以使人们的行为符合组织的目标。

1）负强化的形式（刺激物）

负强化的形式主要有扣发奖金、降等、罚款、批评、行政处罚、开除等。如泰罗当时提出的"超额计件工资制"，其实也是一种典型的负强化。

一般情况下，负强化可以减少员工不良行为的重复出现，弱化不符合组织目标的行为，但如果选择的刺激物不当或运用不当，也有可能起不到负强化的预期效果，甚至带来一些消极影响，使员工由于不愉快的感受而出现悲观、恐惧等心理，甚至发生对抗性消极行为。因此，需要慎重选择刺激物。比如，惩罚可能对于制止某一行为可以起到作用，但惩罚一方面可能会引起怨恨和敌意；另一方面随着时间的推移，惩罚的效果会减弱。

因此，在采用负强化时，要因工作或事件的性质，选择适当的刺激物，并使负强化形成一定的制度，以减少管理者的随意性和随机性。

2）负强化的方式

负强化的方式主要有：①连续负强化，即对每一次不符合目标的行为都应及时进行负强化，消除人们的侥幸心理，减少直至完全避免该行为重复出现的可能性。②不进行正强化也是一种负强化。比如，取消奖金或超额奖等，会导致员工自动减少产量或工作量。

（二）归因理论

归因理论是在美国心理学家海德（Heider）的有关社会认识和人际关系理论的基础上发展起来的，属于社会心理学的内容。美国斯坦福大学的罗斯（Rose）和澳大利亚的心理学家安德鲁斯（Andrews）等，应用归因论来改变人的感觉和认识，从而进行强化，最后达到改变行为的目的。

归因论是说明和推测人们活动的因果关系分析的理论。不同的归因会直接影响人们的工作态度和积极性，进而影响随之而来的行为和工作绩效；对过去成功或失败的归因，会影响将来的期望和坚持努力的行为。一般人可以做出四种归因：一是努力程度；二是能力大小；三是任务难度；四是机遇。

这四个因素可以按内外因、稳定性和可控性三个维度来划分。从内外因方面来看，努力和能力属于内部因素，而任务难度和机遇属于外部因素；从稳定性来看，能力和任务难度属于稳定因素，努力和机遇属于不稳定因素。从可控性来看，努力是可控制的因素，任务难度和机遇则不以人的意志为转移。

在对归因论的研究中，罗斯和安德鲁斯等心理学家在实验的基础上得出了如下几种看法。

（1）如果学习的人把失败归于自己头脑笨和能力低这样一类稳定的内因，那么失败后则不能增强学习者今后努力行为的坚持性。

（2）假如把失败归因于自己学习不够努力这个相对不稳定的内因，则可能增强学习者更加努力学习的行为的坚持性。

（3）如果把失败归因于不稳定的偶然的外因（比如在考试复习阶段把笔记本丢了，

或者有病发烧一周），则学习者不一定会降低学习的积极性，而且能够坚持努力行为。

（4）假如把失败归因于学习任务太重、太难等稳定性的外因，则就可能会降低学习者的自信心、成就动机和行为的坚持性。

国外学者研究表明，人们把成功和失败归因于何种因素，对以后工作积极性有很大影响。也就是说，如果把失败的原因归结为相对稳定、可控或者内部因素，就容易动摇信心，而不再坚持努力行为；相反，如果把失败的原因归结为相对不稳定、不可控或外部因素，人们则比较容易继续保持努力行为。

因此，归因理论可以给管理者很好的启示，即当员工在工作中遭到失败时，管理者应当帮助员工寻找正确的原因，使其保持信心，继续努力，争取下一次行动的成功。对于常常失败就自暴自弃的人，也可以利用归因论原则来对他们进行帮助、改造和矫正，激发其积极向上的动机和坚持努力的行为。总之，归因原理在激发成就动机、促进坚持努力的行为方面，对于解决上述问题有重要的作用。

（三）挫折理论

挫折理论，主要揭示人的动机行为受阻而未能满足需要时的心理状态，并由此导致的行为表现，力求采取措施将消极行为转化为积极行为。

挫折是指个体在从事有目的的活动中，指向目标的行为受到障碍或干扰，致使其动机不能实现、需要无法满足时所产生的情绪状态。引起挫折的原因既有主观的，也有客观的。主观原因主要是个人因素，如身体素质不佳、个人能力有限、认识事物有偏差、性格缺陷、个人动机冲突等；客观原因主要是社会因素，如企业组织管理方式引起的冲突、人际关系不协调、工作条件不良、工作安排不当等。

挫折对员工的影响具有两面性：一方面，挫折可增加员工的心理承受能力，使人猛醒，汲取教训，改变目标或策略，从逆境中重新奋起；另一方面，挫折也可使员工处于不良的心理状态中，出现负向情绪反应，并采取消极的防卫方式来对付挫折情境，从而导致不安全的行为反应，如不安、焦虑、愤怒、攻击、幻想、偏执等。

在管理实践活动中，员工受到挫折后，所产生的不良情绪状态及相伴随的消极行为，不仅会对员工的身心健康不利，也会影响企业目标的实现。因此，应该重视管理中员工的挫折问题，采取措施防止挫折心理给员工本人和组织带来的不利影响。对此，管理者可以采取以下措施。

（1）帮助员工用积极的行为适应挫折，如合理调整无法实现的行动目标。

（2）改变员工对挫折情境的认识和估价，以减轻挫折感。

（3）通过培训提高员工工作能力和技术水平，增加个人目标实现的可能性，减少挫折产生的主观因素。

（4）改变或消除易于引起员工挫折的工作环境，如改进工作中的人际关系、实行民主管理、合理安排工作和岗位、改善劳动条件等，这样可以减少挫折产生的客观因素。

（5）对员工开展心理保健和咨询，消除或减弱其挫折心理压力。

■ 第三节　激励方式

一、物质激励

物质激励是指为满足员工物质利益方面的需要，通过运用物质的手段，使受激励者得到物质上的满足，并使员工的行为受到激励。物质激励包括直接货币性激励和间接货币性激励。可以采取个别化奖励和对集体施加奖励等不同的具体奖励形式。

直接货币性激励包括各类奖金、效益工资、计件工资、销售提成、股权、股票期权等短期激励或长期激励形式。

间接货币性激励主要有提供住房、住房补助、提供汽车、雇主为员工支付的商业性保险、带薪休假等物质形式的激励。

为了使物质激励能够收到更理想的激励效果，在具体实施过程中，物质激励一定要与相应的制度结合起来。企业应通过建立一套制度来保证激励的公平性和有效性，防止奖惩的随机性和随意性，减少管理者人为因素和主观因素的影响。在制度体系中，主要体现三方面的要求：①有工作目标和标准，有明确的数量、质量和时间要求；②有详细和严格的绩效考核体系；③有明确的奖惩标准和政策。由此才能体现出制度对目标实现的保障性。

物质是人类生存的基础，因此物质激励的重要性是显而易见的。物质激励目前仍然是中国企业主要的激励方式，但绝不是唯一的。因为人的物质需求可以说是无止境的，因而物质激励对于个体的激励作用也不会具有长时间的持续性。因此组织一定要将物质激励与精神激励及其他形式的激励结合起来使用，以产生长效的激励动力。

二、精神激励

精神激励即内在激励，是指以非物质奖励的形式鼓励员工的激励方式。精神激励包括的内容十分广泛，主要的激励方式包括：思想工作，对员工工作绩效的认可及表彰，公平、公开的晋升制度，对员工委以重任或授权，为员工提供学习、发展和进一步提升自己的机会，为员工制订职业生涯规划，等等。

在实践中，组织可以根据需要采取具体的激励措施。比如，表扬、评选先进个人或团队，通过光荣榜、媒体报道宣传典型先进事迹，授予个人或团队以荣誉称号等激励方式。例如，以创新改进者的名字命名机器设备或工具，以劳动模范的名字命名车间、班组等，不失为有效的激励方式，在企业中可以起到显著的激励效果。

三、工作激励

工作激励是指通过分配恰当的工作，满足职工自我实现和尊重的需要，从而激发职工内在的工作热情的方法。工作激励一般通过工作丰富化和个人与职务相匹配等方法，使员工产生激励。

工作丰富化就是增加工作（职务）深度，允许员工从事一项完整的工作，在员工完成工作过程中，赋予其更大的自主权、独立性和责任。针对一些工作，可以采取下列一些做法来达到激励目的：①在决定工作方法、程序、速度等方面给予职工更大的自主性；②增强个人的工作责任感；③清楚自己所做工作对组织和对产品等方面的贡献；④将工作结果反馈给员工，激发其成就感；⑤调动员工的工作创新积极性，如技术革新、环保、节能、节约原材料。工作丰富化运用适当，可以对员工产生较大的激励。因为真正达到激励往往是由于内激因在起作用。

个人与职务相匹配是指根据员工的专业、技能、工作经验、工作能力等，委以与之相匹配的工作职务。这种做法往往只对高成就者具有很强的吸引力和激励作用，因此它具有一定的适用范围的限定。

四、企业文化激励

由于企业文化是企业在长期的实践活动中逐步形成的共同的价值观、信念、行为准则和物质的总和，并为组织的成员普遍认可和遵循，因而企业文化也是一种重要的激励方式。推行企业文化有助于建立员工共同的价值观和企业精神，树立团队意识，增强组织凝聚力。企业通过创造一个能激发员工积极性的组织文化环境，可以正确引导和激励员工热爱企业，爱岗敬业，树立企业主人翁责任感，将个人的价值实现融入企业的发展振兴之中，具有较强的凝聚力。比如中国的海尔集团、宝钢集团公司、华为技术有限公司等企业；外国的诸如瑞典宜家集团、美国的 IBM 公司、德国的西门子公司等企业，它们创建了优秀的、各具特色的企业文化，激励着员工为企业做出贡献并与企业一道发展提升。

五、环境激励

环境激励是指通过构造激励环境，利用受激体与周边环境的联系而对受激体施加影响，引起受激体反应并使其做出符合激励者意图的行为。

在比赛场上或是考场上，紧张的气氛会令本不紧张的自己也不自觉地紧张了起来，为运动员或是为自己考题的作答捏一把汗。这就是环境使人产生激励的最简单的道理。在组织群体中，环境激励变得越来越重要。通常采用的方式有以下两种。

1. 职业发展激励

现代社会，员工往往更加重视组织能够为个人提供多大的职业发展空间，因而职业发展会对员工产生更大的激励。行为科学家认为，一种良好的环境会唤起人们的动机，产生积极行为，反之则会压抑人们的动机。因此，组织应当为员工提供更广阔的职业发展空间和发展机会，为员工创造良好的工作环境和氛围，这对于个人发展和企业的良性发展都有很大的益处。

企业可以通过加强人力资源培训，鼓励员工钻研业务和技术，为员工提供研究、开发、改革、创新的工作条件和经费，发现人才、合理使用与重用人才等手段方式实现职业发展激励。

2. 竞争激励

竞争激励包含了对员工施加压力、优胜劣汰或展示员工个人才华等多方面的激励。

当员工工作处在一个压力较大的竞争环境之中，必然会确定自我奋斗目标，不断提高自身的知识与技能，以保住目前的岗位或者向更高目标奋斗。

竞争会使员工感到差距和危机的存在，落后意味着可能失去个人的发展机会、损失物质利益，甚至失去现有的工作。引入竞争机制后，正常情况下一般会消除员工的惰性，使一些员工出现暗自努力工作的做法，工作效率会明显提高。同时许多员工也会在竞争环境中不断地自我提高和成长。

目前，国内外许多企业都在引入或探索一些竞争机制，营造一种良性竞争环境，如一些企业实行员工末位淘汰制、竞聘上岗、采用技能导向的薪酬制度等措施，都可以收到比较理想的效果。

本 章 小 结

激励就是指激发人的动机、使人产生一种内在的动力，朝所期望的目标前进的心理活动和行为过程。激励理论主要有内容型、过程型与行为改造型三种理论。其中，内容型激励理论着重探讨决定激励效果的各种基本要素，研究人的需要的复杂性及其构成，包括需要层次理论、双因素理论等；过程型激励理论，侧重于研究激励实现的基本过程和机制，包括期望理论、公平理论等；行为改造型理论主要研究对一个人行为评价结果所产生的激励作用，包括强化理论、挫折理论、归因理论等。

常用的激励方法有物质激励、精神激励、工作激励、企业文化激励和环境激励。

案例　海底捞火锅店的员工激励

海底捞是一家以经营川味火锅为主、融各地火锅特色为一体的大型跨省直营餐饮品牌火锅店，始终奉行"服务至上，顾客至上"的理念，以贴心、周到、优质的服务，赢得了顾客和社会的广泛赞誉。海底捞在激励基层员工方面的做法更是被广泛赞誉。海底捞的服务员非常热情和亲切，顾客就餐有一种宾至如归的感觉。那么，海底捞是如何激励员工的呢？

（1）独特的员工就餐安排。海底捞的上班时间分两个班次，即上午9点和下午4点上班。员工上班不是先集合点到，关注或点评员工是否迟到，而是上班后直接先吃饭，让每个员工以愉悦的心情去服务客人。此外，海底捞的员工每天吃四顿饭，周六周日加班还要加餐。海底捞使员工真正成为有尊严的个体，员工准时上班的自觉性很强，并以真诚的服务去感染每一位顾客。

（2）人性化的住宿条件。海底捞为员工租住的房子全部是正式住宅小区的两三居室，且都会配备空调；考虑到路程太远会影响员工休息，规定从小区步行到工作地点不能超过20分钟；有专人负责保洁、为员工拆洗卧具；公寓还配备了上网电脑。员工对海底捞的住宿条件满意度高，很少因为住宿问题辞职。

（3）独特的奖励制度。企业在福利发放上花了很多心思去揣摩员工的心理。"分红"与"奖金"并不一定有本质上的差别，都是从利润里拿出一部分来奖励给员工，但"分红"这个词绝对比"奖金"更有魅力。企业分红一般并不针对基层员工，只有海底捞给普通员工分红。员工说起有"分红"的时候都特别自豪，因为他们感觉到了和别人不一样的待遇。

（4）同事之间关系融洽。海底捞每家店都不直接招聘人员，而是由片区人事部负责统一招聘，集中培训。从培训师到店长、大堂经理、后堂经理都会把自己的手机号码告诉新员工，让员工在有困难的时候给她（他）打电话。员工们在培训过程中融入了一个小群体，这种小集体却能迅速消除孤独感，使新员工尽快进入工作角色，融入大集体。海底捞要求对待同事要跟对待顾客一样礼貌，还有很多相互问好的具体要求。

（5）重视亲情、友情和家庭。海底捞的服务员很多都是经人介绍过来的：老乡、朋友、亲戚甚至是家人。创始人张勇认为，只有员工对企业产生认同感和归属感，才会真正快乐地工作，用心去做事，然后再透过他们去传递海底捞的价值理念。另外，海底捞的员工有机会自己照顾和教育孩子，保证亲子关系的健康发展，保证了员工生活的完整。

（6）充分授权。张勇说过："在财务上，我充分授权，没有资金需要我审批，财务总监就是最后一道坎。用人不疑疑人不用，这是我的原则。海底捞每年要花十个亿出去，平均每天的资金吞吐量有多大？我如果事必躬亲，会累死的。"在海底捞公司，从管理层到普通员工，都拥有超过一般餐饮店员工所能得到的权力：200万元以下的开支，副总可以签字；100万元以下的开支，大区经理可以审批；而30万元以下的开支，各个分店的店长就可以做主。就连普通的一线员工，也有一定权限：他们可以赠送水果盘或者零食；如果客人提出不满，他们还可以直接打折，甚至免单。这样的授权，并没有导致权力的滥用。

（7）给员工提供学习的机会。海底捞的入职培训是给员工提供的学习机会。在这里需要了解一些制度、业务流程，并做好吃苦的心理准备。经过培训，海底捞的员工工作起来更加有底气。此外，近年来企业也创办了"海底捞大学"。这其实并不是真正的大学，只是管理层考虑到许多员工都是农村子弟，没有上过大学，所以用这种形式圆他们一个大学梦。在这所"大学"里，员工们能学到更多管理和服务的知识，既能将所学用于工作中，又能把工作中遇到的问题带到这里来反思。

（8）良好的晋升通道。员工只要在一个职位上连续一段时间都表现优秀，就可以实习更高一级职务，实习合格以后就会拥有那个职位。然后连续一段时间表现优秀就可以再实习下一个职位。这是企业的制度，并不是对员工的个人恩惠。普通员工的评级制度其实接近"必升"。比如晋升等级分为先进、标兵、劳模、功勋，规定连续若干个月达标，即可自动晋升一级，逐级向上直至"功勋"。晋升渠道的另一个特点就是每个人都必须从基层做起，不能进入企业直接就做管理者，大学生也不例外。在海底捞，员工们津津乐道的都是通过努力工作获得晋升的前辈。更多员工所追求的是积极努力工作，靠勤劳改变命运。

张勇认为，海底捞办企业最重要的目的是为每个员工提供发展的平台。在这个平台上，员工不仅获得工作的机会，也能全面提升自己的素养。海底捞提出了口号：双手改变自己的命运。这在海底捞的晋升路线上得到了体现：谁能干谁就上。员工们感到对自己的前景有了控制力，能够在这里通过双手改变命运。这对员工来说是极大的激励。

资料来源：沃顿商业　海底捞董事长：我做了那么多亲情化举动，却"败给"一个吧台小姑娘
www. qzboss. com/restaurant/77794. html

新浪网 http：//blog. sina. com. cn/s/blog_48dbd9310102eeap. html

【思考题】

1. 运用所学的激励理论分析海底捞基层员工的需求和激励员工的方法与措施。

2. 案例中，充分授权并没有导致权力的滥用，可能的原因是什么？并说明理由。

复习思考题

1. 如何理解激励的概念？请描述一下激励的基本模式。

2. 试分析弗鲁姆的期望理论的主要内容及对管理者的启示。

3. 试介绍并评价波特—劳勒综合激励模型的主要观点及对管理者的启示。

4. 试分析公平理论的主要观点及对管理者的启示。

5. 试对管理中常用到的各种激励方式的作用与适用条件进行分析比较。

第五篇　控　　制

　　"控制"一词来源于希腊语"掌舵术",意指领航者通过发号施令将偏离航线的船只拉回到正常的轨道上来。法约尔认为,控制就是核实所发生的每一件事是否符合所规定的计划。罗宾斯指出,控制是指监视各项活动以保证它们按计划进行并纠正各种重要偏差的过程。

　　控制职能是对下属活动的工作业绩进行衡量与校正,以保证组织内各个层次的目标和为达到这些目标而制订的计划顺利进行。由此可见,这是从总经理到监督员的每一管理者都应具备的职能。

　　本篇将介绍管理控制的类型、过程和常用的控制方法。根据控制活动类型采取有针对性的控制手段与措施,控制工作过程是由制定标准、衡量绩效和采取纠正措施构成的连续活动过程。为保证和实现有效控制,要根据控制对象和控制条件的不同,综合运用预算控制、非预算控制、生产控制等管理控制技术与方法,以实现计划目标。

第十四章

管 理 控 制

本章学习目标

    1. 掌握管理控制的前提与基础、控制的内容。

    2. 掌握管理控制的基本类型与有效控制的要求。

    3. 掌握管理控制的基本过程与步骤。

    控制作为管理工作的一项重要职能，与管理过程的其他职能——计划、组织和领导等职能密切相关。在计划实施过程中，由于组织外部环境与内部条件的影响，计划的实际执行情况与计划所应达到的目标之间，存在一定的偏差。因此，需要通过管理控制衡量与纠正组织活动的偏差，以确保组织目标的实现。

■ 第一节　控制的基础

一、控制的含义与特点

（一）控制的含义

    1948 年美国数学家、通信工程师诺伯特·维纳（Wiener）发表《控制论——关于在动物和机器中控制和通信的科学》一文以来，控制论的思想和方法已经渗透到了几乎所有的自然科学和社会科学领域，他们用控制论来丰富自己的理论与方法体系，管理学也是其中之一。维纳把控制论看作一门研究机器、生命和社会中控制和通信的一般规律的科学。具体地说，控制论是研究系统在变化的环境条件下如何保持平衡状态或稳定状态的科学。管理学用控制论的理论与方法分析管理控制过程，以揭示与描述管理的内在机理。

    在控制论中，控制的定义是为了改善或发展某些受控对象的功能，控制系统通过信息反馈的机理，加于受控对象上的作用。在管理中，管理控制职能是对组织内部的管理活动及其效果进行衡量和校正，以确保组织目标实现的过程，而且这个过程是一个反复进行的过程。控制职能是每一位负责执行计划的管理者的主要职责，尤其是直线主管的主要职责。

（二）控制的特点

    管理控制具有不同于一般机械控制系统的以下特点。

（1）目的性。管理控制无论是着眼于适应环境的变化还是纠正执行中的偏差，都要保证组织的各项活动按计划或标准进行，最终保证组织目标的实现。

（2）整体性。其含义包括：一是从控制的主体看，组织的全体成员都参与管理控制；二是从控制的对象看，管理控制对象覆盖组织活动的各个方面。因此，要了解掌握各部门和单位的工作情况并予以控制，使各方面工作能协调一致，达到整体最优。

（3）动态性。由组织的内外环境动态性商定了管理控制的动态性，它绝不是简单地把管理活动维持在一个平衡点上，而是在实现组织目标的过程中不断提高控制过程的适应性和有效性。

（4）人本性。管理控制本质上是对人的行为进行控制并由人来执行控制工作，因此，管理控制工作中具有更明显的人为因素干扰，控制应努力降低人为因素所产生的负面影响。另外，控制不仅仅是监督，更重要的是指导和帮助员工分析偏差产生原因，指导其采取纠偏措施并提高员工的管理能力、业务能力和自我控制能力。管理控制的纠偏工作只有被员工认识并具备矫正能力时，偏差才会真正被纠正。

二、控制的前提与基础

设计或维持一个控制系统，确保控制工作更加有效，必须使管理控制工作的开展建立在一定的前提和基础条件之上，否则控制工作将无法进行。控制的前提与基础包括以下几个方面。

1. 要有科学可行的计划或标准作为控制依据

有效的控制是以计划为前提并以计划或标准为控制依据。如果说管理的计划职能是确定目标并设计一个完整而又彼此衔接的计划方案，那么管理的控制职能就是使一切管理工作都按计划进行。计划与控制是一个问题的两个方面。

首先，没有计划就无所谓控制。控制要以计划为基础，没有计划就没有控制依据，管理者就不可能进行有效的控制。控制到什么程度、如何控制都取决于计划的要求。可以说，计划越明确、全面和完整，控制就越科学、有效，计划目标也就越容易实现。

其次，控制是计划和组织目标得以实现的重要手段和保证。有计划无控制，就是知道做什么，但不知道做得怎样。在控制过程中，可能会根据环境条件或其他因素的变化，修改目标与计划、变革组织机构等，这实际上是开始了新一轮的管理过程。总之，控制既是一次管理循环的终点，也是新一轮管理循环的起点。控制工作贯穿于管理工作的始终，使管理工作成为一个"螺旋上升"的闭环系统，成为一个连续的活动过程。

2. 建立专门的组织结构作为控制的组织保证

控制的另一个重要前提就是组织保证。因此，必须建立专门的控制机构，配备专门的人员并授予权力专门行使控制职能。这对于及时掌握计划实施过程中发生的偏离情况并准确地实施控制、区分采取纠偏行动的职责归属都具有较强的组织保证。一般而言，组织结构越明确、越完整，控制工作就越有效。特别是在矩阵型结构的组织中，由于常常出现双重或多头领导，因而建立专门的控制机构就更加必要。

3. 建立能够及时获得偏差信息的信息反馈系统

控制必须依赖于及时、准确的信息，任何控制都有赖于信息反馈来实现。控制系统本身也是一个信息反馈系统。控制机构将反馈信息与标准值对比，发现偏差时及时发出控制信息，以纠正偏差，调节输出。它要达到的目的就是：依靠信息反馈，维持一个系统的原有状态，并且一旦发生偏差设法使之复原。信息反馈是否及时、准确，会直接影响到控制指令的正确性和纠偏措施的准确性，以及控制的有效性。因此，为了保证及时获得有效的偏差信息，在组织中必须建立完善的信息收集、传递系统和机制。

三、管理控制的内容

控制的内容即控制的客体，是控制过程中的焦点和重心所在，包括组织的各类资源与组织的全部作业活动。

1. 对组织资源的控制

组织资源主要包括人员、资金和物资等。其中，人员是实现组织目标最直接、最关键的因素，也是管理控制的核心。

管理者对人员进行控制，其目标是使人员按照所期望的方式工作。对人员控制最常用的有效方法是：①直接巡视，发现问题马上进行纠正；②对人员的表现进行系统化的评估，通过评估对绩效好的予以奖励，使其维持或加强良好表现；对绩效差的则采取相应的措施，纠正出现的行为偏差。

另外，为保证企业获取利润，维持企业的正常运作，必须进行资金控制。预算是最常用的资金控制衡量标准，主要通过审核各期的财务报表，以保证一定的现金存量，保证债务负担不致过重，保证各项资产得到有效的利用等。

2. 对组织作业活动的控制

组织作业活动主要是指从劳动力、原材料等资源到最终产品和服务的转换过程。组织中的作业质量很大程度上决定了组织提供的产品或服务的质量，而作业控制就是通过对作业过程的控制，评价并提高作业的效率和效果，从而提高组织提供的产品质量或服务效率，以尽可能低的价格获取原材料，维持合理水平的库存量，保证所有设备得到良好的维护。组织中常见的作业活动控制有采购控制、成本控制、库存控制和质量控制等。

■ 第二节　控制的类型与有效控制的要求

对控制进行分类是认识控制活动的重要手段。由于控制对象的复杂性，需要从不同角度、按不同标准对控制活动进行划分，这便于管理者依据具体情况和针对不同控制对象来确定控制范围和重点，进而选择恰当的控制方式。

按控制时点所处的位置不同，可以把管理控制划分为前馈控制、现场控制和反馈控制；按控制权力集中的层次不同，可分为集中控制、分散控制和分层控制；按控制力量的来源不同，可分为正式组织控制、群体控制和自我控制。下面介绍几种常见的控制类型。

一、控制的类型

（一）根据控制时点的位置划分

根据控制时点的位置或控制时机，以及由此决定的控制纠正措施的作用环节不同，管理控制可划分为前馈控制、现场控制和反馈控制三种基本的控制类型。

1. 前馈控制

前馈控制，即预先控制或事前控制，指在一项工作开始之前，预先制定绩效标准和对工作中可能产生的偏差进行预测与估计，并采取防范措施，将可能的偏差消除于产生之前。

前馈控制的目的是防止问题的发生，而不是当问题出现后再进行补救，是一种"防患未然"的控制方式。这不仅是计划工作的要求，也是控制工作的要求。例如，组织在计划实施前的资源保证措施，针对预测信息采取的防范措施，防止生产事故发生的生产安全的规章制度和预防质量事故发生的规章制度等，这些都属于前馈控制。

前馈控制最大的优点就是可以避免事后控制对于已铸成的差错无力挽回的弊端。实施前馈控制要求管理者拥有大量、及时、准确的信息并对计划行动过程有清楚的了解，对管理人员素质要求比较高。

2. 现场控制

现场控制是指在某项活动进行过程中，管理者在现场对作业者的活动进行监督、检查、指导，发现偏差立即纠正的一种同步的控制活动。现场控制主要适用于基层的控制工作，它具有监督和指导两项职能。现场控制的内容包括：向下级指示恰当的工作方法和工作过程；监督下级的工作以保证计划目标的实现；发现不符合标准的偏差时，立即采取纠正措施。

例如，世人瞩目的三峡工程对工程质量的要求非常高，因此施工中的许多环节都是采用现场控制，有专门的"旁站监理"在现场进行实时监控。例如，运送石块对三峡大坝进行物料填充这项工作，旁站监理对每一车物料进行仔细检查后才能卸车，对夹杂泥土的石块坚决退回，为的是保证大坝的绝对坚固。随着计算机应用的普及和信息技术的发展，现场控制得以在异地之间实现，往往突破了地点的限制，使"现场"控制得以扩展。

现场控制最大的优点是能够及时发现并纠正偏差，以避免重大问题发生。但是现场控制的应用范围较小并具有一定的局限性。一方面是控制者个人素质和工作作风、指导的表达方式，以及下属的理解程度等因素限制，管理者不可能对所有问题都进行现场控制并取得预期效果；另一方面是控制对象的限定，如对一般性的生产工作容易进行现场控制，而对那些难以辨别、成果难以衡量的工作，如科研、管理工作等几乎无法进行现场控制。

3. 反馈控制

反馈是控制论及管理控制的基本原理。反馈，是指系统的输出信息返送到输入端，与输入信息进行比较，并利用二者的偏差进行控制的过程。反馈控制具有使系统稳定、跟踪目标和抗干扰三个方面的性质。管理中的反馈控制，是指分析已完成工作的执行结果并与控制标准相比较，发现偏差所在及其原因，拟订纠正措施以防止偏差发展或继续存在的控制活动。企业管理中采用的反馈控制形式通常有产成品的质量检验、会计报表、财务分析、审计、员工绩效考评、对企业活动的定期评价和总结等。

反馈控制是管理工作中的一种传统的、最主要和最常用的控制方式。其作用仅在于避免已发生的偏差继续发展或防止再度发生，但是它可以为下期计划和控制工作提供比较可靠的依据，其应用范围较宽。缺点主要表现在控制的"滞后性"上，即事后发挥作用，在矫正措施实施以前，偏差和损失已经产生。

以上三种控制各有侧重点，体现了预防、同步纠正和纠正已出现问题的三种不同的控制需要。有效的管理控制不能只依靠一种控制方式，应根据特定情况有侧重地将各种控制方式结合起来使用，对各种资源的输入、转换和输出进行全面的和全过程的控制，以取得综合控制效果。

（二）根据控制权力的集中程度划分

根据控制权力的集中程度，可以将控制分为集中控制、分散控制和分层控制。

1. 集中控制

集中控制是指在组织中建立一个相对稳定的控制中心，由控制中心对组织内外的各种信息进行统一的加工、处理，并由这一控制中心发出指令，操纵所有的管理活动。

集中控制的具体做法是把各种信息都集中传送到集中控制机构，根据整个组织的状态和控制目标，直接发出控制指令，控制和操纵所有部门和成员活动，实行统一监督、控制与处理，并对整个组织进行控制。例如，企业中的生产指挥部、中央调度室、汽车公司各线路公交车运行的调度室等都属于行使集中控制的机构。其优点是指标控制统一，便于整体协调，但缺乏灵活性和适应性，机构的变革和创新困难。这种控制方式比较简单，适合于规模不大的组织。当组织规模十分庞大、地点分散且距离较远时，就宜采用分散控制方式。

2. 分散控制

分散控制将大规模组织的管理系统分解为若干相对独立的次级组织，每一个次级组织独立地实施内部直接控制，通过次级组织控制中心对次级组织的控制活动来共同实现组织的目标。

分散控制的各种决策和控制指令通常都是由各个次级控制中心发出，各次级控制中心根据各自的实际情况，按照局部最优的原则实施控制。分散控制适用于环境结构比较复杂、职能分化较细的组织。分部型（事业部制）组织的内部控制方式就属于典型的分散控制。

分散控制适应了组织结构复杂、功能分工较细的特点，由于反馈环节少，故反应快、控制效率高、应变能力强。即使个别控制环节出现了失误或故障，也不会引起整个系统的瘫痪。例如，组织中的每个分公司或子公司分权比较大，有各自独立的计划和控制目标，直接面对市场，相关信息反馈及时，可以提高控制效率，增强对市场的应变能力。其缺点主要是各分散系统相互协调困难，难以保证各分散系统的目标与总体目标一致，从而危及整体的优化，严重的甚至会导致失控。

3. 分层控制

分层控制是一种把集中控制和分散控制结合起来的控制方式，它将整个组织系统按照一定的方式分解为若干个子系统，赋予其局部范围内的控制目标和功能，并考虑各个子系统之间的内在联系，通过协调和规定各子系统的目标、任务、利益等，使它们相互配合、相互制约，在行为目标上与整个组织的总目标协调一致，以实现组织总体最优控制。职能型组织的控制方式就属于典型的分层控制，体现了集权与分权相结合的一种管理体制，该体制下控制的集权的成分较为突出，同时各职能部门和各生产经营部门又拥有一定的分权（部门控制权力），其分权比分散控制下的次级组织控制权要低。

二、有效控制的基本要求

有效控制是指控制发挥作用并能取得预期效果，以及对组织目标的实现程度。简单地说，即以比较少的人力、物力、财力、时间，使组织的各项活动处于受控状态，一旦某项活动出现偏差，就能及时纠正偏差并使偏差所导致的损失降到最低水平。

有效控制的基本要求有以下四个方面。

（一）适时控制

适时控制，即及时性要求，是指控制要能够及时发现并纠正偏差。由于控制系统存在时滞，控制工作应当面向未来，要及时发现组织活动中可能出现的偏差并采取措施加以控制，而不只是当出现了偏差才进行控制，这样才能避免偏差的扩大或防止偏差对组织的不利影响扩散。

适时控制，一方面要求管理人员在控制过程中要及时发现偏差并掌握偏差严重程度的信息，及时采取纠正措施解决问题，尽量减少发现偏差与纠正偏差之间的时滞；另一方面要估计可能发生的变化，纠正措施要有一定的预见性，使控制措施针对未来，较好地避免时滞问题。

做到适时控制较好的方法是建立信息管理预警系统，采用前馈控制，及时地采取纠正措施，做到"防患于未然"。例如，对产品质量的控制，可通过现场检查控制等工艺质量控制手段来达到产品质量控制的目的。

（二）适度控制

适度控制，即经济性要求，是指在控制过程中要突出重点、抓住关键，对那些对组织行为有战略性影响的关键和重点进行控制，以提高控制工作的效率，不能"眉毛胡子一把抓"。

控制是一项需要投入资源的活动，任何组织都不可能每时每刻对每项活动进行全面控制。是否进行控制、控制到什么程度，必须把控制所需的费用与控制所产生的效果进行经济上的比较。适度控制要求控制工作的范围、程度和频度要恰到好处，控制系统并不是越复杂越好，控制力度也不是越大越好。比如，为保证机器设备正常运行而对设备进行的"强制维修"检查就属于控制过度的情形。

管理者必须将注意力集中于计划执行中的一些关键影响因素上，必须实行有选择的控制。尤其要处理好全面控制与重点控制、控制费用与控制收益的关系，控制过多会扼杀组织成员的积极性、主动性和创造性，控制过少则不能保证各部门活动进度和比例的协调，最终导致管理无序。因此，管理活动的成效取决于最薄弱的环节，这个薄弱的环节很可能就是控制的关键点。控制住了重点和关键点，也就控制了全局。例如，工程项目管理中的质量控制主要表现为施工组织和施工现场的质量控制，控制的内容包括工艺质量控制和产品质量控制。对影响质量控制的人、材料、机械、方法和环境五大方面因素严格控制，是保证工程质量的关键点。

（三）客观控制

客观控制，即科学性要求，是指在控制过程中以计划为依据，以信息为基础的控制，而不能仅凭管理者的主观经验或直觉判断。客观控制要求：①控制必须以计划设定的指标和标准为控制的依据。计划明确、全面和完整，可以使控制的依据科学可靠，控制的关键点明确，从而增强控制的有效性。同时，控制的标准、方法、测量的技术和手段要科学，必须能正确地反映计划的要求与特点，必须恰当地反映组织的客观实际。②控制系统应尽可能提供适时、准确的信息，信息越及时、准确、可靠，越有助于实现控制目的。

因此，在控制过程中，确定什么标准、控制哪些关键点和重要参数、收集什么信息和如何收集信息、采取何种方法评定成效及由谁来控制和采取何种纠正措施等，都必须按各类计划的特殊要求和具体情况来设计，尽量避免模棱两可和受主观因素的影响，否则会导致控制无效。

（四）弹性控制

弹性控制，即灵活性要求，是指控制工作即使在面临计划发生变动、出现未能预见的例外时，也能发挥作用。由于控制对象和控制工作本身会受到众多不确定因素的影响，以及控制所依据的标准、衡量方法的变化性，这就要求控制要具有足够的弹性。控制工作应着重于计划实施中的例外偏差，应该将控制重点放在计划实施中出现的特别好或特别坏的例外情况上，着力解决重大问题。

弹性控制要求在控制过程中，通过建立信息反馈控制系统，制订灵活的计划和方案，通过制定弹性的衡量标准和留有一定的后备力量，并采用多种控制手段和灵活的控制方式，使被控制对象能够实现自我控制，以保证在发生某些难以预料的，如环境突变、计划疏忽或计划失败等情况下，控制仍然有效。

■ 第三节　控制过程

控制的基本过程是将预定的目标或标准与计划执行的实际成效进行比较，以测定二者的偏差程度，然后采取有效措施进行纠正，以保证组织活动的有效性和组织目标的实现。控制的基本过程主要包括制定控制标准、衡量工作绩效和采取纠偏措施三部分。

一、制定控制标准

制定控制标准是控制工作开展的前提和基础。控制标准是在计划规定活动过程结束后，事物应呈现何种状态、程度和指标。或者说，控制标准是反映和衡量系统预期稳定状态的水平或尺度。决定这种标准的最主要的依据是计划。

制定控制标准应该在明确控制对象和控制重点的基础上进行。确定控制对象是要明确标准为谁制定及控制什么。同时，对控制对象要选择若干关键控制点，以便提高控制效果。确定控制标准的过程中需要认真对待以下三方面的工作。

（一）针对受控对象的范围确定控制标准

确定有效的控制标准需要首先明确受控对象及针对哪些部门、环节、类别的活动订立标准，而不是把组织内所有的活动与事物都纳入控制之列。组织的受控系统一般比较复杂，不能期望对所有的方面都制定标准严格控制。所以，应该对那些直接关系组织目标实现的基本活动领域或关键性活动订立标准。

除了把各部门、机构的计划作为控制标准之外，还应针对受控对象及其活动的特点，确定控制标准范围。例如，政策标准、职能标准、工作标准、人事标准、一些重要的规章制度等。

（二）确定控制标准的类型

衡量控制对象的控制标准可以是定性的，也可以是定量的。

1. 定性标准

定性标准常用于某些不能用数量来衡量的方面，如企业信誉、个人的工作能力，以及对员工规定的行为准则等。

2. 定量标准

定量标准包括数量标准、质量标准、时间标准、把目标作为标准和把制度作为标准等。

（1）数量标准。这类标准包括实物量标准和价值量标准。实物量标准以实物的计量单位表示，能够直接反映现象的具体内容，如产品产量、生产能力、能耗、单位台时定额等。价值标准以货币单位计量，有较强的综合性和概括性，如经济组织中的资金标准、成本标准、销售收入、利润等。

（2）质量标准。这类标准以其相应的质量特性值来计量，包括实物质量标准和工作质量标准。质量标准因行业不同而不同。实物质量标准主要包括国际标准、部颁标准、行业标准、企业标准。工作质量标准是指经营活动在质量上应达到的要求。质量标准一般都是综合标准，如劳动生产率、产品合格率、废品率、流动比率、速动比率、市场占有率、周转次数等。

（3）时间标准。这类标准以时间单位计量，如节拍、生产进度、生产周期、交货期、投资回收期等。

（4）把目标作为标准。这是在各级管理机构中建立可以考核的定性和定量的目标网络。

（5）把制度作为标准。重要岗位的工作制度可作为控制标准，例如，仓库、油库、财会、业务员等。

（三）制定控制标准的方法

不同的控制标准需要采用不同的制定标准的方法，一般可以针对标准的性质及内容选择适当的制定方法。

（1）统计分析法。这是根据组织的历史资料，应用统计方法分析研究，并结合当前条件的变化来制定标准的方法。采用统计分析法制定标准的工作量比较大，但据此制定的控制标准的均衡性与可靠性较高。

（2）技术测定法。它是一种制定劳动定额的方法，是根据先进合理的生产技术、操作工艺、合理的劳动组织和正常的生产条件，对某项工作进行实地观察，详细记录作业工人和机械的工作时间消耗、完成产品的数量及有关影响因素，将记录的结果加以整理，客观分析各种因素对产品的工作时间消耗的影响，以获得某项工作的时间消耗资料，据此制定劳动定额的方法。技术测定法的科学性较强，但具有一定的局限性，并不是所有工作标准的制定都适合采用这种方法，如管理和研究开发等工作就不适合采用此方法制定劳动定额实施控制。

（3）经验估计法。这是一种由相关人员依据过去的工作经验，结合当前条件变化，运用判断能力估计并制定控制标准的方法。主要由该项工作归属部门的主管和管理人员、有经验的和高技术水平的员工参与制定标准。采用这种方法制定控制标准具有速度快、成本低的优点，但由于主要依据经验来制定标准，同时取决于管理人员的个人判断和水平，科学性会受到一定的影响。

二、衡量工作绩效

衡量工作绩效就是将实际工作进度或成效与预定标准进行比较，及时掌握相关偏差信息，分析偏差产生的原因并据此采取适当的纠偏措施。衡量工作绩效的目的是为管理者提供有用的信息，为矫正偏差提供依据。衡量工作绩效一般包括以下三方面的工作。

（1）衡量什么，即测定相关控制对象的执行结果，包括阶段性的执行结果和完整的执行结果，主要由控制的需要决定。

（2）衡量执行结果的手段及方法，主要包括各种活动的原始记录（如产量、产品检验、外部服务反馈等原始记录等）、财务报表、统计报表、先进的监控手段、现场监控记录、口头或书面报告、抽样调查等。这些资料越及时、准确、完整，测定执行结果就越准确。

（3）确定适宜的衡量频度，主要取决于控制对象的性质和控制工作的要求。既要防止控制过度引起的费用增加和受控对象的不满情绪，也要防止控制不足。

三、采取纠偏措施

纠正偏差是指根据对偏差的分析结果进行决策，并制订措施付诸实施，以保证计划目标实现的行为。这一环节要在衡量工作绩效的基础上发现并分析偏差，如果在合理偏差度之内，可不予以调整。如果比较结果超出了合理的偏差范围，则需要分析偏差产生的原因，并根据实际情况进行纠正和调整，以保证计划目标顺利实现。

在纠正偏差的过程中，需要考虑以下两方面的工作。

（一）查找偏差产生的主要原因

偏差产生的主要原因一般有以下几种情况。

（1）计划和标准制定得过高、过低或不切合实际。其原因主要是：①缺乏调查研究，不了解实际情况和不懂得管理规律，使计划或高或低，缺乏科学性。②管理者主观追求高产量、高效益，使计划脱离实际，如"大跃进"时期，一些地方在"人有多大胆，地有多大产"的冒进思想指导下，提出水稻达亩产万斤的计划，使计划严重地脱离实际。③管理人员在制订计划或控制标准时发生的疏漏。

（2）计划期内出现意外情况或某些重要条件发生了较大的变化。通常计划本身没有问题，但在执行过程中有一些始料未及的扰动因素影响，导致活动脱离"轨道"。例如，企业外部的政治、宏观经济、自然环境等方面变化的影响，以及企业内部在计划期内由于资金、人员、设备、技术条件等方面的原因，都可能导致计划执行中产生偏差。

（3）运行过程中组织指挥存在问题。这主要是人为因素或主观因素导致偏差的产生，与控制标准及具体的操作执行无关。

（二）实施纠正偏差

实施纠正偏差需注意以下几点。

（1）对计划或标准本身存在的问题及时予以修订或调整。发现计划或标准或高或低，或者不切实际，有关控制机构及管理者应确认计划标准的高低或脱离实际的程度，确认之后按照实际情况对原定计划标准进行修正或调整。

（2）针对计划期内企业内外出现的意外扰动因素影响，应采用不同的纠偏措施。针对企业外部的意外变化，需要分析情况区别处理，对于偶然重大事件驱动的影响，可以启动应急预案或备用计划；对于影响时间周期较长的事件，企业则应该考虑重新制订计划。针对企业内部条件方面的问题产生的偏差，主要采取加强人员培训和工作过程管理与监督、调整经营要素的配置与组合等措施及手段进行纠偏，以提升工作绩效。

（3）针对组织指挥不利，采取调整领导岗位或提高领导人员素质，改善领导方式及作风的办法解决。重点强调加强领导对工作过程的管理控制的责任和提高控制方式的科学性；领导必须加强与员工之间的指导及沟通以提高控制效果。

本 章 小 结

控制作为管理工作中的一项重要职能，是保证实际与计划动态相适应的活动过程。控制与管理过程的其他职能——计划、组织和领导等密切相关，相互影响。控制活动从不同角度、按不同标准可以划分为不同类型，据此可以采取有针对性的控制手段与措施。有效控制是指控制发挥作用并能取得预期效果，明确有效控制的基本要求是实现有效控制的有力保证。控制工作过程或内容是由制定控制标准、衡量实际工作绩效并获取偏差信息、分析偏差原因并采取纠正措施构成的连续活动过程，它们相互依存，缺一不可。

案例　客户服务质量控制

美国某信用卡公司的卡片分部认识到高质量客户服务是多么重要。客户服务不仅影响公司信誉，也和公司利润息息相关。比如，一张信用卡每早到客户手中一天，公司可获得 33 美分的额外销售收入，这样一年下来，公司将有 140 万美元的净利润，及时地将新办理的和更换的信用卡送到客户手中是客户服务质量的一个重要方面，但这远远不够。

决定对客户服务质量进行控制来反映其重要性的想法，最初是由卡片分部的一个地区副总裁凯西·帕克提出来的。她说："一段时间以来，我们对传统的评价客户服务的方法不大满意。向管理部门提交的报告有偏差，因为它们很少包括有问题但没有抱怨的客户，或那些只是勉强满意公司服务的客户。"她相信，真正衡量客户服务的标准必须基于和反映持卡人的见解。这就意味着要对公司控制程序进行彻底检查。第一项工作就是确定用户对公司的期望。对抱怨信件的分析指出了客户服务的三个重要特点：及时性、准确性和反应灵敏性。持卡者希望准时收到账单、快速处理地址变动、采取行动解决抱怨。

了解了客户期望，公司质量保证人员开始建立控制客户服务质量的标准。所建立的180 多个标准反映了诸如申请处理、信用卡发行、账单查询反应及账户服务费代理等服务项目的可接受的服务质量。这些标准都是基于用户所期望的服务的及时性、准确性和反应灵敏性而建立的。同时也考虑了其他一些因素。

除了客户见解，服务质量标准还反映了公司竞争性、能力和一些经济因素。比如：一些标准因竞争引入，一些标准受组织现行处理能力影响，另一些标准反映了经济上的能力。考虑了每一个因素后，适当的标准就成型了，于是开始实施控制服务质量的计划。计划实施效果很好，比如处理信用卡申请的时间由 35 天降到 15 天，更换信用卡从15 天降到 2 天，回答用户查询时间从 16 天降到 10 天。这些改进给公司带来的潜在利润是巨大的。例如，办理新卡和更换旧卡节省的时间会给公司带来 1750 万美元的额外收入。另外，如果用户能及时收到信用卡，他们就不会使用竞争者的卡片了。

该质量控制计划潜在的收入和利润对公司还有其他的益处，使整个公司都注重客户期望。各部门都以自己的客户服务记录为骄傲。而且每个雇员都对改进客户服务做出了贡献，使员工士气大增。每个雇员在为客户服务时，都认为自己是公司的一部分，是公司的代表。

信用卡部客户服务质量控制计划的成功，使公司其他部门纷纷效仿。无疑，它对该公司的贡献将是非常巨大的。

资料来源：http://www.zh09.com/Soft/jdal/200612/24908.html

【思考题】

1. 该公司控制客户服务质量的计划是前馈控制、反馈控制还是现场控制？
2. 找出该公司对计划进行有效控制的三个因素。
3. 为什么该公司将标准设立在经济可行水平上，而不是最高可能水平上？

复习思考题

1. 请阐述计划与控制的关系。

2. 如何理解"控制就是管理，管理就是控制"？

3. 前馈控制、现场控制与反馈控制三种控制类型各有何利弊？

4. 实现有效控制有哪些基本要求？

5. 为什么高层管理人员花在控制工作上的时间比基层管理人员更多？

6. 联系实际谈谈为什么在控制过程中"衡量什么"比"如何衡量"更关键？为什么说凭实时信息不足以实现有效的控制？

第十五章

控制的技术与方法

本章学习目标

1. 了解预算控制的内容与预算编制程序。
2. 掌握弹性预算、零基预算和滚动预算等常用的现代预算控制方法。
3. 掌握财务比率控制与财务审计控制的主要内容。
4. 掌握库存控制、成本控制和质量控制等基本的生产控制方法。

有效的管理控制需要依赖于一定的控制技术与方法。根据控制对象和控制条件的不同，控制的技术与方法主要分为预算控制、非预算控制、生产控制等。本章介绍几种常用的控制方法。

第一节　预算控制

一、预算控制及其步骤

（一）预算及预算控制

预算是用数字表明预期结果并以此作为控制标准，用来衡量计划执行情况的一种计划与控制手段。一个企业可以有整个组织的预算，也可以建立部门、单位及个人的预算。一般情况下财务上的预算多为一年期。虽然预算一般都以货币表示，但是有时也用产品单位数量或时间数量表示。

预算在形式上是一整套预计的财务报表和其他附表。按预算内容不同，可分为经营预算、投资预算和财务预算三大类。

（1）经营预算。经营预算是指与企业基本生产经营活动相关的预算。经营预算勾画出一个组织生产收入和总消费支出的内容和数量。它主要包括以下几方面内容：①销售或收入预算。对企业来说，主要是指预算产品的销售收入。②费用预算。主要包括材料、人工、制造费用、期间费用等方面的预算。③利润预算。

（2）投资预算。投资预算是对企业固定资产的购置、扩建、改造、更新等，在可行性研究的基础上编制的预算。它具体反映何时进行投资、投资多少、资金从何处取得、何时可获得收益、每年的现金净流量为多少、需要多少时间回收全部投资等。

（3）财务预算。财务预算是指企业在计划期内反映有关预计现金收支、经营成果和财务状况的预算。主要包括预计的资产负债表、预计的损益表和现金流量表。必须指出的是，前述的各种经营预算和投资预算都折算成金额反映在财务预算内。这样，财务预算就成为各项经营业务和投资的整体计划，故亦称"总预算"。

预算作为一种控制技术，是管理向定量化、系统化发展的结果，是实现计划和控制职能的工具，是连接"规划与决策"和"控制与业绩评价"的桥梁。预算的基本目的有四个：帮助管理者协调资源和项目工程；有利于管理者制定控制标准；可以清楚地表示出企业实际资源运用情况效果；有利于对管理者和各部门工作进行评价。

预算控制是根据预算规定的收入与支出标准，来检查和监督各部门活动，以保证组织经营目标实现，并使费用支出受到严格有效约束的过程。预算控制通过编制预算并以此为基础执行和控制企业经营活动，在活动过程中对预算和实际进行比较，发现差距、查找原因和对差异进行处理。预算控制是管理控制中运用最广泛的一种控制方法。

（二）预算控制的步骤

实施预算控制的步骤是：编制预算—执行预算—预算差异分析—分析总结—评价和考核预算控制的绩效。其中，预算编制是预算控制的主要方面。预算编制应采取"自下而上"与"自上而下"相结合的方法。预算编制的一般程序如下。

（1）由部门单位编报收支预算建议草案，并报预算领导小组。这是自下而上为企业提供制定预算的依据。比如，销售部门根据已确定的目标利润编制销售预算建议草案；生产部门根据销售部门确定的销售预算及期初、期末存货量编制生产预算草案和制造费用预算建议草案等。

（2）预算领导小组对预算建议数进行审核、汇总，同时根据预算年度各项可用财力预测情况进行综合平衡后，向部门单位下达预算控制数。

（3）部门单位根据下达的预算控制数，编制预算草案，上报企业预算领导小组。

（4）确定预算方案，并将审查批准后的综合预算和各部门的预算下达给各级各部门执行，组织贯彻落实。

二、现代预算控制方法

预算方法是实现预算控制和计划职能的有效工具和手段。采用固定预算方法很难正确地考核和评价预算的执行情况。因此，实践中经常采用可变或灵活的零基预算、弹性预算和滚动预算。

（一）零基预算

零基预算是"以零为基础编制预算"的简称，即在每个预算年度开始编制预算时，不考虑以往会计期间预算执行结果的数据如何，对所有的预算支出均以零为起点，从实际需要与可能出发，重新逐项审议成本或费用列入预算的合理性，在综合平衡的基础上编制费用预算的一种方法。

1. 零基预算的应用步骤

零基预算的主要应用步骤是：建立预算目标体系，逐项审查预算，排定各项目、各部门的优先顺序，以及编制预算。

具体做法是：①企业内部各部门，根据企业总目标和各部门的具体任务，详细讨论提出计划期需要发生的各种业务活动及其费用开支的性质、目的和数额；②对每项业务活动，采用成本—效益分析方法进行评价和确定顺序；③根据生产经营的客观需要与一定时期所拥有的资源情况，按照对于实现组织目标所做贡献大小的层次顺序进行资金分配，并在此基础上形成和落实企业的总体预算。

2. 零基预算的优缺点

零基预算的优点主要是：①预算编制的依据比较科学，按照具体情况考虑预算大小，有利于资金分配和支出节约；②能够充分发挥各级管理人员的积极性和创造性，促进各预算部门合理使用资金，提高经济效益；③零基预算特别适用于产出较难辨认的学校、事业单位及服务部门预算的编制。

零基预算的主要缺点是：①由于一切支出均以零为起点进行详细分析研究，因而编制预算的工作量较大，花费的时间和费用较高；②划分层次、评级排序及资源分配具有一定的主观性，容易引起部门间的矛盾。因此，为克服其缺点，企业应每隔若干年进行一次零基预算，以后几年内略做适当调整。这样，既简化了预算编制的工作量，又能适当地控制费用。

（二）弹性预算

弹性预算也称变动预算，主要是针对费用预算的方法。费用预算一般有三种类型：固定预算、半固定预算和变动预算（后两种统称为可变预算）。

固定预算是指不管企业是否生产运转，都必须支出预算费用。一个零售商不管生意如何，都要支付它每个月的店铺房租、设备费用和部分工资，这就是固定预算。

变动预算简单地说是指因业务量不同而变动的费用预算。它是在成本按其性态（固定成本与变动成本）分类的基础上，依据业务量、成本和利润之间的依存关系，根据预算期预计的业务量水平，只将变动成本部分按业务量的变动加以调整而编制的预算。

变动预算的关键在于把所有成本划分为固定成本与变动成本两部分。固定成本在相关范围内一般不随业务量的增减而发生变动，因而固定成本按总额控制；变动成本一般随着业务量的变动而变动，所以要根据单位业务量来控制。因此在编制变动预算时，只需将变动成本部分按业务量的变动加以调整即可。

成本（费用）的变动预算公式如下：

$$成本的变动预算 = 固定成本预算数 + \sum（单位变动成本预算数 \times 预计业务量）$$

（15-1）

（三）滚动预算

滚动预算又称连续预算或永续预算，是指预算在执行过程中自动延伸，使预算期间永远保持为1年。每过一个季度（或一个月）立即在期末增列一个季度（或一个月）的预算，逐期向后滚动。滚动预算的理论根据是：①企业的持续经营假设，企业的生产经营活动是连续不断地进行的，因此企业的预算也应该全面反映并与生产经营过程相适应；②企业的生产经营活动随着时间的推移很可能会产生各种难以预计的变化；③人们对未来客观事物的认识也存在由粗到细、由简单到具体的过程。滚动预算按照这种客观认识的规律来编制，能克服预算的盲目性，避免预算与实际有较大的出入。

滚动预算的编制一般采用长计划、短安排的方式进行。在编制预算时先按年度分季，并将其中的第一季度按月划分，建立各月的明细预算数。其余三个季度的预算数可以粗一些，只列各季总数。到第一季度结束前，再将第二季度的预算数按月细分并予以具体化，同时立即增补下一年度的第一季度预算数，以此类推。其程序与第六章第一节的滚动计划法基本相同。

第二节 非预算控制

一、财务比率控制

财务控制主要通过财务比率分析来对财务预算和财务状况变化进行控制，即通过财务比率的目标与其实际绩效进行对比，发现问题，及时采取提高或降低比率的措施。财务比率分析的内容主要如下。

(一) 偿债能力分析

偿债能力是衡量公司偿还短期债务能力的比率。清偿能力比率是对短期债务与可得到的用于偿还这些债务的短期流动资金来源进行的比较。主要的指标有流动比率、速动比率、资产负债率等。

1. 流动比率

流动比率是企业的流动资产与流动负债的比率，用于衡量企业流动资产在短期债务到期以前可以变为现金用于偿还流动负债的能力。其计算公式为

$$流动比率 = \frac{流动资产}{流动负债} \times 100\% \tag{15-2}$$

该比率用以说明流动资产与流动负债的关系，它表明企业在每元流动负债中有多少流动资产做后盾。一般来说，企业的流动比率越高，对债权人越有保障，但过大的流动比率则表明企业对资金未能有效运用。一般认为流动比率2：1较适宜。适当的流动比率，应视企业所在行业的特点、企业流动资产的构成、流动负债的性质而定。一般生产企业合理的最低流动比率是2：1。饭店、酒店业的流动比率则可以保持在1.5：1或再低些。

2. 速动比率

速动比率是速动资产与流动负债的比率，表示公司用变现能力最强的资产偿还流动负债的能力。其计算公式为

$$速动比率 = \frac{速动资产}{流动负债} \times 100\% \tag{15-3}$$

$$速动资产 = 流动资产 - 存货 \tag{15-4}$$

速动比率扣除了流动资产中变现能力较差的存货、待摊费用等，因此当企业有大量存货且这些存货周转率低时，速动比率比流动比率更能精确地反映企业短期偿债能力。

通常认为正常的速动比率为 1，低于 1 的速动比率被认为短期偿债能力偏低。

3. 资产负债率

资产负债率是企业的总负债与资产总额的比率。其中，企业总负债包括流动负债和长期负债，用以衡量企业利用债权人提供资金进行经营活动的能力。其计算公式为

$$资产负债率 = \frac{负债总额}{资产总额} \times 100\% \qquad (15\text{-}5)$$

资产负债率可以反映出在资产总额中有多少资产是通过借债而得，也可以分析企业在清算时保护债权人利益的程度。一般情况下，资产负债率越高，财务风险越高；反之，资产负债率越低，财务风险越低。通常企业的资产负债率越低越好，但从经营的角度看，资产负债率过低，可能表明企业的自有资金利润不高。该指标一般为 50% 左右为宜。资产负债率反映债务融资对于公司的重要性。

（二）营运能力分析

周转率是衡量公司利用其资产的有效程度的比率，主要有以下几种。

1. 应收账款周转率

应收账款在现代企业中经常是一项重要的流动资产，应收账款的"变现质量"和流动性大小直接影响到速动比率的高低。对其分析主要通过应收账款周转率指标。应收账款周转率是赊销收入净额与应收账款平均余额的比率，说明应收账款年度内变现的次数。其计算公式为

$$应收账款周转率 = \frac{赊销收入净额}{应收账款平均余额} \times 100\% \qquad (15\text{-}6)$$

2. 存货周转率

存货周转率是销售成本与库存平均价值的比率，用以衡量企业库存数量是否合理，测定企业存货的变现程度，也就是企业存货流动性的大小。其计算公式为

$$存货周转率 = \frac{销售成本}{存货平均余额} \times 100\% \qquad (15\text{-}7)$$

3. 总资产周转率

总资产周转率表示企业利用其总资产产生销售收入的效率。其计算公式为

$$总资产周转率 = \frac{销售净额}{总资产} \times 100\% \qquad (15\text{-}8)$$

（三）盈利能力分析

盈利能力通常通过毛利率、销售利润率、净资产收益率指标进行分析。

1. 毛利率

毛利率是商品流通企业和制造业反映商品或产品销售获利能力的重要财务指标。毛利率是企业的销售毛利与销售净额的比率。其计算公式为

$$毛利率 = \frac{销售毛利}{销售净额} \times 100\% \qquad (15\text{-}9)$$

销售毛利是指销售净额减去销售成本的余额。销售净额为销售收入扣除销售退回、销售折扣及折让的差额。毛利率反映了公司产品或商品销售的初始获利能力，保持一定

的毛利率对公司利润实现相当重要。

2. 销售利润率（主营业务利润率）

销售利润率是利润额占销售收入净额的百分比。该指标表示，公司每销售一元钱产品所获取利润的能力。其计算公式为

$$销售利润率 = \frac{利润额}{销售收入净额} \times 100\% \qquad (15\text{-}10)$$

销售利润率表明企业每取得 100 元销售收入所获得的利润，销售利润率越高表明企业的经济效益越好。一般的上市公司通常采用主营业务利润率进行分析。

3. 净资产收益率（净资产利润率）

净资产收益率又称股东权益报酬率、净资产利润率，是公司税后净利润与平均净资产（所有者权益总额）的比率，用以衡量公司投资者投入企业资本金的获利能力，亦即运用自有资本的效率。其计算公式为

$$净资产收益率 = \frac{净利润}{平均净资产} \times 100\% \qquad (15\text{-}11)$$

净资产收益率表明每投入 100 元资本金可获得多少利润。净资产收益率越高，说明企业业主（股东）投入资金的收益率越高，投资的经济效益越好。

在股份制企业里，净资产收益率也就是股权收益率，它实际上也反映了股份制企业对业主（股东）投资的运用情况。该比率越高股东的投资信心越有保障。

二、财务审计控制

财务审计是审计控制中的一个组成部分。财务审计是依照国家法规、审计准则和会计理论，运用专门的方法，对被审计单位的财政、财务收支、经营管理活动及相关资料的真实性、正确性、合规性、效益性进行审查和监督，评价经济责任，鉴证经济业务，用以维护财经法纪、改善经营管理、提高经济效益的一项独立的经济监督活动。它既是对经济组织系统运行实施控制、检查、考核的一种手段，又是为经济活动提供服务和保障的重要工作方法。其目的是保证经济组织所提供的财务报告既能真实反映组织系统的财务状况，又能符合国家所颁布的有关财务运行规则和会计原则。

财务审计是审计中最重要的部分，可分为外部审计和内部审计。

（一）外部审计

外部审计是指独立于政府机关和企事业单位以外的国家审计机构所进行的审计，以及独立执行业务的会计师事务所接受委托进行的审计。外部审计包括国家审计和社会审计。

外部审计是由外部机构（如会计事务所）选派的审计人员对组织有关诚实、诚信的经营及财务活动进行独立的检查与评估，主要包括对组织的财务报表的真实性、资金运作情况、财务记录的真实性和准确性等方面的情况做出独立的评估。国家审计除涉及商业秘密或其他不宜公开的内容外，审计结果均要对外公示；社会审计报告则要向外界公开，对投资者、债权人及社会公众负责，具有社会鉴证的作用。

（二）内部审计

《中国内部审计准则》关于内部审计的定义为："内部审计是指组织内部的一种独立客观的监督和评价活动，它通过审查和评价经营活动及内部控制的适当性、合法性和有效性来促进组织目标的实现。"

内部审计是管理控制的一种重要手段。通过内部审计对组织中各类业务（诸如采购、生产流程、工作及产品质量等）进行独立评价，可以确定组织是否遵循公认的方针和程序，是否符合规定和标准，是否有效和经济地使用了资源，从而实现有效控制，有利于组织目标的顺利实现。内部审计结果所形成的审计报告一般只是作为本单位进行经营管理的参考，对外不起鉴证作用，不向外界公开。

■ 第三节　生产控制

企业的生产经营活动是一个把投入转化为产出的动态过程。在这个过程中，为达到企业预定目标，就必须对原材料、零部件、劳动力等投入要素进行控制，对企业系统的转换和运营管理活动进行控制。生产控制方法包括对供应商控制的方法、库存控制方法、质量控制方法及成本控制方法等。

一、对供应商控制的方法

供应商既为企业提供所需的原材料或零部件，同时又是企业的竞争力量之一。供应商供货及时与否、质量的好坏、价格的高低，都对本企业最终产品产生重大影响。因此，对供应商的控制是从企业运营的源头抓起，能够起到防微杜渐的作用。

对供应商控制的方法主要有以下两点。

（1）在全球范围内选择供应商，改变与供应商之间的竞争关系，试图建立一种长期稳定、合作双赢的新型关系，以降低风险、提高效益。

（2）对供应商的控制可根据物料采购金额的大小，对供应商进行 ABC 分类，即分为重点、一般、非重点供应商，然后根据不同供应商按下列方法进行控制。

一是进货检验，定期或不定期到供应商处进行监督检查，或设监督点对关键工序或特殊工序进行监督检查。

二是要求供应商提供相关检验记录，或要求供应商及时报告生产条件或生产方式的重大变更情况。

三是组织管理技术人员对供应商进行培训，使其提高品质水平。

二、库存控制方法

库存在生产中具有双重作用，既能维持生产过程的稳定，实现均衡生产，又能改善服务质量、防止短缺，提高对用户的响应能力。同时，库存也存在占用资金、发生库存成本，掩盖企业生产经营中存在的问题等弊端。库存控制的目的是既能保证生产顺利进行，又能最大限度地减少库存，降低各种占用。实践中，常采用 ABC 分析法和经济订货批量进行库存控制。

（一）ABC 分析法

ABC 分析法又称为重点管理法或分类法。ABC 控制法是根据事物在技术或经济方面的主要特征，把被分析对象按金额大小划分为 A、B、C 三类，分清重点和一般，从而有区别地确定管理方式的一种控制方法。

企业所需物资的品种、规格十分繁杂，而它们对企业生产经营和经济效益的影响程度又是各不相同的。实际上，往往有一些物资，它们的品种、规格虽然只是少数，但在企业的生产用料中却占有很大比重，或因价值很高而占用大量的资金。反之，还有一些物资，其品种、规格多而复杂，在企业生产用料中所占比重却较低，占用的资金量也较少。ABC 分析法就是根据企业物资具有的这种特点，通过采用一定的方法，把那些价值高、占用资金多，或生产用料很大的少数几种物资挑选出来，作为物资库存控制的重点，对于其他多数品种的物资则实行一般控制。

采用 ABC 分析法进行库存控制，首先要对企业所需要储备的物资进行分析，按照各个品种占用资金的多少，从高到低依次排队，划分成 A、B、C 三大类。

在物资库存控制中应用 ABC 分析法的具体步骤如下。

（1）对企业所需要储备的物资进行分析。按一定标准，如储备占用资金的多少，将库存物资顺序排列，计算出每种物资的资金占全部库存物资的比率，并依次逐项进行累积，相应地求出累积项数占总项数的百分比。

（2）按照各个品种占用资金的多少，从高到低依次排队，划分成 A、B、C 三大类。A 类物资指品种少、实物量少而价值高的物资，品种占总品种数的 10%～20%，资金占储备总额的 70%～80%；C 类物资指品种多、实物量多而价值低的物资，品种占总品种数的 50%～70%，资金占储备总额的 5%～15%。其余为 B 类物资，品种占总品种数的 20%～30%，资金占储备总额的 20%～25%。

（3）绘制 ABC 分析图。以累积品种百分数为横坐标，累计占用资金百分比为纵坐标，按 ABC 分析列示的对应关系，在坐标图上取点，并联结各点成曲线，即绘成 ABC 分析图。

（4）对 ABC 物资采取不同的库存控制方法。对 A 类物资进行重点严格控制。要准确地制定 A 类物资的储备定额，经常检查储备量的变化动态，使之尽量保持在合理的最低定额；通过增加订购次数和确定最优经济订货批量，努力避免超储积压。对 A 类物资一般采用定期订购的控制方式，对库存量和来料期限都有严格的要求。C 类物资，由于其品种繁多，占用资金较少，可采用定量订购的控制方式，适当增加储备量，简化管理手续，以利于物资管理部门集中精力抓好 A 类和 B 类物资的管理工作。B 类物资，其特点和重要程度介于 A 类和 C 类物资之间，企业要根据自己的生产经营特点和物资管理的能力与水平，采用定期订购或定量订购的方法来控制物资的库存量。

（二）经济订货批量控制

经济订货批量（economic order quantity，EOQ）控制是从企业本身的经济效益出发确定物资经常储备的一种方法。从物资储备的有关费用来分析，主要费用可以归为两类：一类是订货费用，另一类是储存费用。当企业在一定期间内总需求量或订购量为一定时，每次订购的数量越大，则所需订购的次数越少；每次订购的量越小，则所需订购的次数越多。对第一种情况而言，订购成本较低，但存储成本较高；对第二种情况而言，订购成本较高，但存储成本较低。这样，节省两类费用的要求是相互矛盾的，通过经济订货批量模型可以计算出，订购量多大时总费用（订购费用与储存费用之和）为最小。其计算公式为

$$EOQ = \sqrt{\frac{2DS}{Ph}} \tag{15-12}$$

式中，EOQ 为经济订货批量；D 为物资年需求量；S 为每次订货所需的订货费用；P 为库存物品单价；h 为储存费率（储存成本与全部库存物品价值之比）。订货费用包括通信、文件处理、差旅、行政管理费用等；储存费用包括利息、保险、折旧等费用。

例 15-1   某企业对某种产品的年需求量为 5000 件，每件单价为 20 元，每次订货所需的费用为 250 元，储存费率为 12.5%，试求最优订货批量。

解：最优订货批量为

$$EOQ = \sqrt{\frac{2DS}{Ph}} = \sqrt{\frac{2 \times 5000 \times 250}{20 \times 0.125}} = 1000（件）$$

故最优订购批量为 1000 件时，总成本（订购费用与储存费用之和）最低。

三、质量控制方法

质量控制是企业控制工作的重要内容之一。质量有狭义和广义之分，狭义的质量指产品质量，常指产品的使用价值，即满足消费者需要的功能和性质。这些功能和性质可以具体化为五个方面：性能、寿命、安全性、可靠性和经济性。广义的质量除了涵盖产品质量外，还包括工作质量。

（一）全面质量管理

迄今为止，质量管理与控制经历了三个阶段，即质量检验阶段、统计质量管理阶段和全面质量管理（total quality management，TQM）阶段。质量检验阶段产生于 20 世纪 20~40 年代，工作重点在产品生产出来之后的质量检查，即通过"事后检测"不让废品或次品流入下道工序和顾客手中。统计质量管理阶段产生于 20 世纪 40~50 年代，管理人员主要以统计方法为工具，根据已有质量统计状况，探究其规律，对生产过程加强控制以提高产品质量。20 世纪 50 年代开始的全面质量管理是以保证产品质量和工作质量为中心，企业全体员工参与的质量管理体系。

全面质量管理能够在最经济的水平，并考虑到充分满足用户要求的条件下，运用系统的观点和方法进行市场研究、设计、生产和服务，把企业各部门、各环节的研制质量、维持质量和提高质量的质量管理活动都纳入统一的质量管理系统，形成一个完整的质量管理体系。

全面质量管理是对产品质量进行监控的一种行之有效的方法。全面质量管理是全体员工都参与到产品质量和工作质量过程中，利用各种方法，在所有环节普遍建立贯穿企业活动全过程的质量管理体系。全面质量管理与一般质量管理相比，其主要内容特征表现在以下几个方面。

（1）全员参与质量管理。全面质量管理授权于生产线上的工人和技术管理人员，动员和鼓励他们参与质量管理工作。

（2）全面的质量管理。全面质量管理采用最广泛的质量定义，它不仅指最终的产品，而且覆盖与最终产品有关的一切，如服务质量、管理质量、成本控制质量、企业内部不同部门之间相互服务和协作的质量等。

（3）全过程的质量管理。全面质量管理的范围包括市场调查、研发、设计、外购原材料、加工制造、产品检验、仓储管理、途中运输、销售安装和维修等整个过程的所有环节，是动态的过程控制。

全面质量管理的基本工作程序是 PDCA 管理循环，即计划、执行、检查、处理。

（1）P——plan（计划）。根据用户要求并以取得最佳经济效果为目标，通过调查设计试制，制定技术经济指标、质量目标、管理项目，以及达到这些目标的具体措施和方法。

（2）D——do（执行）。按照所制订的计划和措施付诸实施。

（3）C——check（检查）。在实施了一个阶段之后，对照计划和目标检查执行的情况和效果，及时发现问题。

（4）A——action（处理）。根据检查的结果，采用相应的措施，或修正改进原来的计划或寻找新的目标，制订新的计划。

（二）过程质量控制方法

质量控制是把实际测得的质量特性与相关标准进行比较，并对出现的差异或异常现象采取相应措施进行纠正，从而使工序处于受控状态。质量控制以预防为主，通过采取预防措施来监视产品形成过程并排除各阶段产生质量问题的原因，以获得期望的经济效益。质量控制主要包括对物质产品和服务的质量控制和对各项工作质量的控制两部分。产品质量控制是企业为生产合格产品、提供顾客满意的服务和减少无效劳动而进行的控制工作。产品质量控制的要求是既要达到质量标准，又要降低成本。工作质量控制是指在生产过程中，企业为保证和提高产品质量而对经营管理和生产技术工作进行的质量管理工作。

质量控制方法包括两类：抽样检验和过程质量控制。抽样检验通常发生在生产前对原材料的检验或生产后对成品的检验，根据随机样本的质量检验结果决定是否接受该批原材料或产品。抽样检验常用于采购或验收。过程质量控制是指对生产过程中的产品随机样本进行检验，以判断该过程是否在预定标准内生产。过程质量控制应用于各种形式的生产现场质量控制过程。自休哈特 1924 年提出控制图以来，过程质量控制技术已经广泛地应用到质量控制中，在实践中也不断地产生了许多种新的方法，如直方图法、排列图法、控制图法和因果图法等"QC 七种工具"，以及关联图、系统图等"新 QC 七种工具"，是最常用的方法。

（1）直方图法。直方图法是将收集到的质量数据进行分组整理，绘制成频数分布直方图，用以描述质量分布状态的一种分析方法。通过直方图的观察与分析，可了解产品质量的波动情况，掌握质量特性的分布规律，以便对质量状况进行分析判断。同时可通过质量数据特征值的计算，估算施工生产过程总体的不合格品率、评价过程能力等。

（2）排列图法。排列图也称帕累托图，是一种能直观地反映出主要质量问题或影响质量问题的主次因素的统计图表。它能使我们很直观地看出解决问题应从哪入手，因此成为分析主要问题或主要影响因素的一种常用工具。

（3）控制图法。控制图是在直角坐标系内画有控制界限，描述生产过程中产品质量波动状态的图形。利用控制图区分质量波动原因，判明生产过程是否处于稳定状态的方法称为控制图法，主要用于分析判断生产过程的稳定性，及时发现生产过程中的异常现象，查明生产设备和工艺装备的实际精度，为评定产品质量提供依据。

（4）因果图法。因果图也称特性要因图或鱼刺图，是用于寻找造成质量问题的原因、表达质量问题因果关系的一种图形分析工具。因果图法是利用因果分析图来系统整理分析某个质量问题（结果）与其产生原因之间关系的有效工具。一个质量问题的产生，往往是多种复杂因素综合作用的结果。通常，从质量问题出发，首先分析那些影响产品质量最大的原因，进而从大原因出发寻找中原因、小原因和更小原因，并检查和确定主要因素。

因果图的形式，用主干线箭头所指的位置是需要分析的质量问题，指向主干线的箭线表示大原因。中原因是大原因的细化，也就是说，将大原因看成一种结果的话，找出产生这一结果的原因就是中原因。将中原因看成一种结果的话，继续寻找原因就是小原因。

四、成本控制方法

成本控制是指以成本作为控制手段，通过制定成本限额、可比产品成本降低率及成本中心来控制成本费用开支，使各项资源的消耗和费用开支限定在标准规定范围之内，从而达到对经济活动实施有效控制的一系列管理活动过程。成本控制主要是对可变成本进行控制。

成本控制方法一般按照如下步骤进行：①制定控制标准，确定目标成本；②根据企业的各种数据记录、统计资料进行成本核算；③进行成本差异分析；④及时采取纠偏措施，降低成本。

实践中常用的成本控制方法主要有以下几种。

（1）定额成本法。定额成本法是通过制定消耗定额控制成本。定额是企业在一定生产技术水平和组织条件下，人力、物力、财力等各种资源的消耗达到的数量界限，主要有材料定额、工时定额和人员定额。

定额管理是成本控制工作的核心，建立定额领料制度，控制材料成本、燃料动力成本，建立人工包干制度，控制工时成本，以及控制制造费用，都要依赖定额制度。没有很好的定额，就无法控制生产成本；同时，定额也是成本预测、决策、核算、分析、分配的主要依据，是成本控制工作的重中之重。

（2）标准成本法。标准成本法是把生产过程开始之前的事前计划、生产过程进行中的事中控制和生产过程完成之后的事后计算和分析有机结合起来的一种成本计算方法。标准成本法一般适用于产品品种较少的大批量生产企业，尤其是存货品种变动不大的企业，并且对企业的管理有很高的要求。

标准成本要按照直接材料、直接人工和制造费用分别制定。每个项目都要确定标准数量和标准价格，再把它们的乘积作为该项目的标准成本。正常和即期的标准成本都应当制定得合理、恰当。太高的标准难以实现，会挫伤员工的积极性；太低的标准影响了企业的效益。为了制定合适的标准，必须各部门互相沟通、协商，共同制定出经过努力可以达到的标准成本。

（3）目标成本法。目标成本法是对产品进行利润计划和成本管理的方法，其目的是研发及设计阶段设计好产品的成本，而不是试图在制造过程降低成本。

目标成本管理的核心在于目标成本的制定和目标成本的分解，产品各零件、部件的目标成本按价值分析方法获取。

（4）作业成本法。作业成本计算首先将企业所消耗的制造费用通过资源动因分配到作业，形成作业的成本，然后再将作业的成本通过作业成本动因分配到成本对象，形成成本对象的成本。通过这一过程，作业成本计算弥补了传统的成本分配方法采用单一成本分配基础（如直接人工小时、机器小时等）的弱点，力图找到资源消耗与成本对象之间的因果关系，从而得到更加精确的产品成本。

本 章 小 结

本章介绍常用的现代管理控制的基本方法。预算控制、非预算控制和生产控制是保证和实现有效控制，最终实现组织目标的重要工具和手段。

预算控制是管理控制中广泛运用的一种财务控制方法，包括预算编制和执行。预算控制方法主要包括零基预算、弹性预算和滚动预算等。

非预算控制主要有财务比率控制和财务审计控制。财务比率控制主要用于分析和评价组织经营活动成果和财务状况，财务审计控制是对组织中的经营活动和财务记录的准确性和有效性进行检查、监测和审核的一种控制工具。

生产控制是对企业系统的转换和运营管理活动进行的控制，主要包括对供应商的控制、库存控制、质量控制和成本控制。

案例 百安居的日常成本控制

来自英国的百安居（Block and Quayle，B&Q）隶属于世界 500 强企业之一的翠丰集团（King Fisher Group），该集团是一个拥有 30 多年成功经营管理经验的大型国际装饰建材零售企业。从 1999 年 B&Q 在上海开办了第一家连锁店，并正式以"百安居"作为品牌，开始了在中国的发展之路，至今已开设了 40 家分店。

百安居在中国建材市场中，具有众多同行难以企及的竞争优势。百安居享有全球化的采购网络，货源品种丰富。百安居具有自有品牌、信誉、价格和规模优势。翠丰集团的财力支持，使百安居拥有充足的自有资金和便利的融资渠道。百安居沿用英国公司的标准化管理模式和质量监督体系，保护优质品牌产品，杜绝假冒伪劣，维护生产者和消费者的权益。

北京四季青桥百安居一楼卖场，与明亮宽敞的卖场相比，办公区显得寒碜。华北区总经理办公室照样简陋，一张能容 6 人的会议桌，毫无档次可言的普通灰白色文件柜。没有老板桌，总经理文东坐的椅子和普通员工一样，连扶手都没有，就这几件物品，办公室已不宽裕。总经理手中的签字笔只要 1.5 元，由行政部门按不高于公司的指导价统一采购——这听上去有些令人惊叹。

这就是百安居的节俭哲学：企业的所有支出，都是建立在可以给客户提供更多价值的基础之上的。换句话说，企业所有的投入都应该为客户服务，以提供给客户更多的让渡价值为本。

正是这种节约的意识，百安居的营运费用占销售额的比例远低于同行。以百安居北京金四季店为例，北京另一家营业面积同样为 2 万平方米的建材超市，销售额只有金四季的 1/2，营运费用却比金四季店多出一倍。

百安居成本控制的经验可以归纳为以下几点。

1. 价值分析的全球坐标

价值分析的要义就是从客户的角度评估企业的所有支出，百安居的数据库不会让客户多花一分冤枉钱，这就是最好的选择。通过多年来在全球范围内的经营活动，百安居随时注意收集各地数据，并据此形成各种费用在不同情况下的不同标准，它包括核心城市、二类城市、单层店、二层店等不同参考体系。而且在已有的控制体系中，当标准同实际实施情况比较时，任何有助于降低成本的差异都能够被用来作为及时更正的依据。

以百安居营运成本中的人事成本为例，他们对人事的成本控制是总量，特别是员工数量，而对员工的个人收入不加限制，简单地说，人力配置项目与人均利润息息相关。2 万多平方米的卖场，只有 230 多名员工，平均 100 平方米配置 1 名。此外，临时工占员工总数的 20%～30%，目前主要只在部分配送和收银工作中使用。

有了价值分析和全球数据库对比，关键在于如何通过精细化管理的立体行动来确保成本控制的实施。一个人节俭比较容易，而要让超过 6000 名员工，在超过 300 000 平方米的营业区内将节俭发展成一种组织行为则难上难。但是百安居办到了。

2. 数字衡量的节俭与控制

对于一些直接的、显性的成本项目，"每一项费用都有年度预算和月度计划，财务预算是一项制度，每一笔支出都要有据可依，执行情况会与考核挂钩"。"员工工资、电费、电工安全鞋、推车修理费、神秘顾客购物……"5 月的营运报表上记录着 137 类费用单项。其中，可控费用（人事、水电、包装、耗材等）84 项，不可控费用（固定资产折旧、店租金、利息、开办费摊销）53 项。尽管单店日销售额曾突破千万元，营运费用仍被细化到几乎不能再细化的地步，有的甚至单月费用不及 100 元。每个月、每个季度、每一年都会由财务汇总后发到管理者的手中，超支和异常的数据会用红色特别标识，管理者会对报告中的红色部分相当留意，在会议中，相关部门需要对超支的部分做出解释。

一套成型的操作流程和控制手册在百安居被使用，该手册从电能、水、印刷用品、劳保用品、电话、办公用品、设备和商店易耗品八个方面提出控制成本的方法。"我们希望所有员工不要混淆'抠门'与成本控制的关系，原则上，要花该花的钱，少花甚至不花不该花的钱，我们要讲究花钱的效益。"《营运控制手册》的前言部分如此写道。而且"降低损耗，人人有责"的口号随处可见。这种文化的灌输从新员工入职培训时就已经开始，并且常常在每天的晨会中不断灌输、强化。

　　资料来源：http://www.bjnai.net/bicpa/info/0811084529.htm，作者做了修改

【思考题】

　　1. 百安居的成本控制都采用了哪些控制技术与方法？
　　2. 百安居的成本控制有何启示？

复习思考题

　　1. 预算控制有什么作用，编制预算应遵循哪些原则？
　　2. 预算包括哪些主要内容？它们之间的关系如何？
　　3. 弹性预算、零基预算和滚动预算的优点分别是什么？
　　4. 财务比率控制的主要指标包括哪些？
　　5. 与一般质量管理相比，全面质量管理的主要内容特征是什么？
　　6. 库存控制中 ABC 分析法的核心思想和具体应用步骤是什么？

参 考 文 献

巴纳德 C. 1997. 经理人员的职能. 孙耀君,等译. 北京:中国社会科学出版社.

巴纳德 C,卡茨 R. 2007. 经理人员的职能. 王永贵,译. 北京:机械工业出版社.

波特 M. 1997. 竞争战略. 陈小悦,译. 北京:华夏出版社.

达夫特 R L. 2003. 组织理论与设计. 王凤彬,张秀萍,等译. 北京:清华大学出版社.

达夫特 R L,诺伊 R A. 2004. 组织行为学. 杨宇,等译. 北京:机械工业出版社.

德鲁克 P. 2009. 管理的实践. 齐若兰,译. 北京:机械工业出版社.

法约尔 H. 2007. 工业管理与一般管理. 北京:机械工业出版社.

郭跃进. 2005. 管理学. 北京:经济管理出版社.

哈默. 1998. 超越改革:以流程为中心的组织如何改变着我们的工作和生活. 沈志彦,等译. 上海:
    上海译文出版社.

侯贵松,王璐璐. 2004. 影响中国企业未来的十大管理理念. 北京:中国纺织出版社.

金 N,安德森 N. 2002. 组织创新与变革. 冒光灿,关海峡,译. 北京:清华大学出版社.

金锡万. 2003. 管理创新与应用. 北京:经济管理出版社.

卡明斯 T,等. 2003. 组织发展与变革精要. 李剑峰,等译. 北京:清华大学出版社.

卡斯特 F E,罗森茨韦克 J E. 1986. 组织与管理——系统方法与权变方法. 3 版. 李柱流,刘有锦,等
    译. 北京:中国社会科学出版社.

康纳 P E. 2004. 组织变革中的管理. 爱丁,等译. 北京:电子工业出版社.

科伦索 M. 2003. 组织变革改善策略:组织演进与变革. 高俊山,贾振全译. 北京:经济管理出版社.

孔茨 H,韦里克 H. 2003. 管理学. 张晓君,等译. 北京:经济科学出版社.

雷恩 D. 1986. 管理思想的演变. 孙耀君,李柱流,等译. 北京:中国社会科学出版社.

罗宾斯 S P. 1997. 管理学. 4 版. 孙健敏,等译. 北京:中国人民大学出版社.

罗宾斯 S P,德森佐 D A. 2006. 管理学原理. 毛蕴诗,译. 大连:东北财经大学出版社.

罗宾斯 S P,库尔特 M. 2004. 管理学. 7 版. 孙健敏,等译. 北京:中国人民大学出版社.

罗长海. 1999. 企业文化学. 北京:中国人民大学出版社.

马克思. 1975. 资本论(第 1 卷). 北京:人民出版社.

马克思,恩格斯. 1975. 马克思恩格斯全集(第 25 卷). 北京:人民出版社.

马斯洛. 1987. 动机与人格. 许金声,等译. 北京:华夏出版社.

梅绍祖. Teng J T C. 2004. 流程再造. 北京:清华大学出版社.

明茨伯格 H. 2006. 管理工作的性质. 李柱流,段文燕,等译. 北京:中国社会科学出版社.

邱猛. 2004. 如何进行变革管理. 北京:北京大学出版社.

芮明杰. 1999. 管理学:现代的观点. 上海:上海人民出版社.

圣吉 P. 1998. 第五项修炼——学习型组织的艺术与实务. 郭进隆,译. 上海:上海三联书店.

石伟. 2004. 组织文化. 上海:复旦大学出版社.

孙耀君. 1987. 西方管理思想史. 太原:山西人民出版社.

孙耀君. 2004. 西方管理学名著提要. 南昌:江西人民出版社.

泰罗 F. 2007. 管理科学原理. 马风才译. 北京:机械工业出版社.

汪克夷. 1998. 管理学. 大连:大连理工大学出版社.

王林雪. 2007. 管理学. 西安：西安电子科技大学出版社.

王璞. 2005. 流程再造. 北京：中信出版社.

魏杰. 2004. 中国企业制度创新. 北京：中国发展出版社.

西蒙 H. 1985. 管理决策新科学. 刘有锦，等译. 北京：中国社会科学出版社.

西斯克 H. 1985. 工业管理与组织. 段文燕，等译. 北京：中国社会科学出版社.

邢以群. 1997. 管理学. 杭州：浙江大学出版社.

徐国华，张德，赵平. 1998. 管理学. 北京：清华大学出版社.

徐小平，叶小峰. 1997. 管理学原理. 北京：中国轻工业出版社.

许庆瑞. 1997. 管理学. 北京：高等教育出版社.

杨文士，张雁. 1994. 管理学原理. 北京：中国人民大学出版社.

张德. 2003. 企业文化建设. 北京：清华大学出版社.

张德. 2007. 企业文化. 北京：清华大学出版社.

张平华. 2004. 中国企业管理创新. 北京：中国发展出版社.

张中华. 2005. 管理学通论. 北京：北京大学出版社.

赵涛，齐二石. 2004. 管理学. 天津：天津大学出版社.

郑明身. 2007. 组织设计与变革. 北京：企业管理出版社.

周三多. 2005. 管理学. 北京：高等教育出版社.